学前儿童
科学教育与活动指导

第2版

黄丽 王莲 徐超 ◎ 主编

郝金 李慧 卫扬勇 ◎ 副主编

人民邮电出版社
北 京

图书在版编目（CIP）数据

学前儿童科学教育与活动指导 / 黄丽，王莲，徐超
主编. -- 2版. -- 北京 : 人民邮电出版社，2024.6
学前教育专业新形态系列教材
ISBN 978-7-115-64343-8

Ⅰ. ①学… Ⅱ. ①黄… ②王… ③徐… Ⅲ. ①学前儿
童-科学教育学-幼儿师范学校-教材 Ⅳ. ①G613

中国国家版本馆CIP数据核字(2024)第087160号

内 容 提 要

本书以学前儿童科学教育活动设计与组织为主线，针对当前学前儿童的发展特点，融入富有时代特色的教学内容，理论与实践相结合，系统地介绍了学前儿童科学教育理论研究和实践的最新成果。本书共分为八章，主要内容包括认识学前儿童科学教育，学前儿童科学教育的理论基础，学前儿童科学教育的目标、内容与方法，学前儿童集体科学教育活动，学前儿童数学教育活动，学前儿童区域科学教育活动，学前儿童科学教育活动资源，以及学前儿童科学教育活动评价等。

本书适合作为高等院校学前教育专业及幼儿师范学校的学习教材，也可作为幼儿园和幼教机构一线教师继续教育和进修的参考用书。

◆ 主　编　黄　丽　王　莲　徐　超
　　副主编　郝　金　李　慧　卫扬勇
　　责任编辑　连震月
　　责任印制　王　郁　彭志环
◆ 人民邮电出版社出版发行　　北京市丰台区成寿寺路11号
　　邮编　100164　　电子邮件　315@ptpress.com.cn
　　网址　https://www.ptpress.com.cn
　　固安县铭成印刷有限公司印刷
◆ 开本：787×1092　1/16
　　印张：12.5　　　　　　　　2024 年 6 月第 2 版
　　字数：334 千字　　　　　　2025 年 6 月河北第 2 次印刷

定价：49.80 元

读者服务热线：(010)81055256　印装质量热线：(010)81055316
反盗版热线：(010)81055315

科学教育是培养高素质科技人才的主渠道，担负着对接科技强国、制造强国等国家战略的重要任务。在科技创新成为国际战略博弈主战场的时代背景下，当下迫切需要加强和创新科学教育，夯实科技创新人才培养根基，为将我国建设成为世界主要科学中心和创新高地奠定坚实的基础。

党的二十大报告提出，"深入实施科教兴国战略、人才强国战略、创新驱动发展战略"，"坚持教育优先发展、科技自立自强、人才引领驱动，加快建设教育强国、科技强国、人才强国"。好奇心是人的天性，对科学兴趣的引导和培养要从娃娃抓起，使他们更多地了解科学知识，掌握科学方法，形成一大批具备科学家潜质的青少年群体。

学前儿童科学教育是一门以课程与教学论的一般原理为依据，结合学前教育学、学前儿童发展心理学等理论与原则来研究学前儿童科学教育活动的学科，其应用性强，有较好的实践效果，以培养学前教育工作者从事学前儿童科学教育与研究的专业素养和教学能力为核心。学前教育工作者非常有必要了解并掌握学前儿童科学教育活动的理论及其相关的实践技能。

本书依据《幼儿园教育指导纲要（试行）》和《3-6 岁儿童学习与发展指南》的精神与要求，结合高校教学与幼儿园工作的实际需要，在长期的教学实践与课题研究的基础上编写而成，力求全面、系统地反映学前儿童科学教育理论研究和实践的最新成果，体现出时代性、科学性和可操作性的特点，以更好地适应学前儿童科学教育发展的需要。

本次修订的主要内容如下。

• 贯彻落实党的二十大精神，顺应时代发展，融入新的教育理念，精选大量案例进行解读，注重理论与实践教学的结合。

• 对部分理论知识进行了删减，增加了活动设计与组织指导等内容，体系更完善，内容更精练。

- 落实教育立德树人的根本任务，增加了对能力与素养的要求，更加贴合课堂教学的实际需求。

与第1版相比，本版内容更符合学前教育改革发展的要求，突出指导性、示范性和实践性，强调学、做、行一体化。

此外，本书还提供了丰富的立体化教学资源，包括微课视频、PPT课件、电子教案、教学大纲、课程标准等，选书教师登录人邮教育社区（www.ryjiaoyu.com）即可下载获取教学资源。

本书由鄂州职业大学的黄丽、湖北职业技术学院的王莲和湖北工业职业技术学院的徐超担任主编，由陕西财经职业技术学院的郝金、襄阳汽车职业技术学院的李慧和鄂州职业大学的卫扬勇担任副主编。其中，黄丽编写了第一章和第二章，王莲编写了第三章和第四章，徐超编写了第五章，郝金编写了第六章，李慧编写了第七章，卫扬勇编写了第八章。由于编者水平有限，书中难免存在不足和疏漏之处，恳请广大读者批评指正。

编者

2024年4月

目录

01
第一章　认识学前儿童科学教育 /1

知识目标 /2

能力目标 /2

素养目标 /2

第一节　学前儿童科学教育概述 /2

一、学前儿童科学教育的
内涵 /3

二、学前儿童科学教育的
特点 /4

三、学前儿童科学教育的
价值 /5

四、学前儿童科学教育的发展
趋势 /6

第二节　学前儿童科学探究
概述 /7

一、学前儿童科学探究的本质
与内涵 /7

二、学前儿童科学探究的过程
与特点 /9

三、学前儿童科学探究的年龄
特征 /12

02
第二章　学前儿童科学教育的理论
基础 /15

知识目标 /16

能力目标 /16

素养目标 /16

第一节　学前儿童心理学理论
基础 /16

一、认知发展理论 /17

二、建构主义理论 /20

三、多元智能理论 /21

四、朴素理论 /22

第二节　学前儿童教育学理论
基础 /23

一、蒙台梭利教育理念 /23

二、谢尔曼科学游戏论 /25

三、陶行知生活教育理论 /26

四、陈鹤琴"活教育"理论 /27

五、教育学理论基础应用 /28

03
第三章　学前儿童科学教育的目标、内容
与方法 /32

知识目标 /33

能力目标 /33

素养目标 /33

第一节　学前儿童科学教育的
目标 /33

一、确定学前儿童科学教育
目标的依据 /34

二、学前儿童科学教育的总
目标 /35

三、学前儿童科学教育的年龄
段目标 /38

四、学前儿童科学教育的单元
目标 /39

五、学前儿童科学教育活动
目标 / 40

第二节　学前儿童科学教育的
内容 / 42

一、选择活动内容的依据 / 42

二、遵循活动内容选择的
原则 / 43

三、确定活动的内容范围 / 45

四、选编活动内容的方法 / 49

五、学前儿童科学教育活动
案例 / 51

第三节　学前儿童科学教育的
方法 / 52

一、常用的教学方法 / 53

二、活动组织方式 / 58

04
第四章　学前儿童集体科学教育活动 / 60

知识目标 / 61

能力目标 / 61

素养目标 / 61

第一节　观察类科学活动设计
与组织 / 61

一、学前儿童观察类科学活动
概述 / 62

二、观察类科学活动设计组织
指导 / 63

第二节　实验类科学活动设计
与组织 / 65

一、学前儿童实验类科学活动
概述 / 66

二、实验类科学活动设计
指导 / 67

三、实验类科学活动组织
指导 / 69

四、实验类科学活动教案
案例 / 70

第三节　制作类科学活动设计
与组织 / 71

一、学前儿童制作类科学活动
概述 / 72

二、制作类科学活动设计
指导 / 72

三、制作类科学活动组织
指导 / 75

四、制作类科学活动教案
案例 / 76

第四节　游戏类科学活动设计
与组织 / 77

一、学前儿童游戏类科学活动
概述 / 78

二、游戏类科学活动设计
指导 / 80

三、游戏类科学活动组织
指导 / 82

四、游戏类科学活动教案
案例 / 83

第五节　讨论类科学活动设计
与组织 / 84

一、学前儿童讨论类科学活动
概述 / 84

二、讨论类科学活动设计
指导 / 86

三、讨论类科学活动组织
指导 / 87

05
第五章　学前儿童数学教育活动 / 90

知识目标 / 91

能力目标 / 91

素养目标 / 91

第一节　学前儿童数学教育活动
概述 / 91

一、学前儿童数学教育的特点
　　与价值 / 92
二、学前儿童数学教育的
　　目标 / 93
三、学前儿童数学教育的
　　内容 / 95
四、学前儿童数学教育活动的
　　方法 / 100
第二节　学前儿童数学教育活动
　　　　指导 / 104
一、集合、统计概念活动设计
　　组织指导 / 105
二、数概念及运算能力活动设计
　　组织指导 / 110
三、量概念活动设计组织
　　指导 / 114
四、形概念活动设计组织
　　指导 / 115
五、空间、时间概念活动设计
　　组织指导 / 118
第三节　学前儿童数学教育活动
　　　　案例 / 123
一、小班数学活动案例"有趣的
　　数字" / 124
二、中班数学活动案例"图形
　　分类" / 125
三、大班数学活动案例"认识
　　时钟" / 126
四、大班数学活动案例"猜猜
　　左右手" / 128

06
第六章　学前儿童区域科学教育活动 / 130
知识目标 / 131
能力目标 / 131

素养目标 / 131
第一节　学前儿童区域科学教育
　　　　活动概述 / 131
一、认识区域科学教育
　　活动 / 132
二、区域科学教育活动的
　　特点 / 132
三、区域科学教育活动的
　　价值 / 133
四、活动中教师的作用与学前
　　儿童的表现 / 134
五、区域科学教育活动的
　　类型 / 134
第二节　自然角科学教育活动 / 134
一、自然角科学教育活动
　　概述 / 135
二、自然角的材料特点 / 136
三、自然角科学教育活动
　　指导 / 137
第三节　数学角科学教育活动 / 138
一、数学角科学教育活动
　　概述 / 138
二、数学角科学教育活动材料的
　　要求 / 138
三、数学角科学教育活动
　　指导 / 139
第四节　科学活动区科学教育
　　　　活动 / 140
一、科学活动区科学教育活动
　　概述 / 140
二、科学活动区的材料
　　选择 / 141
三、科学活动区科学教育活动
　　指导 / 143
四、科学活动区科学教育活动
　　案例 / 144

第五节　科学发现室科学教育

　　活动 / 145

　　一、认识科学发现室 / 145

　　二、科学发现室的创设与组织

　　　　管理 / 147

07

第七章　学前儿童科学教育活动

　　资源 / 149

知识目标 / 150

能力目标 / 150

素养目标 / 150

第一节　学前儿童科学教育活动

　　资源概述 / 150

　　一、认识学前儿童科学教育

　　　　活动资源 / 151

　　二、幼儿园科学教育资源 / 152

　　三、社区科学教育资源 / 153

　　四、家庭教育资源 / 154

第二节　学前儿童科学教育活动

　　资源的选择与利用 / 155

　　一、学前儿童科学教育活动

　　　　资源的选择原则 / 156

　　二、学前儿童科学教育活动

　　　　资源的利用 / 157

　　三、学前儿童科学教育活动

　　　　资源的创设与管理 / 158

第三节　非幼儿园场所的学前

　　儿童科学教育活动 / 162

　　一、家庭中的学前儿童科学

　　　　教育活动 / 162

　　二、社区中的学前儿童科学

　　　　教育活动 / 166

　　三、大自然中的学前儿童科学

　　　　教育活动 / 168

08

第八章　学前儿童科学教育活动

　　评价 / 172

知识目标 / 173

能力目标 / 173

素养目标 / 173

第一节　学前儿童科学教育活动

　　评价概述 / 173

　　一、教育评价与学前儿童科学

　　　　教育活动评价 / 174

　　二、学前儿童科学教育活动

　　　　评价的意义 / 174

　　三、学前儿童科学教育活动

　　　　评价的原则 / 175

　　四、学前儿童科学教育活动

　　　　评价的指标体系 / 176

第二节　学前儿童科学教育活动

　　评价的内容 / 177

　　一、对科学教育活动本身的

　　　　评价 / 178

　　二、对科学教育活动对象的

　　　　评价 / 181

第三节　学前儿童科学教育活动

　　评价的方法 / 182

　　一、学前儿童科学教育活动

　　　　评价的流程 / 183

　　二、科学教育活动评价的

　　　　方式 / 184

　　三、搜集评价资料的方法 / 184

　　四、处理评价资料的方法 / 187

　　五、学前儿童科学教育活动

　　　　评价案例 / 188

01

第一章
认识学前儿童科学教育

知识目标

➢ 了解学前儿童科学教育的内涵与特点。
➢ 了解学前儿童科学教育的价值与发展趋势。
➢ 了解学前儿童科学探究的本质与内涵。
➢ 掌握学前儿童科学探究的过程与特点。

能力目标

➢ 能够根据学前儿童年龄特征和发展需要，抓住契机生成科学教育活动。
➢ 能够引导激发学前儿童的探究欲望与兴趣，促进学前儿童个性的发展。
➢ 能够根据学前儿童科学探究的特点设计并组织学前儿童科学探究活动。

素养目标

➢ 培养认真负责的职业态度和严谨务实的职业精神。
➢ 热爱学前教育，注重理论联系实践，树立正确的科学教育观。
➢ 发现、尊重、保护学前儿童的天性、灵性与个性，充分发展学前儿童的想象力和创造力。

人们早已认识到科学对人类发展的重要作用，但仍然有很多人错误地认为科学只是成人乃至科学家的事情，与学前儿童无关。其实，学前儿童对周围的各种事物都怀有强烈且浓郁的好奇心，心中有"十万个为什么"，这正是学前儿童科学意识的萌芽。新时代的学前儿童应该具备科技创新能力，未来才能成为建设祖国的栋梁。现阶段无论是响应国家教育培养人才的目标要求，还是应对未来的发展格局，科技创新已经全面进入了从学前儿童抓起的阶段。

第一节　学前儿童科学教育概述

引导案例

夏日的一个午后，小朋友们午睡起来，盥洗过后，依次来到活动室。妍妍看到窗帘鼓起来了，惊讶地说："啊，窗帘变成了一个大球。"她走到窗户边，听到了"呼呼"的声音。小朋友们也好奇地围到窗户边，讨论起来。

然然说："窗帘为什么会鼓起来呢？"

沐沐说："我知道，是风吹的！"

晴晴说："真的有风，你们听，'呼呼'的声音。"

晨晨说："是风，你们看，外面的树枝在摇摆。"

阳阳说："彩旗在飘。"

……

风越刮越大，李老师看到小朋友们非常感兴趣，于是拿来一个黑色的塑料袋，让小朋友们更加直观地感受风的存在。看到李老师手里的袋子变得鼓鼓的，装了满满的"风"，小朋友们欢呼起来。

"我也想把风装进袋子里。"

"我也想抓住风。"

"我想拥抱风……"

"风在哪里呢？我为什么抓不住？"鹏鹏说。

小朋友们的兴致很高，于是李老师抓住契机，组织小朋友们开展了"探索风的奥秘"科学活动。李老师让小朋友们了解风的形成以及风和人们生活的关系，引导他们探索发现，将他们"无心"的好奇转化成"有意"的求知动力，激发他们对科学活动的探索欲望。

学前儿童对周围环境中的各种事物、现象、关系等有着天生的好奇心与强烈的探究欲望，这种好奇心与求知欲让他们更加主动地探索世界，通过动手动脑形成对世界最初的认识，这就是最初的科学经验。学前儿童科学教育的内涵、特点、价值及发展趋势是学前教育工作者需要深入思考并探讨的问题。

一、学前儿童科学教育的内涵

科学最初是指一种人们可以互相分享和交流的知识，而非专门术语。发展到后来，科学是指用实证的方法对现象进行解释和预测的一门系统性的学科。现代科学是反映客观事实和规律的知识体系，是探索世界、获取知识的过程，是看待世界的方法和态度。

科学教育是一种通过现代科技知识及其社会价值的教学，让学生掌握科学概念，学会科学方法，形成科学态度，且懂得如何在面对现实中的科学与社会有关问题时做出明智抉择，以培养专门科技人才、提高全民科学素养为目的的教育活动。

科学教育与科学的发展几乎是同步的。随着科学技术的迅速发展，以及社会的进步与教育的变革，人们对科学和科学探究本质的认识日益深化，学前儿童科学教育发生了重大的变化。

学前儿童科学教育是指教师引发、支持和引导学前儿童主动探究、经历从探究到发现，获得有关周围物质世界及其关系的经验的过程。学前儿童科学教育是指学前儿童在教师的指导下，通过自身的活动，对周围的自然界（包括人造自然）进行感知、观察、操作、发现，以及提出问题，寻找答案的探索过程。学前儿童的科学教育是科学启蒙教育，重在激发学前儿童的认识兴趣和探究欲望。

尽管对学前儿童科学教育的定义有多种，但它们的核心内涵基本一致。如今，学前儿童科学教育是学前教育的五大领域之一，旨在培养学前儿童对科学的兴趣、对待周围世界的科学态度；使其习得初步的科学知识，获得一定的科学经验；帮助他们学会使用简单的科学方法，促进其智力和能力的发展。

学前儿童科学教育的内涵主要包括以下几个方面。

（1）学前儿童科学教育的核心是激发学前儿童的探究兴趣，使学前儿童体验探究过程，并发展初步的探究能力。

（2）学前儿童科学教育确立学前儿童的主体地位，强调学前儿童通过自己主动探索习得科学知识，形成科学态度。

（3）学前儿童科学教育明确学前儿童的学习形式、方法与内容。要求教师充分利用自然和实际生活机会，引导学前儿童通过观察、比较、操作、实验等方法，学习发现问题、分析问题和解决问题的方法。

（4）学前儿童科学教育确立教师的指导地位，强调教师的作用在于为学前儿童创设良好的心理环境、自然环境和丰富的科学环境。

总之，学前儿童科学教育是整个科学教育体系的初始阶段和基础环节。学前儿童处于人生的最初阶段，身心发展还远未成熟与完善，可以这样说，学前儿童科学教育是一种科学启蒙教育，其实质是培养学前儿童的科学素养。学前儿童通过科学启蒙教育，萌发科学情感，形成科学态度，掌握一些初步的科学方法，积累科学经验，为其终身发展与学习打下良好的基础。

二、学前儿童科学教育的特点

学前儿童科学教育的特点是由学前儿童的年龄特征和认知特点决定的，也体现了学前儿童科学领域的学科特点和学习方式。学前儿童科学教育的特点主要体现在教育目标、教育内容、教育过程、教育方法和教育结果、教育价值等方面。

（一）教育目标的整体性和长远性

教育目标的整体性是指学前儿童整体素质的发展；教育目标的长远性能为学前儿童养成科学的信念和获得科学的方法明确方向，不断促进学前儿童的全面可持续发展。学前儿童科学教育不仅要让学前儿童获得科学经验，更重要的是在学前儿童获得经验的过程中，促使其身心和谐发展，使他们在认知、情感、技能、社会性等方面都获得发展。因此，学前儿童科学教育的目标不应单纯追求知识的学习，更要注重长远的科学素养的培养。

（二）教育内容的生活化和生成性

教育内容来源于生活是现代教育发展的重大趋势，在生活中随机生成科学教育的内容并进行教育，可以指导学前儿童认识生活。

教育内容生活化是为了让学前儿童理解并体验到教育目标和内容对学前儿童当前的意义。教育内容来源于学前儿童的日常生活，可以使学前儿童体验和感受到这些内容对自己成长发展的意义，让他们体验和领悟到科学就在身边，培养他们真正的内在探究动机，促使他们保持永久的好奇心和探究欲望。

教师应注意把握生活中点点滴滴的科学教育内容和教育时机。例如，夏季里很多人喜欢吃无籽西瓜，那么教师可以引导学前儿童了解无籽西瓜是怎么种植出来的。又如，冬季雪天路滑，教师可以引发学前儿童运用科学的方法防止路滑。教师还可以依据学前儿童日常生活中感兴趣的内容，生成学前儿童科学教育活动，如"神奇的静电""奇妙的水""有趣的声音"等。

（三）教育过程的主动探究性

科学探究是学前儿童科学教育的核心，强调教师在教学实践中应耐心引导学前儿童自主探索，自己动手，独立思考，得出探究结果。科学教育的过程应是学前儿童积极主动地与客观事物相互作用，作用的结果又不断强化或调整学前儿童对客观事物已有认识的过程。例如，学前儿童观察各种植物的生长变化，因此很多幼儿园会专门设置植物角。

学前儿童科学教育的过程是在教育指导下学前儿童自主探究的过程。学前儿童探究一般经历产生疑问、猜想、验证3个环节。

（四）教育方法的灵活性

教师可以采取集体、小组和个别探究相结合的方法，鼓励学前儿童主动参与各种形式的科学探究活动。教育方法可根据教育内容灵活变换。教师需选择易于学前儿童接受的，更受他们喜欢的教育方法。除此之外，教师还应在学前儿童的日常生活中渗透科学教育，让学前儿童充分认识到科学就在身边。

（五）教育结果的经验性

教育结果的经验性强调的是使学前儿童亲身经历探究的过程，不断获得和积累科学经验，而不是让其固化地说出科学概念。在学前儿童科学教育中教师应引导学前儿童自己动手动脑经历探究活动以获得广泛的科学经验。需要注意的是，教师应站在学前儿童的角度去理解他们，接纳他们对周围事物不同于成人的"独特认知和解释""非科学性"的认识和想法。

（六）教育价值的可持续性

科学教育活动能否使学前儿童实现可持续性发展，是衡量活动成败的核心原则。教师组织的任何科学教育活动以及采取的任何指导策略都应对学前儿童的终身发展有积极意义。培养学前儿童对科学的好奇心和科学的态度是首位的价值和目标，使学前儿童获得探究解决问题的策略的经验是重要的价值和目标。

在科学态度方面，教师要让学前儿童获得：尊重事实，用事实说明问题；相信并乐于通过探究解决问题，尝试用不同的方式解决问题；接纳、听取他人的不同意见，学着从不同的角度看待问题等科学的态度和品质。这对学前儿童终身学习和发展有着重要意义。

三、学前儿童科学教育的价值

科学教育不仅满足社会发展的需要，对学前儿童个体的发展也至关重要。

（一）学前儿童科学教育与社会发展

21世纪社会经济快速发展，科技日益进步，直接推动着知识的创新和应用，这是一个充满竞争和挑战的时代。在这个时代，科技发展日新月异，人们的生活不断变化。互联网让人们穿越时空而相识，人工智能提高工作效率，航天航空事业的发展实现人类与外太空零距离接触……科学技术的发展改变着人们的生活方式，促进社会的发展，引领国家的进步。要想适应社会的快速发展，人们需要具备一定的科学素养，因此普及科学教育，提高全民科学素养是时代的号召与呼唤。

科学教育是培养高素质科学人才的主要渠道，担负着对接科技强国、制造强国等国家战略的重要任务。在新的历史时期，科学教育质量决定着国家能否培养出高素质的强国建设者。对科学兴趣的引导和培养要从学前儿童抓起，使他们更多地了解科学知识、掌握科学方法，从而培养一大批具备科学家潜质的青少年群体。

（二）学前儿童科学教育与个体发展

学前儿童科学教育一方面有利于培养学前儿童的科学素质，保护他们的好奇心和探究兴趣，发展他们的探究能力，丰富学前儿童的科学经验；另一方面有利于学前儿童全面发展。

1. 有利于培养学前儿童的科学素质

《中国儿童发展纲要（2021—2030）》指出，要开展学前科学启蒙教育，提高儿童科学素质，激发学生求知欲和想象力，培养儿童的创新精神和实践能力。

（1）有利于保护学前儿童的好奇心和探究兴趣。《幼儿园教育指导纲要（试行）》（以下简称《纲要》）中将科学作为幼儿学习活动范畴的一个重要部分，指出科学教育要激发幼儿的认识兴趣和探究欲望。《3-6岁儿童学习与发展指南》（以下简称《指南》）也同样指出，科学教育要激发幼儿的探究兴趣，成人要善于发现和保护幼儿的好奇心。

（2）有利于学前儿童学习科学方法。学前儿童科学教育活动有利于学前儿童学习科学方法，提高分析问题和解决问题的能力。学前儿童科学教育活动是教师引发、支持和引导学前儿童主动探究，经历从探究到发现的过程。探究过程本身就是运用科学方法获取知识的过程。即使在很简单的探究活动中，也会有科学方法的存在。因此，在科学探究的过程中，学前儿童不仅可以学到一些科学方法，还能提高自身的观察能力、思维能力、解决问题能力和动手操作能力。

（3）有利于学前儿童积累丰富的科学经验。在学前儿童科学教育活动中，教师会为学前儿童提供广泛的内容，引导学前儿童去探究，从而使学前儿童获得丰富的科学经验。

2. 有利于学前儿童的全面发展

学前儿童科学教育对学前儿童的全面发展起着重要的推动作用。学前儿童科学教育不但给学前儿童提供了直接接触和探究客观世界的机会，而且尊重他们自发的探究活动，这有利于培养学前儿童的主动性、创造性、自信心等良好的个性品质，还有助于培养学前儿童的合作精神和团队意识，促进他们与他人的合作和交流能力。

另外，学前教育涵盖健康、语言、社会、科学和艺术五大领域的课程。近年来，领域整合的研究型主题活动将多个领域紧密连接在一起，学前儿童可以围绕一个主题，进行一系列的自主和探索活动，帮助他们获得全面发展。

四、学前儿童科学教育的发展趋势

随着社会的发展和科技的进步，学前儿童科学教育也在不断地发展和改进。在过去，学前儿童科学教育主要是通过简单的实验和观察来培养学前儿童的科学兴趣和探索精神。如今，学前儿童科学教育已经发展成为一种全面的教育方式，涵盖了科学、技术、工程和数学等多个领域。

学前儿童科学教育的发展趋势体现在以下几个方面。

（一）教育目标过程化

在这个飞速发展的时代，学前儿童科学教育的目标将由传授知识转变为运用多种方式促使学前儿童主动探究，在主动探究中发展主动性和创造性，从而为其终身发展奠定坚实的基础。

教师要将注意力放在引导学前儿童从生活中真实的感兴趣的问题出发，注重学前儿童实际操作和亲身体验，不再是单纯强调学习理论知识，而更重视学前儿童的实践过程。教师重点培养学前儿童的动手动脑能力，激发他们的科学探究欲望，引导他们带着问题有意识地展开探究，逐步形成科学的态度和思考方式，获得科学方法，培养科学精神。

（二）教育内容综合化

科学教育的内容是实现学前儿童科学教育的载体，内容的选择直接影响着组织方式、教育方法和教育结果。

宏观上，未来学前儿童科学教育应拓宽内容范围，不再聚焦于幼儿园，而应融入自然、社会生活中的科学课堂；关注点不仅是现代科技，还要链接中华传统科技，例如，体验扎染技术、了解传统刺绣工艺等。学前儿童科学教育更加注重资源利用，汇集家庭、园所与社会资源，多方合作，共同为学前儿童的科学教育提供丰富、多元的教育内容和集体智慧，为学前儿童的发展提供源源不断的资源。

微观上，在科学教育内容选择的范围上，将更加注重科学性与启蒙性，同时兼顾趣味性与学前儿童的发展特点及接受程度，注意预成性和生成性的结合。

（三）教育方式学前儿童主体化

传统的学前教育中，教师处于主导地位，学前儿童常常是被动地接受知识的灌输。如今，学前教育的开展一切都是从利于学前儿童发展的角度出发，采用他们喜欢的方式展开教学，教师成为学前儿童发展的合作者、支持者和观察者。认真观察学前儿童之间的差异，掌握学前儿童的不同需求，然后给予他们个性化的支持与帮助。

教师的职责是根据学前儿童的特点，选择适合的方式方法，如主题活动法、参与体验法、兴趣引导法、早期阅读法等，一切为学前儿童发展服务，努力做好幕后服务和引导支持。

此外，在科学主题、内容、材料的选择上，也要以学前儿童为中心，一切围绕如何引导学前儿童认识自然、热爱自然，促进学前儿童心智和科学素养的提高而进行。

总之，在进行学前儿童科学教育时，要灵活运用相关心理学和教育学理论，本着一切从学前儿童出发，一切为了学前儿童发展的初心，综合地、创造性地运用理论指导科学教育实践，这样才能发挥科学教育的深层价值。

⚙ **实战训练**

请同学们自由分组，4人一组，完成以下任务。

（1）认真学习并领会《纲要》和《指南》精神，分析文件中对学前儿童科学探究提出的要求，分析讨论并举例说明学前儿童科学教育的发展趋势。

（2）搜集相关资料，用实例说明学前儿童科学教育的价值。

第二节 学前儿童科学探究概述

引导案例

中一班的程老师非常喜欢幼儿园的孩子们，她常对亲友说："你永远无法想象孩子们在想什么，他们每一位都是小小探索家。"

在每天的日常活动中，孩子们会提出很多问题。

"老师，为什么会有影子？影子为什么总跟着我们？"

"为什么小蚂蚁能背动那么大的食物？"

"为什么冬天不下雨？"

"为什么下雪后道路会结冰，道路会很滑？"

"为什么雨后会出现彩虹？"

"为什么太阳会发光？"

"为什么月亮有时圆，有时弯？"

……

程老师不会直接回答他们的问题，而是想出各种办法引导他们自己去观察、探索，通过自己动手动脑获得答案。这样就锻炼了孩子们的主动学习的能力，同时在活动过程中，他们不仅体验到活动的乐趣，还习得解决问题的方法，培养了科学态度与科学精神。

学前儿童科学探究的本质是探索真理，这是学前儿童科学探究的精髓与灵魂，而学前儿童科学探究的内涵则是对其本质的拓展与延伸。明确学前儿童科学探究的过程与特点，有利于理顺学前儿童科学探究的环节和步骤。对学前儿童科学探究的年龄特征进行分析，把握不同年龄段学前儿童科学探究的特点，有利于学前儿童科学探究活动的顺利开展。

一、学前儿童科学探究的本质与内涵

科学知识的产生与获得离不开科学探究的过程。科学探究是人们探索和了解自然，获得科学

知识的重要方法。探究既是科学研究的方法，又是学前儿童学习科学的主要方式。

（一）学前儿童科学探究的本质

学前儿童科学探究与成人科学探究不同，学前儿童科学探究是学前儿童在本能的好奇心的基础上自发产生的对客观世界的主动探究行为。学前儿童在科学探究活动中会不自觉地运用科学的探究方法，展现出锲而不舍的科学态度。学前儿童科学探究是学前儿童在探究具体事物和解决实际问题中尝试发现事物的异同和联系的过程，具有可操作性和具体性的特征。

学前儿童科学探究的本质与成人科学探究的本质相同，都是探索真理，主要体现在以下 3 个方面。

1. 探知客观世界经验层次的科学知识

学前儿童的思维以具体形象思维为主，学前儿童科学探究多在直接感知、亲身体验和实际操作中进行，所以学前儿童对周围客观世界的认识是基于已有的生活经验的。学前儿童的认知有自身的逻辑，他们用自身经历、经验来感知和解释周围世界。通过教师的正确引导，学前儿童对周围世界的认识会更准确、更科学。

2. 探索世界、建构理论和获取知识的过程

学前儿童科学探究不仅是探知客观世界经验层次的科学知识，更是探索世界、建构理论和获取知识的逐层递进的动态过程。换个角度来说，科学知识是科学探究的结果，科学探究活动是过程，所以学前儿童的科学探究应注重动静结合，同时也不能忽视过程与结果的统一。

学前儿童科学探索的建构理论是指学前儿童能够操控新事物，并以此达到对其本质的理解。其实每位学前儿童都是建构者，他们在生活中善于发现、勤于思考、主动探究世界的奥秘，从而获取丰富的知识。

3. 培养科学态度和科学精神

科学能够引导学前儿童的思维方式，使其破解疑惑，解决难题。学前儿童在科学探究活动中，能够不断发现事物之间的联系及事物和人类生活之间的联系，逐渐明白科学的重要意义及可能存在的危害，破除原先的认知结构，重新建立正确的认知，透过现象看本质，遵循严谨的科学探究操作流程，从而培养科学态度和科学精神。

学前儿童科学探究是培养学前儿童科学态度和科学精神的有效途径，科学态度和科学精神构成了学前儿童看待世界的态度和方法，如图 1-1 所示。

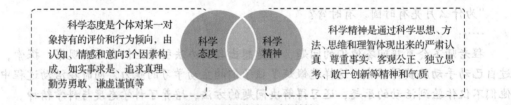

图 1-1　科学态度和科学精神

（二）学前儿童科学探究的内涵

《指南》明确指出："幼儿科学学习的核心是激发探究兴趣，体验探究过程，发展初步的探究能力。"这是对学前儿童科学探究最好的揭示，概括了其核心思想。

学前儿童科学探究的内涵如下。

1. 科学探究是学前儿童探索周边世界的过程

既然学前儿童科学探究是一个探索世界、建构理论和获取知识的过程，那么教师就应该重视

并丰富科学探究活动的过程，不能一味地强调学前儿童学习的结果，而应让学前儿童在活动过程中体验学习的快乐和趣味，潜移默化地对其学习和发展产生积极而深远的影响。

2. 科学探究是学前儿童探索周围世界的经验

经验是指在体验或观察某一事物或事件后所获得的能应用于后续作业的心得。学前儿童在已有经验的基础上进行科学探究活动，而科学探究活动又进一步丰富了学前儿童的经验，两者相辅相成。科学探究活动促进了学前儿童的学习和发展，同时也使学前儿童积累了丰富的经验。

3. 科学探究是学前儿童与周围世界的交互活动

学前儿童在进行科学探究时，必然要参与到与周围环境和材料的互动中。当学前儿童与周围环境和材料进行互动时，科学知识、科学态度和科学情感就能被激发、建构和获得。

看一看、摸一摸、闻一闻、尝一尝等都是学前儿童与周围世界进行互动的探究行为。例如，小班科学活动"认识水果"，学前儿童通过"感官法"来观察水果，了解水果的特征：苹果又大又红，甜甜脆脆，切面形状像爱心；香蕉又细又长，果肉又软又甜，外表像小船；黄澄澄的杨桃，切面就像五角星；红红的草莓，酸酸甜甜，切面像孔雀。小朋友们通过看、闻、尝来认识水果，如图1-2所示。学前儿童主动探索周围的事物，通过科学探究来获得生活经验和科学知识。

图1-2　通过看、闻、尝来认识水果

4. 科学探究是学前儿童与周围人的人际互动

科学探究重视交流与合作，具有合作性特征，所以学前儿童科学探究也是学前儿童与周围人的人际互动。

由于学前儿童的生活经验和知识经验比较欠缺，因此学前儿童必须借助周围人，特别是成人的帮助，才能将科学探究顺利地进行下去，这就涉及学前儿童与周围人的人际互动。学前儿童的科学探究离不开与家长或教师的良好沟通与交流，学前儿童可以在融洽的人际互动中学会如何学习科学、对待科学和尊重科学。

二、学前儿童科学探究的过程与特点

过程是对学前儿童科学探究的动态剖析和展现。通过对多种科学探究过程的对比分析，根据学前儿童自身的特点，我们可以归纳总结出学前儿童科学探究的过程与特点。

（一）学前儿童科学探究的过程

学前儿童科学探究遵循一切科学探究的一般过程。这个过程是一条不间断的操作链，如图1-3所示。根据学前儿童的学习方式，学前儿童科学探究的过程可分为观察、提问、假设、验证、结论和交流6个环节。

1. 观察

学前儿童对周围世界的认识源于其对各种事物的观察。观察能够引发学前儿童的好奇心，好奇心再引发其更深入地观察，经过观察和思考，学前儿童才能提出问题。因此，学前儿童科学探究始于学前儿童的观察。

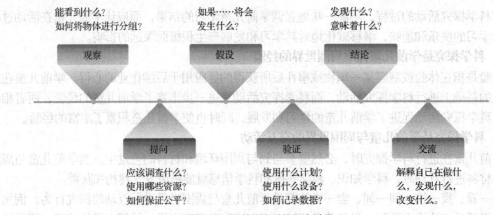

图1-3　学前儿童科学探究过程

观察主要包括5个方面的内容。

（1）调动身体感官；

（2）指出事物之间的相似点和不同点；

（3）观察事物和现象中的图样；

（4）指出所观察现象及周围世界中的结果和事件；

（5）解释观察结果。

观察本身是一个系统的探究过程，是对接下来的科学探究的预测。学前儿童对周围事物的观察不仅通过视觉，还涉及听觉、嗅觉等。多种感官的加入既丰富了观察的内容，又提高了观察的质量，增强了观察的技能，有助于学前儿童提出更有价值的探究问题。

2. 提问

学前儿童可以通过对周围事物的观察和探究提出问题。当他们不停地问"为什么""这是怎么回事"的时候，便具有了提问的技能。学前儿童的提问会慢慢聚焦在具体的科学探究问题上。

在学前儿童科学探究活动中，教师应该尝试用引导性的问题来推动新探究和进一步的调查，使提问贯穿科学探究活动的始终。提问是科学探究活动的关键和核心。

3. 假设

假设源于个体所提出的问题，是对问题的一种简洁陈述，试图解释一种模式或预测一种结果，是个体在已有知识经验的基础上所提出的关于问题的可能性解释。假设涉及对科学事件和现象的解释，如接下来会发生什么、为什么会发生这样的事情。

虽然假设并不一定是科学结果，但是它能帮助学前儿童澄清思想和说明关系。学前儿童一开始很可能因为缺乏科学知识和生活经验而做出错误的假设，但随着年龄的增长，根据日益丰富的证据，他们会逐渐做出正确的假设来解释科学事件和现象。

4. 验证

学前儿童对科学事件和现象进行假设之后，便需要制订探究计划，进入验证环节。验证即检验和求证，通过验证，假设可能会被证实，也可能会被推翻。验证可以让学前儿童明白隐藏在科学事件和现象背后的本质。

验证主要有以下两种方式。

（1）引证式。根据已制订的探究计划搜集支持假设所需的事实和证据，经分析与概括得出结论，从而证明假设成立或者不成立。

（2）实验式。个体亲自动手实验，通过分析实验和总结实验结果来验证假设的正确性和有效性。

验证环节是学前儿童科学探究的主体部分。学前儿童自主地进行科学探究，在活动中不断解答之前的疑问，解开心中困惑，从而满足强烈的好奇心和求知欲。教师应充分激发学前儿童的主观能动性，以学前儿童自主探究为主、教师指导为辅，时刻关注学前儿童探究的每个细节及其人身安全，确保探究活动顺利完成。

5. 结论

学前儿童对假设进行验证之后，可以将科学探究过程和所有结果以表格、图画、文字或数字等形式记录下来，并对记录的结果进行归纳与概括，最终形成对某个科学事件或现象的科学认识。

6. 交流

学前儿童科学探究的最后一个环节是交流，即将关于某一个科学事件或现象的探究过程和结论与同伴或教师进行交流和沟通。

在交流过程中，一方面，学前儿童要准确地向他人阐明自己探究的问题与采用的方法，探究的过程及结果，并倾听他人对证据和解释的看法和态度；另一方面，他人也有机会就这些结论、解释提出疑问，指出其中有悖于事实证据的地方或就相同的观察提出不同的解释等。

在多种声音和观点的碰撞过程中，学前儿童可以进一步厘清实验证据、已有科学知识和结论之间的关系，巩固新发现，掌握新知识。

（二）学前儿童科学探究的特点

学前儿童科学探究作为科学探究的一种，除了具备一般科学探究的基本特点外，由于学前儿童的认知能力、知识经验等有限，其年龄的特殊性决定了学前儿童科学探究还具有独特且突出的特点。

1. 探究动力来自强烈的探究欲望

根据"朴素理论"，学前儿童在科学探究前就有自己的看法，正确答案是学前儿童最关心的问题。探究的过程就是学前儿童不断追寻未知答案或验证已有观点的过程，他们好奇、好问、勤思考，不断地积极探索。在强烈的探究欲望的驱使下，学前儿童心中充满了对世界认知的渴望，进而推动科学探究的深入开展。

2. 探究客体以科学问题为基础

学前儿童科学探究的客体是其想要解释的问题，根据《指南》对学前儿童科学探究的要求，探究内容可划分为自然、生活事物和现象两类。其中，自然主要包括动植物的各种基本特征、习性、外部环境对其的影响等。例如，天空为什么是蓝的？生活事物和现象主要包括对材料的应用、物体的结构与特点、科技与生活密切联系的认知等。例如，木板为什么会浮在水面上？从学前儿童探究客体的主要类型可以看出，他们所关心的问题都是一些基础的科学问题，即"是什么""为什么"的问题。

3. 以发现式探究为主

学前儿童科学探究的学习形式按照不同的维度可以划分为不同的类型。根据探究程度的不同，学前儿童科学探究的学习形式可以分为接受式、发现式和建构式。其中，发现式探究是基于布鲁纳的"发现学习法"理论形成的，强调以儿童为中心，探究的过程以儿童的内在学习动机为主。

在学前儿童科学探究中，学前儿童从发现问题、提出假设、搜集资料到验证假设的整个过程都是积极主动的，这与发现式探究学习所强调的学前儿童主动地"学"，而并非教师积极地"教"是一致的。因此，发现式探究是学前儿童科学探究的主要形式。

4. 探究方法具有试误性

学前儿童在科学探究中运用各种方法验证自己的猜想，主要方法包括仔细观察、搜集资料、实验操作、推理验证和沟通合作等。根据皮亚杰的认知发展理论，学前儿童主要以具体形象思维为主，对事物特点和事物之间的联系进行多次尝试才能有所发现。在这个过程中，学前儿童需要多次、长时间地探索才能排除无关的因素，结果才能接近答案。这样的尝试与探索体现了学前儿童科学探究问题的方法具有很大的试误性。

5. 探究发现与结论的"非科学性"

学前儿童原有的经验和思维水平决定了他们无法获得真正的科学概念，他们理解和建构的知识带有直接经验性、表面性和主观性，具有一定程度的"非科学"性。学前儿童探究发现与结论"非科学性"的突出表现如下。

（1）用原有经验解释事物。学前儿童对事物的认识直接受其原有经验的影响，这是由他们思维的具体形象性派生出来的。

（2）表面性与片面性。学前儿童对事物的认识常常依赖于所感知到的现象，他们只能获得具体、个别的经验，很难从中进行抽象概括以抓住事物的本质特征。

（3）主观性与泛灵论。学前儿童的思维具有明显的自我中心特点，他们对客观事物和自然现象的认识和解释往往是从主观意愿和个人感觉出发的，将万物赋予灵性，具有"人为"的色彩。

三、学前儿童科学探究的年龄特征

3~6岁的学前儿童在探究的兴趣点与目的性、所适用的探究方法与探究记录方式、表达与交流能力等方面既具有共性，又存在着明显的年龄差异。教师应抓住不同年龄段学前儿童科学探究学习的需求，提高自己研究学前儿童发展、提供支持性教育的能力，以增进学前儿童科学教育的适宜性，促进学前儿童科学素养的全面发展。

（一）不同年龄段学前儿童探究兴趣的差异

一般来说，小班学前儿童对自己日常喜欢、熟悉、可反复操作的事物更容易表现出探究的兴趣。例如，当问小班学前儿童喜欢哪种小动物时，他们的回答一般集中倾向于故事中出现频率较高的小白兔。可见，一方面，他们对探究内容的选择具有较强的自我中心倾向和浓厚的主观情感色彩；另一方面，他们的选择通常具有无意识性，极易受到其他事物的干扰，所以他们的探究兴趣具有不稳定性。

中班学前儿童对生活中时有接触但不太熟悉的事物，更容易表现出强烈的探究兴趣。例如，当问中班学前儿童喜欢探究哪种车时，他们的回答通常是消防车、救护车等现实生活中实际存在的交通工具。他们对探究内容的选择会受到自身日常生活经验和活动视角的影响，更多地关注和探究与现实生活相关的具体事物，并渴望了解这些事物的用途、结构、功能、特征等。

大班学前儿童则逐渐开始对有一定挑战性的内容或问题表现出探究的兴趣，喜欢关注事物的变化、奇特的现象，以及事物的细节与功能等。

例如，在探究车的活动中，大班学前儿童通常会对各种奇特的车型及其商标、动力与速度、不同的功用等感兴趣，同时能够延伸到其他交通工具，如飞机、飞船等。他们的探究兴趣虽然与中班学前儿童相近，但他们的视角更开阔，他们能够通过搜集与交流信息来拓展探究的范围与内容，使探究活动向纵深方向推进。同时，大班学前儿童的探究兴趣开始表现出个性化倾向，个体差异更为明显。

（二）不同年龄段学前儿童探究方法的差异

小班学前儿童正处于从直觉行动思维向具体形象思维过渡的发展阶段，这使他们的科学探究更依赖真实、具体、一目了然的情景和反复的操作感知活动。他们喜欢用手触摸事物，也更依赖手的感知，这就要求教师应为小班学前儿童提供感知特征明显的事物，并将"静态"的活动方式转变为"动态"的活动方式。

中班学前儿童开始向具体形象思维发展，其探究的视野从点扩大到面，他们在教师的引导下能够围绕探究的问题进行整体有序的观察或两两比较的探究。在探究活动中，中班学前儿童能够在观察记录表的提示下，有目的、按顺序、一次性完成对兔子和公共汽车等事物从头到尾、从前到后的观察与记录。在喂养兔子时，他们甚至还会自发地对兔子喜欢吃什么进行探究，将菜叶、菜梗、菜花分开来喂，观察兔子更爱吃哪一部分。

大班学前儿童的抽象逻辑思维有所发展，活动前预测、活动中检验和求证的能力较中班学前儿童有了明显的提高。能力强的大班学前儿童还有可能在探究活动前对自己要做的事有自己的想法，并能根据自己的想法进行自主探究，乐意反复尝试探究以解决问题，不会轻易放弃。一些大班学前儿童甚至开始追问根源，对事物的内隐特征或结构表现出探究的兴趣。

（三）不同年龄段学前儿童探究记录方式的差异

小班学前儿童的探究记录具有较强的直观性与即时性，他们对操作过程更感兴趣，更多满足于动作与游戏，而无意于记录与表达，这就需要教师根据小班学前儿童的心理特征进行合理的引导。

中班学前儿童已经会主动记录很多内容，如探究假设与探究结果，探究事物的外形特征、数量、明显的差异或变化等。但中班学前儿童经常是看到什么就记录什么，通常主次不分，较难抓住关键信息，而且同伴间的模仿很明显，记录的持续性也较差，仍需教师的引导与支持。

大班学前儿童已经开始尝试多元化、个性化的记录与表达方式。例如，有的大班学前儿童喜欢自己写或请成人帮忙用简单的文字来记录和说明，以使记录图文并茂，更便于阅读与交流。有的大班学前儿童在教师的引导下，运用数字来记录，并将数学统计的方法运用到记录统计和比较中，从而使记录更加客观与严谨。

（四）不同年龄段学前儿童表达交流能力的差异

小班学前儿童在探究过程中更多的是独自操作或观察，同伴间极少有交流，对教师的提问虽然能够做出实时的回答，但内容极为简单，并常常伴随着肢体动作。探究之后的集体交流对于小班学前儿童来说更加困难，他们缺乏与同伴交流的欲望，甚至自己都难以回忆和表达在探究过程中的发现，脱口而出的一般是以往的想法或简单重复同伴的表达。

中班学前儿童多有自己的探究记录过程，他们在探究后的表达较小班学前儿童有了一定的进步，表达交流趋向活跃，而且中班学前儿童之间的交流语言较简洁丰富，表情自然生动，能够有效促进相互之间的启发与模仿。中班学前儿童的表述趋向于有序完整，他们的交流与讨论也更易集中于核心问题与内容，教师可以促使他们达成共识、得出结论或产生新的问题。

随着合作能力的提高，大班学前儿童的表达交流能力进一步发展。大班学前儿童通常开始一边探究，一边交流讨论，甚至还会出现争论与协商。教师应该鼓励大班学前儿童主动发问和表达自己的经验与想法，并指导其就不同的观点分别进行探究与记录，以便其在探究活动结束后能够根据具体的事实证据来支持或修正自己的观点，通过轮流重复验证的方式来寻求更科学的认识。

综上所述，3～6岁学前儿童科学探究学习的特点和指导策略既有共性，又存在年龄差异。教师对学前儿童的有效支持必须建立在掌握不同阶段学前儿童探究特点的基础上，这样才能有效增进学前儿童科学教育的适宜性，才能达到促进学前儿童科学素质全面发展的目的。

─── ⊙ 实战训练 ───

请同学们到幼儿园实地观察一次教师组织的学前儿童科学教育活动或观看一则典型的科学教育活动视频案例。分析学前儿童科学探究的过程、特点与年龄特征。同学们可以分组讨论学前儿童的科学探究与科学家的科学探究有哪些相同点和不同点。

课后习题

一、选择题

1. 下列选项中不属于学前儿童科学教育内涵的是（　　　　）。

   A. 引导学前儿童学习发现问题、分析问题和解决问题的方法

   B. 确立教师的主导地位，强调教师在学前儿童科学活动中的作用

   C. 激发学前儿童的探究兴趣，使学前儿童体验探究过程，并发展初步的探究能力

   D. 确立学前儿童的主体地位，强调学前儿童通过自己主动探索习得科学知识，形成科学态度

2. 《幼儿园教育指导纲要（试行）》指出，学前儿童的科学教育是（　　　　），重在激发学前儿童的认知兴趣与探究欲望。

   A. 智能教育　　　　　　　　　　B. 认知教育

   C. 科学启蒙教育　　　　　　　　D. 数学教育

3. 科学教育活动能否使学前儿童实现（　　　　），是衡量活动成败的核心原则。

   A. 可持续性发展　　　　　　　　B. 技能掌握

   C. 思维发展　　　　　　　　　　D. 知识增长

4. （　　　　）是培养高素质科学人才的主要渠道，担负着对接科技强国、制造强国等国家战略的重要任务。

   A. 艺术教育　　　B. 语言教育　　　C. 社会教育　　　D. 科学教育

5. 对学前儿童科学探究行为的本质，下列描述不正确的是（　　　　）。

   A. 学前儿童在本能的好奇心的基础上自发产生的对客观世界的主动探究行为

   B. 学前儿童被动接受教师灌输科学知识的过程

   C. 学前儿童在探究具体事物和解决实际问题中尝试发现事物的异同和联系的过程

   D. 学前儿童探索世界、建构理论和获取知识的过程

二、判断题

1. 学前儿童科学教育的目标应注重学前儿童长远的科学素养的培养。（　　　）

2. 学前儿童科学教育的主要内容应源于教师的积累与学前教育的教材。（　　　）

3. 学前儿童科学探究是培养学前儿童科学态度和科学精神的有效途径，科学态度和科学精神构成了学前儿童看待世界的态度和方法。（　　　）

4. 学前儿童科学探究与成人科学探究相同，遵循一切科学探究的一般过程。（　　　）

5. 探究结果是对学前儿童科学探究的动态剖析和展现。（　　　）

三、简答题

1. 简述学前儿童科学教育的价值。

2. 简述学前儿童科学探究的本质。

3. 简述学前儿童科学探究的特点。

02

第二章
学前儿童科学教育的理论基础

知识目标

> 掌握学前儿童心理学理论基础。
> 了解学前儿童心理学理论的教育启示。
> 掌握学前儿童教育学理论基础。
> 了解学前儿童教育学理论的教育启示。

能力目标

> 能够理解认知发展理论、建构主义理论、多元智能理论的相关内容。
> 能够将学前儿童心理学理论的相关内容融入科学教育活动的组织设计中。
> 能够将学前儿童教育学理论应用到学前儿童科学教育中。

素养目标

> 能够创设利于学前儿童身心发展的宽松、和谐的精神环境。
> 用发展的眼光看问题，将所学理论与现实生活相结合，形成科学教育观。
> 掌握科学教育的理念和方法，具备多元文化意识，提供多样化的教学内容与方式。

在学前儿童科学教育活动中，教育者首先要掌握学前儿童科学教育的理论基础。理论基础主要包括心理学基础和教育学理论基础。认知发展理论、建构主义理论、多元智能理论及朴素理论为教育者设计组织学前儿童科学教育活动奠定心理学基础；科学游戏论、生活教育理论及"活教育"理论等使教育者树立正确的教育理念，为更好地实施学前儿童科学教育奠定了教育学基础。

第一节　学前儿童心理学理论基础

引导案例

幼儿园中班的程老师今天为小朋友们准备了许多瓜果蔬菜，有香蕉、柠檬、红苹果、山楂、青梅、青枣、胡萝卜、番茄、火龙果、西兰花、苦瓜等，小朋友们纷纷围过来，看一看，摸一摸，互相讨论着什么。

程老师走过来跟大家说："小朋友们，这些瓜果蔬菜太乱了，你们能给它们分分家吗？帮它们找到自己的家，这里有两个大篮子，分别是水果类、蔬菜类。"

于是，小朋友们自由分组，都忙起来了。突然，洛洛说："子蒙，你不能把红苹果和番茄放在一起，它们不是一类。"子蒙说："那你也不能把山楂和青梅、青枣放在一起，它们颜色不一样。"

洛洛说："不是看颜色。"子蒙问道："那看什么？"他们争执不休……

再看其他的小组，有的按大小分，有的按形状分，有的按颜色分……分得五花八门。

由于小朋友们的认知水平不同，他们对事物的概念理解不同，子蒙从物体的表面颜色判断，而洛洛认为应该从水果和蔬菜类别不同来区分。

最后，通过程老师的讲解，小朋友们知道了哪些是水果，并把水果从中挑选了出来。程老师帮助小朋友们一起认识水果。

学前儿童科学教育的发展非常迅速，科学技术日新月异，学习科学、认知科学等多个领域的研究成果加速了学前儿童科学教育的发展进程。探讨学前儿童科学教育离不开心理学与教育学。与学前儿童科学教育紧密相关的心理学理论主要包括认知发展理论、建构主义理论、多元智能理论和朴素理论。

一、认知发展理论

认知发展理论主要有皮亚杰认知发展理论、维果茨基认知发展理论、布鲁纳学习理论。

（一）皮亚杰认知发展理论

皮亚杰是最早关注儿童科学认识的心理学家，他提出的认知结构和认知发展阶段理论在世界范围内产生了深远的影响，他被称为发现"儿童的科学"的第一人。基于皮亚杰的认知发展理论，人们可以了解不同发展阶段儿童认知的一般特点，这对于理解"儿童的科学"理论及其发展、演变过程具有重要意义。

1. 认知结构理论

认知包括理解、推理、思维、学习、概念化等，指个体自出生后适应和了解世界的过程。在适应环境的活动中，个体对事物的认知及其思维方式随情境不断改变。

皮亚杰认为儿童像科学家一样，通过自身和周围世界的相互作用，构建对客观世界的认知，形成自己的认知结构。皮亚杰认为，智力发展是儿童与环境动态持续相互作用的结果，知识是通过儿童与环境的相互作用构建的。儿童认知发展是一个主动的探究过程，而非被动的信息积累过程。

皮亚杰认知发展理论中与儿童认知发展相关的核心概念包括图式、同化、顺应和平衡，如表 2-1 所示。

表 2-1 皮亚杰认知发展理论中的相关概念

概念	解释
图式	个体对世界的理解和思考方式，也被认为是个体心理活动的框架或组织结构
同化	个体将外界信息整合到原有认知结构的过程
顺应	当个体现有认知结构不能同化外界信息时，修改或创造新图式以适应新情况的过程，也是认知结构性质改变的过程
平衡	将原有认知结构进行调整，形成新的认知结构的过程

儿童遇到与自己当前思维结构不符的新情况时，就发生了不平衡。当发生不平衡时，儿童强烈的好奇心会驱使他们去思考和探究，儿童像科学家遇到新问题一样，首先用自己熟悉的内容和方法来同化一个不熟悉的情形，如果无法同化，他们就会调整已有的思维和行为模式以适应新情况。儿童就是通过不断同化和适应，在认知结构不断从不平衡到平衡的动态过程中发展智力的。因此，儿童被皮亚杰称为"小科学家"。

2. 认知发展阶段理论

在大量实验的基础上，皮亚杰将人的认知发展划分为既相互联系又存在质的差异的 4 个阶段，如图 2-1 所示。

皮亚杰认为，认知发展各阶段出现的年龄因个体智慧程度、动机、练习、教育影响及社会环境不同而存在差异，可以提前或推后，但阶段的先后次序保持不变。"运算"是皮亚杰理论中的一个重要概念，其含义是一种"内化的、可逆的动作"。

（1）感知运动阶段。感知运动阶段主要是在 0～2 岁。该阶段婴幼儿的认知结构是感知运动图式，仅靠感觉和知觉动作来适应外部环境。经过这一阶段的发展，他们从仅具有反射行为的个体逐渐发展成为对其日常生活环境具有初步了解的问题解决者。

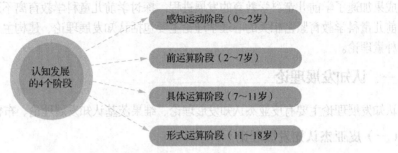

图 2-1　认知发展的 4 个阶段

（2）前运算阶段。该阶段是指从儿童学习一种语言开始，一直持续到 7 岁。在这个阶段，儿童通过语言、模仿、想象、符号游戏和符号绘画等发展符号化的表征图式，他们的知识在很大程度上仍然取决于自身的知觉。

（3）具体运算阶段。具体运算阶段是皮亚杰划分的认知发展阶段的第三个阶段。该阶段儿童的思维有两个特点。其一，守恒性。儿童能从一个概念的各种具体变化中抓住实质或本质的东西。其二，能进行群集运算。群集运算包括组合性、逆向性、结合性、同一性和重复性 5 个方面。具体运算思维一般离不开具体事物的支持，而且这些运算比较零散，不能组成一个结构的整体、一个完整的系统。最典型的思维技能是守恒、组合和分类。

（4）形式运算阶段。在此阶段，儿童可以在头脑中将形式和内容分开，脱离具体事物，根据假设来进行逻辑推演。皮亚杰用现代代数中的群、格等逻辑结构来刻画形式运算思维。

基于皮亚杰的认知发展阶段理论，人们发现儿童的科学认识与认知结构的发展是平行的，儿童科学认知的发展取决于他们所在的认知发展阶段。

3. 教育启示

根据皮亚杰的认知结构和认知发展阶段理论，学前儿童的认知发展正好处于前运算阶段，此时他们还不具备逻辑思考的能力，主要依靠感知和动作来适应外界环境，具有明显的泛灵论特点。在前运算阶段，儿童的主要行为特征是能使用语言表达概念，能进行形象思维，能用符号代表实物，能运用思维但不合逻辑，常存在自我中心倾向，将无生命的事物视为有生命，对自然科学更加有兴趣。例如，他们经常会提出"月亮为什么不睡觉，总是跟着我们"等问题。

在进行学前儿童科学教育活动时，教师应考虑学前儿童的认知特点，在选择科学教育内容和教学方法上贴合学前儿童的需求，例如，多选择自然科学的主题，从学前儿童的实际生活出发，尊重学前儿童的主体地位，引导学前儿童发现问题、探索问题并解决问题，激发学前儿童对科学的热爱和兴趣。教师应多让学前儿童接触真实事物，积累丰富表象，扩大认知范围。

（二）维果茨基认知发展理论

维果茨基是著名的心理学家和教育家，他主要研究儿童心理和教育心理，他的认知发展理论如下。

1. 社会文化理论

维果茨基强调社会环境对个体认知发展的作用，提出社会文化理论。维果茨基认为，个体的学习是在一定的社会文化背景下进行的，是在与他人的相互交往中主动构建和发展自己的。高级的心理机能来源于外部动作的内化，内在的智力动作也在不断外化为实际的动作，人的活动就是内化与外化的桥梁。

2. "最近发展区"理论

维果茨基提出了"最近发展区"理论,认为儿童的发展具有两种水平,如图2-2所示。

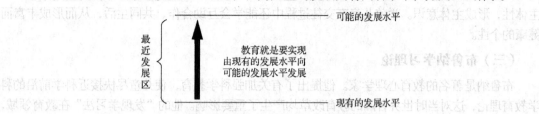

图2-2 "最近发展区"的两种水平

一种是儿童在独立活动时表现的现有的发展水平,另一种是儿童在成人指导下将要达到的水平,两种水平之间的差异就是"最近发展区"。维果茨基认为,教育教学应该建立在儿童的"最近发展区"上,这样才能有效地促进儿童的发展。

维果茨基还高度肯定了游戏的价值,认为游戏创造了儿童的"最近发展区",是儿童发展的重要源泉。他还强调教师必须在认知活动中与儿童合作,而且这些活动要经过教师的认真挑选,要适合儿童的潜在发展水平,这样才能唤醒其处于"最近发展区"的发展潜力。在认知活动中,教师要扮演"促进者"和"帮助者"的角色,引导儿童掌握、建构与内化那些能够使其从事更高认知活动的技能。

3. 儿童科学概念发展理论

维果茨基认为,在学前教育阶段,儿童的思维尚处于复合思维阶段,还没有形成概念思维,即儿童是根据组成复合体的各成分之间的具体的、实际的联系,而不是抽象的、逻辑的联系来认识事物。由复合思维形成的复合体属于具体——实际思维层次,它反映的是直接经验所揭示的广泛多样的、实际而非本质的联系。

维果茨基将儿童自发形成的概念(或日常生活概念)归因于他们的复合思维。他认为儿童对世界会有许多自发形成的认识,这些自发概念不同于从教学过程中获得的科学概念,儿童的自发概念与科学概念具有不同的特点。引导案例中有的小朋友将红苹果和番茄放在一起,这就源于儿童的自发概念。

自发概念来源于与客体的直接接触,吸收了丰富的生活经验,但使用错误比较明显;科学概念能够普及运用,但语言空洞。自发概念的发展是自下而上的,从简单和低级的特性到高级的特性,而科学概念的发展则是自上而下的,从较复杂和高级的特性到较简单和低级的特性,可见两者是相互联系、相互补充的,但又存在区别。

科学概念是从儿童的自发概念在发展中尚未达到的水平开始形成的,而教学则是促使其发展的关键因素。

4. 教育启示

维果茨基的认知发展理论对教师开展学前儿童科学教育活动的启示如下。

(1)了解学前儿童的"最近发展区"。教师要充分考虑社会环境对学前儿童的影响,准确判断学前儿童当前的认知水平和具有的潜力,在科学教育活动中选择恰当的内容和材料,既能激发学前儿童的参与兴趣,又能促进他们进一步发展。在活动中,教师要扮演好学前儿童的支持者、引导者和合作者。

(2)根据不同儿童的发展水平因材施教。教师要尊重学前儿童的个体差异性,依据学前儿童在发展水平、能力、经验和学习方式等方面的不同,为学前儿童提供丰富多元的教育环境,因材施教。在活动中,教师应运用鼓励、示范、启发式提问、情感关注、建议等多元化教育方法。

（3）重视交往在教学中的作用。在教学过程中，教师应注意学前儿童与教师之间、与同伴之间的沟通、交流与协调，重视交往在教学中的作用。学前儿童在交往过程中能够发现自我，增强主体性，形成主体意识。学前儿童在交往过程中还能学会互助合作、共同生活，从而形成丰富而健康的个性。

（三）布鲁纳学习理论

布鲁纳是著名的教育心理学家。他提出了有关加强科学教育，使儿童尽快接近科学前沿的科学教育理论，这对当时世界各国的教育改革均产生了重要影响。他的"发现学习法"在教育领域，尤其是在科学教育领域，有着非常重要的意义与贡献。

1. "发现学习法"

布鲁纳认为发现是儿童学习的主要手段，儿童掌握学科基本结构的最好方法是发现学习法。"发现学习法"是指儿童在教师的指导下，通过自己的探究与学习，主动发现事物变化的起因和内部联系，并从中找出规律的一种学习方法。这种方法以培养儿童独立思考、发展探究性思维为目标，以基本材料为内容，使儿童通过发现的步骤来完成学习，并从中体验发现知识的智慧感和完成任务的胜利感。

2. 教育启示

布鲁纳强调儿童内部动机的作用，主张用发现式教学法进行教学。发现式教学法主要包括以下4个步骤。

（1）根据儿童的好奇心，提出他们感兴趣的问题。

（2）围绕问题，提供有利于解决问题的材料。

（3）协助儿童对材料进行分析，让儿童通过积极参与和主动思考，提出解决问题的可能途径和方法。

（4）引导和帮助儿童寻找验证方法，通过对比选择最佳途径，解决问题。

根据布鲁纳的学习理论，在学前儿童科学教育活动中，教师扮演的角色应为观察者、发现者、提供者、支持者与引导者。教师细心观察儿童，发现他们的兴趣点，并在适当的时机提供相应的、丰富的材料，协助儿童分析和探究，引导儿童进行对比分析，找出最优的解决办法，最终解决问题。

二、建构主义理论

建构主义也称结构主义，是认知理论的一个重要分支。建构主义理论阐述了个体学习过程的认知规律，阐明了学习是如何发生的、概念是如何形成的等问题。

（一）建构主义理论内容

建构主义将儿童看成生成知识的种子，其学习观、学生观和知识观如下。

1. 学习是主动建构的过程

建构主义者认为，世界是客观的，但对客观世界的解释和赋予意义是由个人决定的。个人以自己的经验来解释现实，所以对外部世界的理解也存在差异性。建构主义理论认为，学习者不是被动的知识吸收者，而是主动的知识建构者；主张以学习者为中心，鼓励学习者调动各种资源进行批判性学习和思考。

2. 强调学习情境的重要性

建构主义理论强调学习情境的重要性，认为学习是与真实情境紧密相连的，学生只有在真实情境中，才能有效地建构知识。

3. 互动是知识建构的重要方式

建构主义者认为，个体是基于自己的经验构建对事物的理解。每个人已有经验不同，看待问题的角度也不同，个体对事物的理解只是其中的一个侧面。要使个体超越自身认知的局限，形成对事物更加丰富的、全面的认识与理解，就必须进行充分的合作和广泛的讨论。儿童在同伴间的协商互动中超越自己的认识。

4. 强调教学目标的开放性

建构主义者认为，教学应以培养儿童的探究和创新能力为目标，教与学是相互促进的循环过程。因此教学目标的设定应具有弹性与开放性，学习者可以从自己的学习需要出发，不断建构自己的学习目标。

（二）建构主义理论的教育启示

基于建构主义理论，教师在开展学习儿童科学教育活动时应注意以下几点。

1. 重视学前儿童原有经验

建构主义理论主张学习者通过主动参与实现学习，基于自身经验，对各种信息和观念进行加工、转换、验证，形成新的认知结构。学前儿童科学教育活动的开展应以学前儿童原有的经验为基础，选用适合学前儿童的科学教育内容，引导学前儿童运用原有经验对新信息进行理解和构建。

2. 创设有建构意义的情境

教师要积极创设富有建构意义的真实情境，激发学前儿童的探究兴趣，促使学前儿童在真实的社会文化背景下，理解事物的性质、规律，以及事物之间的内在联系，从而实现对事物的深刻理解，并逐步建构自己的知识体系。

3. 在沟通合作中学习

建构主义者认为每位学习者都有自己的经验世界，不同学习者原有的经验结构和对世界的理解都不同。学前儿童科学教育活动不能忽视学前儿童的主体地位。教师在活动中要成为学前儿童学习科学的指导者、支持者及合作者。

教师要创设适宜的学习情景，促使学前儿童有效沟通、交流、合作，鼓励他们大胆表达自己的观点，在听取其他学前儿童观点的基础上，发现各自理解的差异性，构建对某一问题新的、更完整的认知。

三、多元智能理论

多元智能理论又称"多元智力理论"，是美国心理学家加德纳提出的。传统的智力理论认为，智力是以语言能力和数理逻辑能力为核心的。加德纳提出了新的智力定义：智力是在某种社会和文化环境的价值标准下，个体用以解决自己遇到的真正难题或生产及创造出有效产品所需要的能力。

加德纳通过大量实验数据和观察分析，证明人类的思维是多元化的，发现人类至少存在 9 种智力潜能。他认为，每个人身上都同时拥有 9 种基本智力，分别是言语——语言智力、音乐智力、逻辑——数理智力、视觉——空间智力、身体——动感智力、内省智力、交往智力、自然观察智力和存在智力。

每个人 9 种相对独立的智力在不同方式和不同程度上有机组合，从而呈现出个体间的智力差异。在现实世界中，每个人的智力各具特点，并受到教育条件和环境的影响。

多元智能理论对当前学前儿童科学教育的启示如下。

（一）认识儿童的智力差异性，发现并培养其智力强项

学前儿童科学教育的核心在于探究。儿童在进行探索时，总是以自己喜欢的方式去认识世界。

在活动中，每位儿童表现出的智力强项也不尽相同。在开展学前儿童科学教育过程中，教师首先要接纳每位儿童不同的智力特点，认识到儿童之间智力的差异性；其次，要观察识别儿童的智力强项或弱项，掌握不同儿童的擅长领域；最后要根据不同儿童的智力特点，协助儿童扬长避短，在其智力强项方面提供支持，促进儿童更好地发展。

（二）提供多元化的教育环境，为儿童创造探索的空间

教师应为儿童创设多元化的教育环境，以满足儿童探索的需求。还要为儿童提供大量的、各式各样的操作材料，让儿童动手操作、亲身体验，选择的材料要能激发儿童各种智力或智力组合，让所有儿童都能找到自己的兴趣点，并在不断的探究活动中发展自己。

（三）采用多元化标准和方式评价儿童

科学教育活动的目的是通过科学探究过程，促进儿童的全面发展。全面发展并不是各个方面齐头并进的发展，而是不同方面在发展水平上存在差异的发展，不同个体都有其优势发展的方面，其智能发展的结构和形态也不同。

因此，幼儿园要建立多元化的学前儿童科学教育评价体系，采用多主体、多维度、全方位的评价方式对儿童科学素养的各个方面进行考察，进而全面地了解儿童的发展状态，并予以针对性的指导，促进儿童健康发展。

四、朴素理论

朴素理论是与科学理论、成熟理论、正规理论相对而言的，是指人们对某一信息、事物、现象等日常的理解，又称为"天真理论"。

儿童是通过自己的经验来建构知识的。当代认知心理学家认为，儿童具有理解世界的一种强烈的、天生的愿望，即使是年龄很小的儿童，也会组织来自外部的各种信息。在他们自身经验的基础上，结合个人的经历、气质、个性及文化，每位儿童都会形成独特而持久的关于世界及其变化的理论。然而，儿童的认识大都不符合事实或科学的理解，因而他们的这种理论被称为朴素理论，以区别于正规的成熟理论。

朴素理论对学前儿童科学教育的启示如下。

（一）尊重儿童的朴素认识

学前儿童对科学现象的理解是基于他们的现有水平进行的，教师应尊重儿童的主动探索精神和积极思考精神，并根据儿童的现有水平提供适当的指导与帮助。

（二）引导儿童升华自己的朴素理论

当儿童对某一现象的判断处于随机水平时，表明儿童在这一方面尚未建立理论。当儿童总是做出某一方面的解释（预测、判断）时，表明儿童在这方面具有理论。教师应通过一系列教育活动，引导儿童将朴素认识通过语言表达出来。在尊重儿童的前提下，教师对其理论提出挑战，教师的挑战会使儿童的认知在原有经验基础上不断得到改造、升级。儿童在捍卫自己理论的过程中，需要不断解释和证明自己的理论，这个过程是对儿童科学思辨能力的极大锻炼。

认知发展理论、建构主义理论、多元智能理论及朴素理论从不同侧面和不同角度解释了学前儿童的认知水平及思维特点。这些理论都强调尊重儿童的天性，儿童有着与生俱来的好奇心和探究欲望。儿童通过探究来学习，在探究中成长。开展学前儿童科学教育活动，要尊重学前儿童认知水平，用恰当的语言引导学前儿童积极探究问题，寻找解决问题的方法，建构其对科学现象的理解。

实战训练

请同学们自由分组，4人一组，分享讨论皮亚杰的认知发展阶段理论、维果茨基的"最近发展区"理论、布鲁纳的"发现学习法"对学前儿童科学教育的启示，并根据不同年龄段学前儿童举例说明，将学习的理论知识灵活运用到教学实践中。

第二节 学前儿童教育学理论基础

引导案例

程老师正在安排中班幼儿排队喝水，突然子蒙不小心将水洒桌子上了，洛洛看到后，赶紧拿起手边的纸，过来帮忙擦拭，雨晴说："你浪费了很多纸。"

洛洛说："纸就是用来擦拭的呀，还可以擦嘴，擦手。"雨晴说："可是会浪费很多纸，我觉得应该用毛巾擦。"雨晴一边说着一边拿毛巾擦。洛洛见状，带着疑惑的目光问老师："程老师，纸巾和毛巾哪个的吸水性更好？"

大家都跟着纷纷议论起来。有的说："我妈妈在家就用毛巾擦桌子。"还有人说："我妈妈的擦脸巾就是纸巾。"……

程老师见大家兴致很高，于是组织开展了"毛巾纸巾大比拼"的科学活动。程老师引导大家通过实物感知纸巾、毛巾的特性，通过动手实验了解毛巾、纸巾的吸水性能，让他们体验发现后的快乐，懂得节约用纸。

本次科学活动符合幼儿好动手、喜探究的心理特点。活动的目的是培养幼儿动手操作、主动探索和创造意识，形成良好的生活习惯。在材料的提供上既注意材料的平常性，又充分注意了材料的层次性、开放性，幼儿可以尝试用不同的材料、不同的方法主动探索，体验成功的快乐。

教育活动的开展需要在教育理论的指导下进行。在众多教育理论中，蒙台梭利教育理念、谢尔曼科学游戏论、陶行知生活教育理论、陈鹤琴"活教育"理论对儿童科学教育影响深远，为学前儿童科学教育活动奠定了教育学基础。

一、蒙台梭利教育理念

蒙台梭利是一位伟大的儿童教育家，她毕生致力于儿童教育研究，创办了举世闻名的"儿童之家"，形成了独特的儿童教育理念和方法。她的教育理念具有鲜明的特征，为现代教育发展提供了很高的参考价值。

（一）教育理念

教育研究者将蒙台梭利教育理念进行归纳总结，其特征如下。

1. 培养儿童的独立性

蒙台梭利十分重视培养儿童的独立性与自主性。她认为，谁若不能独立，谁就谈不上自由，教育者必须引导儿童个体自由的积极表现，使儿童通过训练活动走向独立。教师与父母不能因为方便，而自己替儿童把有利于其独立的活动都做了，这是不必要的帮助，会阻碍儿童生命的正常发展，不利于儿童自发活动和独立自主意识的形成。

2. 儿童是成人的缩影

儿童是有生命力的、发展着的个体，他们通过与周围世界相互作用，进行自我教育，把自己塑造成未来的成人。教育者应仔细观察和研究儿童，走进他们的内心世界，揭示儿童的自然进程及规律性，尊重热爱他们，在儿童自由和自发的活动中，帮助他们在身体、智力、精神和个性方面自然发展。

3. 真正的纪律

蒙台梭利在教育中一直致力于帮助儿童建立积极主动的纪律观念，培养儿童形成内在的、积极的纪律意识，而非外部的、强制的纪律。真正的纪律就是做自己的主人，在需要遵从某些准则时，他能控制自己的行为，在维护集体利益的前提下，不冒犯和干扰他人，没有不礼貌和粗野行为，而是表现出良好的教养。教师应引导儿童开展各种有益于身心的活动使儿童形成内在纪律，而非外部强制性。

4. 奖惩无用论

蒙台梭利教育中一个巨大的创新就是奖惩无用论，她认为外在的奖励与惩罚对儿童的心理发展有害而无益，会破坏儿童的内在发展动机。对影响他人，又没有意识到自己错误的孩子，不能用体罚或责备等传统惩罚手段，而是让他明白自己也要成为守纪律的孩子中的一员，从而学会自主遵守纪律。

5. 准备适宜的环境

蒙台梭利提出，教师要为儿童提供有准备的、适宜的环境，这种环境要能吸引儿童去完成某项任务或某件事情。例如，教室干净整洁，教具摆放有序，教师仪容端庄，儿童进入这样一个环境，就会被环境吸引和带动。

6. 儿童工作成长论

蒙台梭利认为儿童应遵循内部向导的指引，体会忙于从事某种"工作"给他们带来的宁静与欢乐。她将儿童的活动称为"工作"。观察发现，当儿童对某项活动着迷时，他会一次又一次地重复相同序列的动作，直到他感到满足为止。儿童在参与某项活动中，会通过教具本身得到反馈，避免了被成人指出错误而产生自卑感和缺乏自信心，这也是蒙台梭利强调的儿童可以自己教育自己。

（二）教育启示

蒙台梭利教育理念具有重要的科学教育意义，今天的儿童教育要借鉴性地参照和运用蒙台梭利教学法中优秀的部分，教师应将蒙台梭利教育精神灵活运用于实际教学中。

1. 成为敏锐的观察者

学习蒙台梭利坚持不懈、耐心观察的精神和本领，观察儿童的兴趣点，及时提供适宜的情境以促进儿童心理发展。教师要学会观察，敏锐捕捉儿童感兴趣的主题，发掘生活中的科学教育契机。

2. 创设适宜的环境

在蒙台梭利教育中，儿童是学习的主角，是自身成长的建设者，教师是儿童成长的参与者。教师的任务是发现儿童的心理需求，并及时提供儿童心理发展需要的材料和环境。当发现儿童的兴趣点后，教师要抓住科学教育契机，为儿童提供科学探究的材料和环境，并适当提供帮助和支持，推进儿童科学探究走向深入。

3. 教师要效法蒙台梭利的科研精神和发明精神

在引导儿童进行科学探究时，本着实事求是的精神，引领儿童探究事物的真相。在遇到困难挫折时，坚持不懈寻求解决问题的办法，让儿童通过科学探究活动逐步养成科学精神。

二、谢尔曼科学游戏论

谢尔曼将科学视为一种有规则的游戏。他认为人们应该将科学方法用于人类生活，变成好玩的游戏，并在日常生活中和儿童一起进行科学游戏。

（一）谢尔曼科学游戏论观点

谢尔曼科学游戏论的基本观点如下。

1. 科学是一种有规则的游戏

谢尔曼认为，科学与人们的生活密切相关，科学是一种供人了解世界的游戏，这种游戏必须遵循一系列规则。他将这些规则归纳如下：诚实；不可作弊；亲自操作，不盲从权威；根据过去的发现改进科学游戏；尽量寻找"合乎自然"的解答；争辩必须有依据；科学界没有一件事是可以完全肯定的；科学是没有秘密的；科学家都勇于认错。

2. 将科学方法运用于生活之中

科学不是高深的理论，而应该是一种思考方式和生活方式，每个人都可以运用科学的方式去思考生活中的问题。每一位儿童都是科学家，他们充满了好奇心，喜欢刨根问底。教育者要教儿童在游戏中做科学式的思考，在日常生活中进行科学探究，使科学成为生活的一部分。

3. 运用多种方式鼓励儿童开展科学探究

谢尔曼选取了有关物理学、天文学、化学、生物学、地球科学及心理学的多个问题来代表科学思想的主要范畴，例如，光是什么颜色的，为什么会有四季，雨是从哪儿来的等问题。

他认为，教育者应准备一些工具和材料，例如，温度计、放大镜、磁铁、指南针、显微镜等科学器材，与儿童一起进行科学研究，支持鼓励儿童亲手做科学实验，亲身参与探究生活中这些现象的奥秘。在进行科学探究时，教育者要鼓励儿童大胆提问、仔细观察、提出并验证假设，像科学家一样去探究问题的真相。

（二）教育启示

谢尔曼的科学游戏论对科学教育提供了独到的见解和具体的实践策略，他的理论对学前儿童科学教育活动的启示如下。

1. 科学是一种思考方式和方法

科学不是科学家的专属，科学与人们的日常生活紧密相连，科学是一种精神和态度，是一种思考方式。每一位儿童都是天生的科学家，他们有很多奇思妙想，教育者要尊重、敬畏儿童，保护、激发儿童的好奇心，学会有效引导和帮助儿童在日常生活中用科学的思考方式探究各种现象，培养儿童的科学探究兴趣和科学素养。

2. 采用游戏的方式展开科学活动

幼儿园提倡采用游戏的方式开展学前儿童科学教育活动。儿童天生爱玩游戏，游戏活动能够满足他们身心发展的客观要求。教师开展学前儿童科学教育活动时，需考虑如何使儿童像做游戏一样进行科学探究，在充满趣味的科学活动中，获得科学知识，养成科学的思考方式，并内化为科学精神。

3. 激发儿童的好奇心和探究欲望

谢尔曼认为每位儿童都是天生的科学家，他们都怀有强烈的好奇心和探究欲望。乐于探索和认知周围世界是儿童的本能，是儿童发展的需要之一。儿童关心的在成人看来本该如此的问题恰恰是基本的科学问题，例如，天为什么是蓝的，草为什么是绿的，太阳为什么会发光等。谢尔曼理论让人们认识到，当儿童提出这类问题时，教育者不应该回避、岔开，应对他们表示由衷的赞赏和真诚的鼓励，支持他们勇于探究。

实战训练

　　请同学们自由分组，4 人一组，学习讨论谢尔曼科学游戏论，并按照其原则与特点设计一则学前儿童科学游戏活动教案，由教师评选出优秀的 2～3 则教案，与幼儿园教师合作，在幼儿园实施，并记录活动的整个过程，最后同学们分析讨论儿童游戏与学习过程及其特点，以及幼儿园教师支持与指导的适宜性。

三、陶行知生活教育理论

　　陶行知是我国杰出的人民教育家，他主张科学教育要从幼儿期开始，从培养"科学的小孩子"去"创造科学的中国和科学的民族"，并采取多种方式从事科学教育工作。在进行科学教育时，他主张从生活教育出发，选择贴近儿童生活的科学教育内容，采用适合儿童的科学教育方法。

（一）生活教育理论

　　陶行知说："从定义上说，生活教育是给生活以教育，用生活来教育，为生活向前、向上的需要而教育。从生活与教育的关系上说，生活决定教育。从效力上说，教育要通过生活才能发生力量而成为真正的教育。按照陶行知的解释，生活教育就是"生活所原有、生活所自营、生活所必需的教育"。

　　陶行知生活教育理论的核心思想为"生活即教育""社会即学校""教学做合一"。

1. 生活即教育

　　陶行知认为，生活决定教育，过什么样的生活就受什么样的教育，生活是教育的中心，教育来源于生活。教育的目的是更好地生活，教育的起点应扎根生活，教育的内容应随生活变化而不断发展，教育的方式应通过生活这个媒介来开展，教育必须与生活相结合才能发挥作用。要真正实现"生活即教育"，最重要的就是养成持续不断地学习的习惯，即终身教育。

2. 社会即学校

　　陶行知主张教育的范围不只在书本，而应扩大到大自然、大社会和群众生活中去。陶行知指出："将学校与社会打成一片，彻底拆除学校与社会之间的那道高墙。凡是生活的场所都是教育的场所。"

　　陶行知殷切嘱咐教师，"领导小朋友冲锋到大自然里去追求真知识""解放小孩子的空间，让他们去接触大自然中的花草、树木、青山、绿水、日月、星辰……自由地对宇宙发问，与万物为友，并且向中外古今三百六十行学习"。简言之，在进行科学教育时，要秉承"处处是生活，处处是教育"的教育理念。

3. 教学做合一

　　陶行知生活教育理论的教学方法论是"教学做合一"。"教学做合一"是对传统灌输式教学的批评，他主张以做为中心，教学做合一的教学方法。此教学方法克服了书本知识与生活实践相脱离的弊端，让教与学都围绕生活展开，有利于实现教育向前、向上的教育目的。

（二）教育启示

《纲要》中明确指出，"科学教育应密切联系幼儿的实际生活进行，利用身边的事物与现象作为科学探索的对象。"陶行知的生活教育理论与《纲要》精神相契合，教师可以将他的教育主张创造性地运用于学前儿童科学教育活动中。

1. 开展科学教育活动，着力培养儿童的科学探究精神

教师要培养儿童对科学的兴趣。相比掌握科学知识，对科学探究的兴趣等情感态度的养成对儿童来说更重要。教师要对生活充满热爱，对科学充满好奇，善于引导儿童发现生活中的科学现象，并通过游戏等方式引领儿童走进科学之门；善于发现儿童的兴趣点，激发他们的探究兴趣，养成儿童的科学探究精神。

2. 以生活素材为教育内容，创设丰富的科学教育环境

根据生活教育理论，学前儿童科学教育活动的开展需从生活出发，在日常生活中发掘问题。教师要善于从日常生活现象中发掘科学教育活动内容，随时随地以润物细无声的方式引领儿童去观察、发现、体验生活中的科学，激发儿童的探究兴趣。

坚持生活即教育，用科学的视角看待生活，在生活教育中提高儿童科学素养。陶行知生活教育理论主张把教育融入生活，将生活引进教育。教师要为儿童布置丰富的科学教育环境，设立科学区，在区域中专供科学教育的材料，供儿童动手操作，动脑思考，亲身体验一些科学现象。

3. 拓宽科学教育视角，在社会生活中融入科学教育

学前儿童科学教育不能仅仅限制在活动室、幼儿园，而应利用大自然和社会中的一切资源，例如，开展采茶、制茶、泡茶活动，带领儿童走进茶园，采茶并观察茶叶的制作工艺，了解茶叶的保存技术，学习亲自泡茶等科学教育活动。

生活中随处可见科学，教师要善于发现生活中的科学教育的契机，运用各种科学教育材料与方法，提高儿童对科学探究的兴趣。

四、陈鹤琴"活教育"理论

陈鹤琴是我国近现代著名的儿童教育家，是学前儿童教育理论和实践的开创者，被誉为"中国幼教之父"。陈鹤琴提出了"活教育"理论，重视科学实验，主张中国儿童教育的发展要适合国情，符合儿童身心发展规律。

（一）"活教育"理论

陈鹤琴经过长期的教育实践和探索，提出了"活教育"理论。他指出教师要"教活书、活教书、教书活"，儿童要"读活书、活读书、读书活"的教育主张，并把这一教育主张定义为"活教育"。"活教育"理论体系包括目的论、课程论和方法论3部分内容。

1. 教育的目的是做人，做中国人，做现代中国人

陈鹤琴说："活教育的目的就是做人，做中国人，做现代中国人。"儿童是祖国的未来，儿童教育首先是教儿童做人，例如，如何建立起完美的人际关系，如何求得社会进步、人类发展等问题；其次是做中国人，培养儿童热爱祖国、热爱人民、保卫祖国、建设祖国的爱国情感；最终目的是做现代中国人。

2. 大自然、大社会中的事物与现象是活教材

陈鹤琴明确指出："书本上的知识是间接的、死的，大自然、大社会才是我们活的书，直接的书。"他提出的"活教育"课程论，主要观点如下。

（1）课程应为目标服务。

（2）课程内容的选择应注重儿童的生活环境，以大自然、大社会为中心。

（3）课程结构以儿童健康活动、儿童社会活动、儿童科学活动、儿童艺术活动和儿童文学活动组成的"五指活动"为基本成分。

（4）课程实施应采用"整个教学法"、游戏式和小团体式教学。

3. 做中教，做中学，做中求进步

陈鹤琴指出，"活教育"方法论的基本原则是"做中教，做中学，做中求进步"。他说："凡是儿童自己能够想的，应当让他自己想。"他指出不仅要在"做"中学，还要在"做"中教，不仅要在"做"中教与学，还要不断地在"做"中争取进步。陈鹤琴"活教育"的教学方法强调实践，通过实践获取直接经验，在实践中探究、反思、进步。

（二）教育启示

陈鹤琴提出的"活教育"理论对学前儿童科学教育具有指导实践意义。

1. 科学教育目的要体现民族性和时代精神

学前儿童科学教育要培养具有民族精神和时代精神的幼儿。在科学教育活动中，要讲好中国科学故事，让儿童了解中国科学发展历史和中国科学家的故事，培养儿童热爱祖国、热爱科学的品质和情感。

2. 科学教育内容要利用大自然、大社会等一切"活教材"

根据学前儿童心理发展规律和思维发展特点，在进行科学教育活动设计时，要善用大自然、大社会中的一切事物与现象。从生活入手，选择儿童喜闻乐见的素材进行科学探究，激发儿童的探究兴趣。生活中处处有科学，进行科学教育一定不能离开现实的自然环境和社会环境。

3. 突出儿童的主体地位，鼓励儿童动脑、动手进行探究，获得体验

儿童在积极、主动、专注的心理状态下，其学习效果最佳。在学前儿童科学教育活动中，教师要将儿童作为活动中心，教学目的、教学内容和教学方式要围绕儿童展开。针对儿童喜欢游戏和动手操作的特点，创设适宜儿童探索的环境与机会，让儿童能亲身体会、反思，在不断体验中探究科学。

科学教育活动应是让儿童通过科学探究和学习科学来发展思维能力。科学教育需要为学前儿童营造一个探索的环境，让他们通过观察、实验、测量等方式去了解自然与生活，从而培养科学素养。

总之，教师开展学前儿童科学教育活动，要以儿童为中心，借鉴蒙台梭利教育理念、谢尔曼科学游戏论、陶行知生活教育理论与陈鹤琴"活教育"理论中有益的部分，灵活运用，才能更好地实现学前儿童科学教育目标，培养出具有科学素养的新时代社会主义接班人。

五、教育学理论基础应用

中班科学活动案例"各种各样的纸"

设计背景

纸是生活中常见的物品，它广泛应用于人们的日常生活与工作中。平时幼儿对白纸、折纸、卡纸、卫生纸等了解比较多，但是纸分很多不同的种类，它们粗糙程度不同，厚薄不同，用途各异。为了丰富幼儿对纸的名称、用途、特点及特殊纸的用途等方面的认识，教师从感知不同纸的质地、纸的特性、纸的用途角度，设计了"各种各样的纸"科学活动。

活动目标

（1）探索、发现生活中纸的多样性及特征。

（2）了解纸在生活中的多种用途，感受纸及纸制品给人们生活带来的便利。

（3）懂得节约用纸，培养良好的习惯和环保意识。

（4）培养动手操作能力，在活动中大胆创造并分享成功的体验与快乐。

（5）培养互相礼让的意识和分工合作的能力。

活动准备

（1）各种类型的纸：新闻纸、图画纸、皱纹纸、宣纸、亮光纸、蜡光纸、牛皮纸、彩色卡纸、彩色折纸、卫生纸、复写纸、蒙纸、锡纸。

（2）各种纸制品：纸币、纸巾、信封、邮票、奖状、报纸、纸盒、纸袋、纸杯、图书。

（3）做实验用的材料如下。

实验一：蓝天白云图、彩色折纸、胶水。

实验二：白发没胡子的老爷爷图、白纸。

实验三：透明杯子、几张白纸。

实验四：一小盆带颜色的水、白色餐巾纸。

实验五：打火机、一小盆水、白纸。

活动过程

1. 感知纸的多样性

（1）认识各种各样的纸

教师：今天我邀请了很多"纸宝宝"来做客。请你看一看，你认识哪些纸？它叫什么名字？它是干什么用的？

① 幼儿上前自由观察讨论。

② 幼儿逐个发言。幼儿认识的纸，让他说说是什么纸，干什么的。幼儿不认识的纸，教师帮忙介绍。

（2）感知各种纸的特征

教师：这些纸都一样吗？请再去看一看，摸一摸，玩一玩，感觉一下它们到底有什么不同？

① 幼儿自由玩纸。

② 集中交流。你发现它们有什么不同？

③ 教师小结：纸是各种各样的，有不同的颜色，有的大，有的小，有的厚，有的薄，有的软，有的硬，有的光滑，有的粗糙，有的有光泽，有的暗淡一些。"纸宝宝"不光有这些特征，它还有许多秘密呢。下面，我们来玩几个游戏，来看看"纸宝宝"到底有什么秘密。

2. 通过实验探索纸的特性

（1）实验一：天空中少了谁

① 教师提问：看，高高的天空中有太阳，有白云，可总感觉少点什么？如果有一架飞机在高高的天空中飞就好了，请大家想想办法，只用这些纸怎样制作飞机？

启发幼儿可以用纸折一架飞机。

② 请几名幼儿上前折飞机并粘到图上。

③ 教师小结：我们通过折飞机知道了"纸宝宝"的一个秘密：纸能折。

（2）实验二：给老爷爷粘胡子

① 教师出示白发没胡子的老爷爷图，问：这位老爷爷今年一百多岁了，他的眉毛、胡子都白了，咦，老爷爷嘴巴上的胡子哪去了？小朋友快帮帮老爷爷，只有这些纸，怎样帮助老爷爷变出

胡子呢？

② 教师启发幼儿用撕的办法给老爷爷变出胡子，并粘到嘴巴上。

③ 教师小结：我们通过给老爷爷找胡子，发现了"纸宝宝"的又一个秘密：纸能撕。

（3）实验三："纸宝宝"变小了

① 教师出示一个透明的杯子和几张白纸，问："纸宝宝"要到瓶子里玩一玩，怎么办？谁来帮帮它？

② 教师启发幼儿说出：把纸卷起来或把纸团起来。

③ 教师小结：纸卷起来或团起来之后，你发现纸怎么了？（变皱了），我们又发现了"纸宝宝"的一个秘密：纸能卷，能团，能变皱。

（4）实验四："纸宝宝"去洗澡

① 教师出示一小盆带颜色的水和一张白色餐巾纸，问："纸宝宝想到浴盆里去洗个澡，它会怎样？"

② 教师启发幼儿把餐巾纸放到水盆里。

③ 教师小结：我们又发现"纸宝宝"的一个秘密：纸能吸水。

（5）实验五："纸宝宝"烤烤火

① 教师问："纸宝宝"冷了，让它烤烤火会怎样？

② 教师演示把纸点着，然后放入水盆里，幼儿观察得出结论：纸能燃烧。

③ 教师小结：纸遇到火会燃烧，所以看书、玩纸时不能靠近有火的地方，还有就是不能随便玩火。

3. 了解纸制品在生活中的用途

① 教师引导幼儿认识纸制品：你见过纸做的物品吗？只要是纸做的物品都叫作纸制品。

② 教师引导幼儿说出日常生活中纸的应用：你知道哪些纸制品？它们是干什么用的？

③ 教师出示一些纸制品，让幼儿了解更多的纸制品给人们生活中带来的便利。

4. 教育幼儿节约用纸，注意环保

教师：日常生活中纸有很大的用处，我们一定要节约用纸，同时废纸也不要乱扔，注意讲究卫生。

5. 幼儿玩纸，体验纸的变化

教师提供纸，引导幼儿用纸做一件事情，如折、剪、撕、画等，教师巡回指导。

活动评析

本次活动开始是让幼儿了解各种纸，在这一环节当中，教师准备了新闻纸、图画纸、皱纹纸、宣纸、亮光纸、蜡光纸、牛皮纸、彩色卡纸、彩色折纸、卫生纸、复写纸、蒙纸等。在这十几种纸中，教师发现幼儿对蜡光纸、彩色卡纸、彩色折纸、卫生纸都比较熟悉，对宣纸、牛皮纸、复写纸等不是很熟悉，因此特别介绍这几种纸，让幼儿有大体的了解。

在感知纸的特征时，教师采用的是让幼儿通过看看、摸摸、比比，知道有的纸很光滑，有的纸很软，有的纸皱皱的，锻炼幼儿的观察能力与表达能力。教师还精心设计了5个有趣的游戏，让幼儿自主操作中感知纸易折、易撕、易揉皱、易吸水、易燃的特性。在实验操作环节大多数幼儿都能动脑筋、想办法，而且幼儿对水火都很感兴趣，能在实践中获得知识。

开展本次活动时，教师需要注意讲解语言要简练准确，活动示范要准确严谨。幼儿通过活动加深了对纸的了解，积累了更多关于纸的经验。活动材料来源于幼儿的日常生活，活动方式采用幼儿喜欢的游戏方式。在满足幼儿需求的同时，教师要培养幼儿对科学的兴趣及主动探究、发现问题并创造性解决问题的意识和能力。

⚙ **实战训练**

　　某幼儿园院子里有株高大的树，还有一些比较低矮的灌木。请同学们结合这些资源，围绕树木设计一则中班科学教育活动教案，要求符合儿童认知与发展需求，写出具体活动名称、活动目标、主要活动环节和活动延伸等。

课后习题

一、选择题

　　1. 根据皮亚杰的认知发展理论，3~6岁儿童属于（　　　）阶段。
　　　　A. 感知运动　　　B. 前运算　　　　　C. 具体运算　　　　D. 形式运算
　　2. 教师拟定活动目标时，以儿童现有发展水平与可以达到的水平之间的距离为依据，这种做法体现的是（　　　）。
　　　　A. 维果茨基的"最近发展区"理论　　　B. 班杜拉的观察学习理论
　　　　C. 皮亚杰的认知发展阶段理论　　　　D. 布鲁纳的"发现学习法"
　　3. 陶行知的教育理论注重"教学做合一"，他强调（　　　）。
　　　　A. 学是中心　　　B. 教是中心　　　　C. 做是中心　　　D. 教与学是中心
　　4. 多元智能理论强调儿童智能的差异性，要求教师应为儿童创设（　　　）的教育环境，以满足儿童探索的需求。
　　　　A. 差异化　　　　B. 虚拟化　　　　　C. 单一化　　　　D. 多元化
　　5. 基于皮亚杰的认知发展阶段理论，人们发现儿童的科学认识与认知结构的发展是平行的，儿童科学认知的发展取决于（　　　）。
　　　　A. 儿童所在的认知发展阶段　　　　　B. 儿童的课堂学习
　　　　C. 儿童的直接经验　　　　　　　　　D. 儿童的理解记忆

二、判断题

　　1. 皮亚杰认为儿童通过自身学习，构建对客观世界的认知，形成自己的认知结构。（　　　）
　　2. 皮亚杰认知发展理论指出儿童认知发展是一个被动的信息积累的过程。（　　　）
　　3. "发现学习法"是指儿童在教师的指导下，通过自己的探究与学习，主动发现事物变化的起因和内部联系，并从中找出规律的一种学习方法。（　　　）
　　4. 建构主义理论主张学习者通过主动参与实现学习，基于自身经验，对各种信息和观念进行加工、转换、验证，形成新的认知结构。（　　　）
　　5. 多元智能理论的教育启示之一是为促进儿童的全面发展，教育者需制定统一的标准与方式评价儿童。（　　　）

三、简答题

　　1. 简述布鲁纳学习理论的内容与教育启示。
　　2. 简述多元智能理论的教育启示。
　　3. 简述陈鹤琴"活教育"理论的教育启示。

03

第三章
学前儿童科学教育的目标、
内容与方法

知识目标

> - 了解学前儿童科学教育的目标。
> - 理解并掌握选择学前儿童科学教育内容的依据和原则。
> - 掌握学前儿童科学教育的方法。

能力目标

> - 能够制定不同层次的学前儿童科学教育活动目标。
> - 能够根据所学的理论知识科学选择学前儿童科学教育活动内容。
> - 能够根据活动目标及内容，结合学前儿童发展特点灵活运用科学教育方法。

素养目标

> - 完成传统科学教育到现代科学教育的转变，注重培养科学素养。
> - 增强对自然和社会的认识，以目标为导向，科学地选择活动内容。
> - 充分尊重学前儿童的主体地位，树立正确的科学教育观。

　　学前儿童科学教育目标指明了教育活动的方向，是教师开展教育活动的首要依据，也是评价教育活动的重要标准。学前儿童科学教育内容是实现教育目标的载体，教育方法是学前儿童科学教育目标能否实现的重要影响因素。教师应依据学前儿童科学教育相关政策与文件精神，制定合理的活动目标，有针对性地选编活动内容，并选择适合学前儿童的教育方法，理论结合实际，做好学前儿童科学教育。

第一节　学前儿童科学教育的目标

引导案例

　　秋天到了，林老师带领小班幼儿在户外活动时，涵涵看到地上有很多树叶，疑惑地说："地上的树叶可真多啊，小树叶怎么会都在地上呢？"

　　赫赫说："秋天到了，树叶是从树上掉下来的。"

　　子逸说："树叶是被风吹下来的。"

　　小宇说："不对，不对，叶子变黄了，它是自己离开妈妈的。"

　　……

　　林老师见状，于是组织小班幼儿展开了"小树叶找妈妈"的科学活动。地上的树叶有杨树叶、柳树叶、梧桐树叶、银杏树叶等，林老师为了发展幼儿的观察力和想象力，让幼儿了解秋天里树叶的变化，知道有些树叶会变黄飘落，组织了此次科学活动，林老师让幼儿根据树叶的外形特征寻找到小树叶的妈妈，通过活动不仅培养了幼儿的观察能力及动手操作能力，还激发了他们热爱大自然的情感。

学前儿童科学教育的目标是教师在进行科学教育活动之前，在头脑中预设的在科学教育活动结束时所要取得的效果，是对科学教育活动结果的期望和要求。下面介绍确定学前儿童科学教育目标的依据，以及学前儿童科学教育的各项目标。

一、确定学前儿童科学教育目标的依据

学前儿童科学教育的目标是学前儿童教育总目标在科学教育领域中的具体体现。目前，我国学前儿童教育的总目标是：对学前儿童实施体、智、德、美等全面发展的教育，促进其身心和谐发展。一般来说，确定学前儿童科学教育的目标除了要依据学前儿童教育的总目标之外，还要依据学前儿童的认知特点和社会的发展需要。

（一）学前儿童的认知特点

3～6 岁学前儿童的认知特点主要是从其感觉、知觉、记忆、思维等方面的发展进行分析，如表 3-1 所示。

表 3-1　学前儿童的认知特点

认知特点	具体说明
感觉发展特点	①视力越来越好，能够分辨细小物体或细微差距，能够辨认混合色与近似色，还能运用各色颜料调出需要的颜色，并正确说出常用颜色的名称； ②听觉分辨能力增强，实现视听协调； ③运动觉和皮肤觉的感受性增强，可以通过触觉感知事物的性质（如大小、轻重、形状、软硬等）
知觉发展特点	①形状知觉逐渐发展，他们对形状的掌握顺序依次为圆形、正方形、三角形、长方形、半圆形、梯形、菱形和平行四边形，其中圆形最易被学前儿童掌握； ②空间方位知觉发展，主要以自身为中心辨别上下、前后、左右逐渐过渡到能以其他客体为中心辨别上下、前后、左右，学前儿童左右方位知觉发展较慢； ③时间知觉发展水平较低，时间概念的发展遵循"由近及远、从已知到未知"的规律； ④空间方位知觉和时间知觉逐渐独立和稳定，拥有独立意识
记忆发展特点	整体记忆能力增强，以无意识记忆为主，有意识记忆初步发展，机械记忆多于意义识记，但意义识记效果更好
思维发展特点	①以具体形象思维为主，抽象逻辑思维初步发展。具体形象思维是一种依靠事物的具体形象、表象或表象的联想进行的思维，其特点是具体性和形象性； ②数概念的发展迟于实物概念的发展，学前阶段处于数词和物体数量之间建立联系的阶段，他们学会了按数取物，能分辨大小、多少、一样多，逐步认识数与数之间的关系，能做简单的数字运算
其他	拥有强烈的好奇心，提问方式从"是什么"逐渐扩展到"为什么""怎么样"等

（二）社会的发展需要

学前教育的对象是未来社会的建设者，所以学前儿童科学教育目标的确立必须从社会发展的宏观角度考虑未来社会需要什么样素质的人才。社会发展具有以下特点。

1. 信息技术的广泛应用

信息技术的迅猛发展促进了信息在人们日常生活中的广泛应用，人们比过去任何时候都更加认知到信息传递的重要性。在知识领域，信息时代的到来引起了知识的激增。尽管人们自身拥有

的知识范围不断扩大，但相对于日益加快的知识更新速度来说，人们仍会感到应接不暇。

在瞬息万变的今天，学习能力非常重要，一个人只有具备了终身学习的兴趣和能力，才会主动搜寻新的知识和信息，不断扩展和深化自己的知识结构，以适应社会的发展。

学前儿童教育首先要担负起培养终身可持续发展所需要的基础素质的任务，具体到学前儿童科学教育上，不应让学前儿童被动地接受知识，而应激发其主动求知的欲望，使其乐学、会学；不应片面追求学前儿童获取知识的数量，而应培养其获取知识的能力和创新能力，以达到使其会学的目的。

乐学就是对学习感兴趣，认为学习是一件快乐的事。如果能在学前阶段通过科学教育培养起学前儿童对学习和探究的兴趣，那么他们就有了终身学习和发展的动力。

会学强调获取知识和探究解决问题的能力。如果能通过科学教育使学前儿童学会怎样学习、如何获得探究解决问题的方法，那么他们就能不断地运用这些方法来寻求尚未知晓的许多知识，并不断地探求解决问题的各种方法。

2. 科学技术的突飞猛进

科学技术日新月异，发展迅速，前进的脚步一刻也未曾停止。现代社会，如果一个人无法掌握和运用现代科学技术或工具，便很难在社会上立足。学前教育工作者应以科技素养的早期培养为宗旨，有效地促进学前儿童形成对科学技术的基本的、积极的态度，使其体验到生活中需要科学，感受到科学就在自己身边，科学就是每天所做的事情。只有这样，才能使学前儿童真正理解科学的实际意义，有效激发其内在的学习动机。

因此，学前儿童科学教育的目标要关注技术，重视科学、技术和社会的关系。例如，学前教育工作者要让学前儿童获取有关的技术经验和技术知识，教导学前儿童掌握操作技能，培养他们对科技产品的兴趣，使其了解科学技术的应用。

3. 保护环境日益迫切

科技发展给人类带来便捷的同时，也造成了很多的负面影响，其中环境恶化就是最为突出的问题。现代大工业生产造就了前所未有的物质文明，同时也给环境带来了前所未有的破坏。生态环境遭到严重破坏，人们的生活、生存受到威胁。

我国的环境问题主要表现在：水土流失严重；草原退化加剧；森林资源锐减；生物物种加速灭绝；地下水位下降，湖泊面积缩小；水位污染明显加重；大气污染严重；废物存放量过大，垃圾包围城市，环境污染向农村蔓延等。

我国的生态平衡遭到严重破坏，在终身教育背景下的现代学前儿童科学教育应培养学前儿童关注自然、关注社会，以及帮助学前儿童形成与自然的和谐关系和初步的责任感。学前儿童科学教育的目标要重视培养学前儿童尊重自然、热爱自然、保护环境的意识，同时也注意培养学前儿童关注周围社会生活中的科学技术，萌发初步的社会责任感。

二、学前儿童科学教育的总目标

学前儿童科学教育的总目标也称为学前儿童科学教育的领域目标，是学前阶段科学教育总的任务要求，它原则性地指出在学前阶段进行科学教育的范围和方向，是学前科学教育所期望的最终结果，具有较强的特殊性和相对的独立性。学前儿童科学教育的总目标是学前教育总目标的一个有机的组成部分，与学前教育总目标在方向上是一致的，两者相辅相成。

《纲要》对我国学前阶段科学教育的总目标做出了规定，包括3个方面，分别是科学情感和态度、科学方法和策略，以及科学知识与能力。

（一）科学情感和态度

在学前儿童科学教育活动中，培养学前儿童的科学情感和态度要注重以下 4 个方面。

1. 激发学前儿童的好奇心、兴趣点和求知欲

《纲要》科学领域总目标的第一、第二条："对周围的事物、现象感兴趣，有好奇心和求知欲；能运用各种感官，动手动脑，探究问题。"具体来说，就是发展学前儿童对周围各种事物（包括自然事物和科技产品）和现象（包括自然现象和科学现象）的好奇心，培养学前儿童参与科学探究活动、科技制作活动的兴趣，根据其兴趣点激发求知欲。

2. 培养学前儿童关爱环境的积极情感和态度

《纲要》科学领域总目标的第五条："爱护动植物，关心周围环境，亲近大自然，珍惜自然资源，有初步的环保意识。"强调培养学前儿童关爱环境的积极情感和态度。

3. 培养学前儿童尊重事实的科学态度

尊重事实是最基本的科学态度。尊重事实表现为从事实出发，从不同的角度认识事物，不妄下结论，愿意考虑不同的意见，对公认的事实产生怀疑并勇敢地提出来，勇于批判；自己记录观察、探索和操作的结果，根据这些客观存在的结果形成对事物及其关系的看法和解释。

4. 培养学前儿童尊重他人，乐于合作、分享与交流的品质

我们要通过科学教育使学前儿童从小就能多角度地看问题，看到同伴的价值，乐于与同伴分享、交流自己的发现；能与同伴愉快合作，互相关心、支持和提出合理的建议，必要时能够寻求帮助；能够倾听、认可同伴的不同想法，接纳和吸收同伴的合理意见，修正并完善自己的想法和做法。

（二）科学方法和策略

科学方法的实质在于探究问题。掌握科学方法的核心是要获得探究解决问题的策略，即知道如何去探究和解决问题。让学前儿童掌握科学方法，实质上是帮助学前儿童获得对探究解决问题的策略的感性认识。

学前儿童需要探究解决两类问题，即未知的问题和技术设计的问题。因此，探究解决问题的策略包括对未知问题的探究策略和技术设计问题的探究策略。两种探究策略都由以下 4 个环节构成。

1. 观察发现问题

《纲要》科学领域总目标第二条提到"能运用各种感官，动手动脑，探究问题"。其中的"运用各种感官"探究问题是指通过观察发现问题。对学前儿童来说，科学思维的第一步就是用感官观察和探究周围环境，从而发现问题。例如，学前儿童在日常生活中穿脱衣服时发现静电。

不同阶段学前儿童观察发现问题的具体目标如图 3-1 所示。

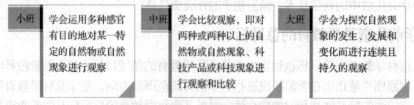

图 3-1　不同阶段学前儿童观察发现问题的具体目标

2. 动脑思考

科学思维的第二步就是动脑思考。《纲要》科学领域总目标第二条中提到的"动脑"探究问题是指动脑思考解决问题，即针对观察和探究时发现的问题、产生的疑问进行推理和预测。在一项探究活动开始时，如果能够预先做出推理和预测，有助于提高学前儿童探究活动的有意性，并有助于学前儿童将预测与探究结果进行比较，真正促进学前儿童认识事物的发展。

不同阶段学前儿童动脑思考的具体目标如图 3-2 所示。

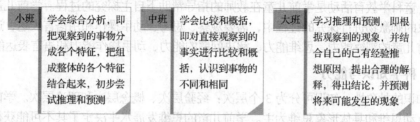

| 小班 | 学会综合分析，即把观察到的事物分成各个特征，把组成整体的各个特征结合起来，初步尝试推理和预测 | 中班 | 学会比较和概括，即对直接观察到的事实进行比较和概括，认识到事物的不同和相同 | 大班 | 学习推理和预测，即根据观察到的现象，并结合自己的已有经验推想原因，提出合理的解释，得出结论，并预测将来可能发生的现象 |

图 3-2 不同阶段学前儿童动脑思考的具体目标

3. 动手操作

《纲要》科学领域总目标第二条中提到的"动手"是指动手操作。学前儿童的动手操作有 3 种类型：实验操作、技术操作和其他手段的操作。

（1）实验操作。学前儿童在科学探究活动中，通过实验操作，原来的预想可能得到支持和证实，也可能被推翻。

（2）技术操作。学前儿童在科技制作活动中，运用工具或材料对客观对象或材料进行加工或制作新产品的过程。

（3）其他手段的操作。学前儿童通过图书查阅、互联网查阅等各种渠道搜集有关资料和信息的过程和方法。

在学前儿童科学教育活动中，不同阶段学前儿童动手操作的具体目标如图 3-3 所示。

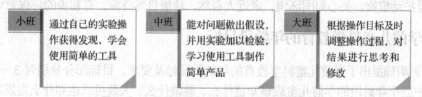

| 小班 | 通过自己的实验操作获得发现，学会使用简单的工具 | 中班 | 能对问题做出假设，并用实验加以检验，学习使用工具制作简单产品 | 大班 | 根据操作目标及时调整操作过程，对结果进行思考和修改 |

图 3-3 不同阶段学前儿童动手操作的具体目标

4. 表达与交流

《纲要》科学领域总目标的第三条"能用适当的方式表达、交流探索的过程和结果"强调表达与交流。表达与交流的方式分为语言和非语言两种。语言包括语言和文字，非语言包括肢体动作和绘画创作等。

学前儿童表达与交流的目标主要包括学习用准确、有效的语言表达或交流自己在科学活动中的做法、想法和发现，如图 3-4 所示。

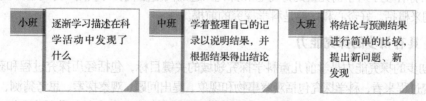

| 小班 | 逐渐学习描述在科学活动中发现了什么 | 中班 | 学着整理自己的记录以说明结果，并根据结果得出结论 | 大班 | 将结论与预测结果进行简单的比较，提出新问题、新发现 |

图 3-4 不同阶段学前儿童表达与交流的目标

此外，《纲要》科学领域总目标中提到的"能运用各种感官，动手动脑，探究问题""能用适当的方式表达、交流探索的过程和结果"应理解为能力目标。培养学前儿童的能力是学前儿童各教育领域的共同任务。因此，学前儿童科学教育应有能力目标，而学前儿童科学教育活动也有利于培养学前儿童的能力。

学前儿童科学教育活动是学前儿童在教师的指导帮助下自主探究的过程。学前儿童在对自然界生动形象的刺激物进行探究的过程中，需要观察、思考、动手操作和用语言表达，这些都有利于培养学前儿童的观察能力、思维能力、解决问题的能力、动手操作能力和语言表达能力。

（三）科学知识与能力

根据知识的抽象性，知识可分为3个层次：经验层次、概念层次和理论层次。学前儿童的思维以直觉行动思维和具体形象思维为主。学前儿童的思维发展水平决定了其不可能获得抽象的概念层次和理论层次的知识，而只能获得一些有关周围物质世界及其关系的感性认识和经验，即经验层次的知识。学前阶段获得的经验层次的知识能够为学前儿童将来理解抽象的概念层次和理论层次的知识提供具体的表象支持。

《纲要》中并没有明确规定学前儿童科学教育的科学知识目标，但学前儿童科学教育活动具有"学前儿童科学教育活动的结果使学前儿童获得广泛的科学经验"的特性，学前儿童科学探究活动的必然结果就是获得科学知识。因此，学前儿童科学教育的科学知识目标毫无疑问地存在着。

总而言之，根据《纲要》规定，学前儿童科学教育的总目标主要包括以下几点。

（1）对周围事物、现象感兴趣，有好奇心和求知欲。

（2）能运用各种感官，动手动脑、探究问题。

（3）能用适当的方式表达、交流探索的过程和结果。

（4）能从生活和游戏中感受事物的数量关系并体验到数学的重要和有趣。

（5）爱护动植物，关心周围环境，亲近大自然，珍惜自然资源，有初步的环保意识。

三、学前儿童科学教育的年龄段目标

《指南》明确提出了学前儿童科学教育的年龄段目标及要求，目标部分分别对3～4岁、4～5岁、5～6岁三个年龄段的学前儿童应该知道什么、能做什么、大致可以达到什么发展水平提出了合理期望与要求，指明了学前儿童学习与发展的具体方向。

学前儿童科学教育的年龄段目标体现在3个方面：

（1）"亲近自然，喜欢探究"：此目标是首要的、前提性的、动机性的目标；

（2）"具有初步的探究能力"：此目标是核心的、关键性的目标；

（3）"在探究中认识周围事物和现象"：此目标是载体性的、产物性的目标。

（一）亲近自然，喜欢探究

这一目标体现了对学前儿童的好奇心和探究兴趣的高度重视，可以用"好奇、好问、好探究"3个关键词来概括。好奇心和兴趣是科学探究的前提。

（二）具有初步的探究能力

具有初步的探究能力是学前儿童科学探究领域的关键目标，包括经历探究过程和获得探究能力。从探究过程来看，科学探究包括观察事物和现象、提出问题、观察探索、思考猜测、调查验证、搜集信息、得出结论、合作交流等基本环节（对不同年龄学前儿童的完整细致程度和深度的要求有所不同）；从探究方法来看，观察比较、实验验证、调查测量是基本方法。学前儿童正是运用不同的探究方法经历了发现问题、分析问题和解决问题的过程，最后获得知识经验，提高探究能力。

（三）在探究中认识周围事物和现象

学前儿童对事物和现象的认识是在感知、体验、探究和发现的过程中获得的，这是学前儿童探究过程的必然结果。这些事物和现象涉及动植物、物质与材料、天气与季节、科技、环境等，是科学探究的载体，而学前儿童乐于探究的态度和探究解决问题的能力更为重要。

学前儿童科学教育的年龄段目标的具体内容如表 3-2 所示。

表 3-2　学前儿童科学教育的年龄段目标

目标	3～4岁	4～5岁	5～6岁
亲近自然，喜欢探究	①喜欢接触大自然，对周围的很多事物和现象感兴趣；②经常问各种问题，或好奇地摆弄物品	①喜欢接触新事物，经常问一些与新事物有关的问题；②常常动手动脑探索物体和材料，并乐在其中	①对自己感兴趣的问题总是刨根问底；②能经常动手动脑寻找问题的答案；③在探索中有所发现时感到兴奋和满足
具有初步的探究能力	①对感兴趣的事物能仔细观察，发现其明显特征；②能用多种感官或动作去探索物体，关注动作所产生的结果	①能对事物或现象进行观察比较，发现其相同与不同；②能根据观察结果提出问题，并大胆猜测答案；③能通过简单的调查收集信息；④能用图画或其他符号进行记录	①能通过观察、比较与分析，发现并描述不同种类物体的特征或某个事物前后的变化；②能用一定的方法验证自己的猜测；③在成人的帮助下能制订简单的调查计划并执行；④能用数字、图画、图表或其他符号记录；⑤在探究中能与他人合作与交流
在探究中认识周围事物和现象	①认识常见的动植物，能注意并发现周围的动植物是多种多样的；②能感知和发现物体和材料的软硬、光滑和粗糙等特性；③能感知和体验天气对自己生活和活动的影响；④初步了解和体会动植物和人们生活的关系	①能感知和发现动植物的生长变化及其基本条件；②能感知和发现常见材料的溶解、传热等性质或用途；③能感知和发现简单物理现象，如物体形态或位置变化等；④能感知和发现不同季节的特点，体验季节对动植物和人的影响；⑤初步感知常用科技产品与自己生活的关系，知道科技产品有利也有弊	①能察觉到动植物的外形特征、习性与生存环境的适应关系；②能发现常见物体的结构与功能之间的关系；③能探索并发现常见的物理现象产生的条件或影响因素，如影子、沉浮等；④感知并了解季节变化的周期性，知道变化的顺序；⑤初步了解人们的生活与自然环境的密切关系，知道尊重和珍惜生命，保护环境

学前儿童科学教育的年龄段目标明确了不同年龄段学前儿童发展应达到的不同水平，反映了不同年龄段学前儿童科学教育的差异性与递进性，有利于教师制定合理的教学目标。同时，学前儿童发展是一个连续的过程，学前儿童科学教育的年龄段目标之间具有连续性，随着学前儿童年龄的增长从简单到复杂、由浅入深，最终实现科学教育的总目标。

四、学前儿童科学教育的单元目标

学前儿童科学教育的单元目标是科学教育年龄段目标的具体化，是分段性目标。划分单元目标的方式主要有以下两种。

（一）以时间为单元的学前儿童科学教育目标

以时间为单元的学前儿童科学教育目标是指以某一具体时间段为单元学前儿童需要达到的目标，如周目标、月目标、学期目标等。

例如，某幼儿园大班8月科学教育的目标，内容如下。

（1）喜欢和同伴一起探索问题的解决办法，感受合作的快乐。

（2）学习雷雨天气形成的原因及自我保护办法。

（3）初步掌握正确使用温度计及测量、记录的简单技能。

（4）通过观察、触摸，感知不同材料绳子的不同特性，了解它们的用途。

（5）对比观察不同树叶的脉络，进行记录和比较。

（6）学习光的折射原理，了解光的折射在生活中的应用。

（二）以主题活动为单元的学前儿童科学教育目标

幼儿园主题活动打破了学科的界限，注重资源的整合。学前儿童科学教育活动的主题丰富多样，涵盖动物、植物、季节、自然现象、节日、交通规则、交通工具等。

例如，某幼儿园中班主题活动"汽车的奥秘"单元科学教育目标，内容如下。

（1）了解各类车的名称、特征与功能。

（2）尝试对各类汽车进行分类、统计。

（3）感知车与人们生活的关系。

（4）喜欢探究汽车轮子的作用。

（5）学习安全标志，遵守交通规则。

又如，小班主题活动"有趣的气味"单元科学教育目标，内容如下。

（1）感知不同的气味，学会用鼻子分辨不同物体发出的气味，发展感知能力。

（2）培养关心周围事物的习惯，以及参与感知活动的兴趣。

（3）主动用语言表达获得的信息。

（4）培养讲卫生的良好习惯，爱护自己的鼻子。

五、学前儿童科学教育活动目标

学前儿童科学教育的具体活动目标是指某一具体的学前儿童科学教育活动所要达到的效果或引起学前儿童行为的变化，它是单元目标的具体化，是一种具有可操作性的目标。学前儿童科学教育的目标只有变成具体活动目标，才能贯彻到具体的科学教育过程中，才能真正落实到学前儿童的发展上。

（一）学前儿童科学教育活动的三维目标内涵

学前儿童科学教育活动的三维目标分别为认知目标、能力目标与情感目标。

1. 认知目标（知识经验）

认知目标是指在科学教育活动中，学前儿童具体要学习的知识，以及要积累的认识周围世界的感性经验。在撰写此项目标时，常用的关键词为"认识""了解""学习""感知""体会""观察"等。

2. 能力目标（方法技能）

技能目标是指在科学教育活动中，期望学前儿童通过认知学习，了解事物，探索周围世界并学习科学的方法，或者基于获得的知识进行应用。在撰写此项目标时，常用的关键词为"掌握""应用""动手操作""表达""检验""解释""说明""归纳""对比""操作"等。

3. 情感目标（情感态度）

情感目标是指在科学教育活动过程中，期望学前儿童表现出来的情感态度和情绪表现。在撰写此项目标时，常用的关键词为"喜欢""关注""爱护""感兴趣""乐于""形成""养成""热爱""坚持""树立""保持"等。

（二）学前儿童科学教育活动目标拟定

拟定学前儿童科学教育具体活动目标的原则与注意事项如下。

1. 活动目标应与年龄段目标、总目标保持一致

学前儿童科学教育的年龄段目标和总目标要通过具体的活动目标落实到每位学前儿童身上。因此，每一次具体的活动目标的内容和要求在方向上应与年龄段目标及总目标保持一致，要为年龄段目标和总目标服务，要根据学前儿童的年龄特征和发展水平由低到高、循序渐进地制定，体现出各层次科学教育目标的一致性。

2. 活动目标的制定要全面

学前儿童科学教育活动目标的制定要全面，可以从知识经验、方法技能和情感态度三个维度来预设。当然，并不是说每次活动的目标都必须包含这三个维度，有时也会有所侧重，但要保证从长期的活动方案来看，这三个维度的目标最终都能实现。

3. 活动目标的制定要具体、细化

学前儿童科学教育活动目标是教学的指引，是评价教学有效性的标尺。只有具体的、有针对性的目标才能为教学导航，才能为检测学习达成度提供标尺。因此，教师要具体、透彻地分析教材及学前儿童的学习能力，制定出的目标应有针对性、可观察、可测量，便于进行教育评价。

4. 活动目标要适应学前儿童整体的"最近发展区"

很多时候，由于对学前儿童不够了解，教师在组织科学教育活动中出现各种问题，不能有效地促进学前儿童的发展。因此，教师要为学前儿童设定一个目标的"最近发展区"，即学前儿童现有的情感、能力和经验水平与可能的发展水平之间的距离。

例如，中班学前儿童科学教育活动"各种各样的纸制品"，教师为此制定的知识目标是"搜集、观察各种各样的纸制品，了解其质地和用途"。很明显，这种目标只停留在浅层次的观察上，中班学前儿童毫不费力就能完成，所以教师要提高知识点的难度层次，增加"尝试根据某一特征对各种纸制品进行分类"的目标，这样就能让中班学前儿童通过付出智力上的努力来获得成功感。

5. 活动目标的主体要一致，表述要统一、规范

学前儿童科学教育活动包含了教师的"教"和学前儿童的"学"两个方面的互动。在表述活动目标时，可以从教师的"教"这一角度出发，也可以从学前儿童的"学"这一角度出发。无论从哪个角度表述活动目标，其主体都应保持一致。

学前儿童是科学教育活动的主体，所以最好以学前儿童为主语，这样有利于教师基于学前儿童的视野把握学习的目标，避免以成人的标准要求他们。

在表述方式上，学前儿童科学教育活动的目标通常采用"行为目标"的方式来表述。行为目标是具体的、可操作的教育活动目标，它的指向是活动结束后学前儿童所发生的行为变化，经常以"学习""知道""理解""发现""体验"等方式进行表述。

例如，中班学前儿童科学活动"神奇的静电"的活动目标如下。

（1）对摩擦产生静电感兴趣，喜欢一起合作探索静电的产生。

（2）充分感知，观察不同材料摩擦产生的静电现象。

（3）通过合作探索，以自己的方式记录下不同材料摩擦产生的静电现象。

🔍 **实战训练**

请同学们认真学习并综合分析《指南》《纲要》中科学领域的相关表述，结合所学的理论知识，以大班学前儿童为例，试着构建一个学前儿童科学教育与发展的目标体系，然后以"奇妙的水""生活中的纸""神奇的影子"等为科学活动主题，尝试从三维目标的思路和分析框架，根据选择的内容制定出具体的活动目标。

第二节　学前儿童科学教育的内容

引导案例

谭老师今天穿了一件亮黄色的连衣裙，思思定睛看着老师，不由自主地说："哇，好漂亮！"朵朵说："我也有一件黄色的连衣裙。"诺诺说："我有一件粉色的。"依依说："我有一件绿色的。"……

于是，谭老师抓住契机，引导幼儿讨论大家穿的衣服的颜色都有哪些。围绕幼儿的兴趣点，谭老师组织了"认识红黄绿"科学教育活动。

谭老师引导幼儿学习分辨红、黄、绿三种颜色，了解颜色的名称；教幼儿学习根据颜色进行分类，鼓励幼儿大胆地表达自己的见解，体验成功的快乐；教幼儿学会看交通信号灯，懂得红灯停、绿灯行的交通规则。这次活动，不仅锻炼了幼儿的分辨能力和表达能力，还使幼儿懂得了要遵守交通规则。

在选择学前儿童科学教育的内容时，教师应根据学前儿童科学教育的目标，以及学前儿童的发展特征，结合实际情况进行选择。同时，教师应注重内容的科学性、趣味性、可操作性等，帮助学前儿童们在玩中学、学中玩，提高他们的科学素养和探究能力。

一、选择活动内容的依据

学前儿童科学教育活动内容是实现学前儿童科学教育目标的媒介和保证，是将目标转化为学前儿童发展的重要中间环节，也是学前儿童科学教育活动设计和实施的主要依据。因此，在选择学前儿童科学教育的活动内容时，教师必须依据《纲要》《指南》的主要精神，选择的内容一定要符合学前儿童科学教育活动的目标，并符合学前儿童的认知发展特点和科学规律。

（一）依据《纲要》《指南》等文件精神

《纲要》《指南》是我国进行学前儿童教育的法令性文件，也是对学前儿童进行有效科学教育的指南和风向标。学前教育工作者在开展学前儿童科学教育时，都应以《纲要》《指南》等文件为重要依据。《纲要》中明确规定了3～6岁学前儿童科学教育的内容和要求，《指南》从科学的角度描述了3～6岁学前儿童学习与发展的最基本、最重要的内容，并将内容划分为若干个方面。虽然国家对0～3岁学前儿童的科学教育没有明文规定，但《纲要》《指南》等文件的内容对这一阶段学前儿童的科学教育有着重要的启迪作用。

（二）符合学前儿童科学教育活动的目标

学前儿童科学教育活动内容是学前儿童科学教育活动目标的细化、具体化，是实现学前儿童科学教育目标的重要手段和主要途径。因此，学前儿童科学教育活动内容的选择必须以学前儿童科学教育的目标为根本依据，选择适合学前儿童科学教育的活动内容有利于教育目标的实现。学前儿童科学教育活动的每一项目标都可以通过多种内容、多种形式来实现；同样，一种内容也可以把多个目标整合起来，即同时贯彻几项目标的要求。因此，教师要灵活地理解、掌握和运用学前儿童科学教育活动内容，以确保教育目标的顺利完成。

（三）基于学前儿童的认知发展特点

在选择学前儿童科学教育活动内容时，必须从学前儿童认知发展的特点出发，要确保其科学性、可行性和实效性。学前儿童的科学探究认知活动具有明显的年龄特征，他们对自然事物、现象的把握是具体的，因此在选择学前儿童科学教育活动内容时，教师要注重学前儿童身心发展的特点，以确保学前儿童科学教育活动得以顺利实施，促进学前儿童更好地感受科学、体验科学、探究科学。

（四）依据科学自身的规律与特点

"科学是人对客观世界的认识，是反映客观事实和规律的知识""科学是反映客观事实和规律的知识体系""科学是动态的活动"，强调方法的科学性，尊重事实，提倡实践和操作，反对主观臆断，这是科学本身所具有的特点。因此，教师在选择学前儿童科学教育活动内容时，必须依据科学自身的规律和特点。

二、遵循活动内容选择的原则

学前儿童科学教育就是要在广泛的教育活动中选择适合的内容。选择学前儿童科学教育活动内容时，需要遵循的基本原则如下。

（一）科学性和启蒙性

科学性和启蒙性是选择学前儿童科学教育活动内容的首要原则。科学性是指学前儿童科学教育的内容应符合科学原理，尊重客观事实，不违背科学事实。这既包括教师传授知识、儿童学习知识的科学性，又包括探究事物、获得科学知识过程的科学性。

启蒙性是指学前儿童科学教育的内容应符合学前儿童的认知特点，其内容应是粗浅的，能够激发学前儿童好奇心和学习科学的兴趣，不能超越学前儿童的发展水平和理解能力。教育内容应是在教师的正确指导下经过学前儿童自身努力能够接受并理解的科学知识。合适的教育内容能促使学前儿童掌握探究事物的科学方法，激起对科学的兴趣，形成积极的科学情感和态度。

根据这一原则，教师应注意选择学前儿童在日常生活中感兴趣的、熟悉的、能够直接进行探究和发现的内容，并将其难以理解的科学现象、科学知识寓于简单的现象之中。例如，大班科学活动"垃圾分类""光和影""认识时钟"等。

（二）趣味性与可接受性

趣味性就是要求学前儿童科学教育内容应符合学前儿童的兴趣，深受他们的喜爱，在教育方法上也要寓教于乐，带有趣味性。"启其蒙而引其趣"就是这个道理。教师在正规性和非正规性的科学教育活动中，都要注意寓教于趣、寓教于乐，向学前儿童提供比较宽敞的空间和丰富的物质材料，为其提供自由选择的天地。

可接受性是指科学教育活动内容应符合学前儿童认知发展规律与特点，在"最近发展区"范围内，既符合学前儿童已有发展水平，又能促使其进一步发展。例如，小班科学活动"有趣的声音"旨在锻炼他们的听觉能力，让他们分辨生活中常见的声音，再去感知声音，发现声音，从而培养他们对科学现象探索的兴趣。

（三）广泛性与代表性

广泛性是指学前儿童科学教育的内容应是丰富多彩的，自然科学涉及丰富多彩的科学内容，生物的、非生物的，如自然现象、动植物、物理现象、化学现象等。这些科学知识遍布人们生活的方方面面，都能激发学前儿童强烈的好奇心和探索欲，教师要抓住各种教育契机进行学前儿童科学教育。

代表性是指学前儿童科学教育的内容应是有选择的，能使学前儿童对科学知识领域有基本的了解，在某方面具有代表性的内容。学前儿童科学教育内容的广泛性与代表性是相互联系、密不可分的，在广泛的范围中考虑内容的均衡性和代表性。

例如，围绕动物展开的科学活动"认识动物的耳朵""动物的花花衣""动物的嗯嗯"等，引导学前儿童了解不同动物的不同特征，选择学前儿童熟悉的动物展开活动能有效激发学前儿童的已有经验和探索欲望。

（四）地方性与季节性

地方性是指学前儿童科学教育内容应根据当地的自然环境和文化背景进行选择，做到因地制宜、因时制宜。我国地大物博，物产丰富，教师可以引导学前儿童认识我国富有民族特色的文化与物产，如南方的丝绸、四川的大熊猫等。选择这些优秀的内容能有效激发学前儿童热爱家乡、热爱祖国的情感。

季节性是指根据季节变化选择科学教育的内容。不同的季节，自然界会有不同的气候特征，人类会有不同的生产活动等。教师应注重从当地的自然和社会资源中挖掘、选择有价值的教育内容，根据当地季节变化的特点，设计并组织学前科学教育活动。

例如，北方冬天下雪，教师可以围绕冰雪策划主题活动，组织学前儿童开展科学探索活动；秋天是丰收的季节，教师可以围绕粮食、水果等展开科学探索。

（五）时代性与民族性

时代性是指根据时代的发展、科技的进步，选择贴近时代步伐的科学教育内容。时代发展的烙印时刻都在影响着人们生活的方方面面，如高铁、机器人、新能源汽车、洗碗机、微信、支付宝、人工智能（Artificial Intelligence，AI）等。学前儿童学习的内容来源于生活，这些都是他们身边新鲜的学习素材，能激发他们探索的兴趣，拓展他们的视野。

民族性是指选择科学教育内容时，要注重弘扬传承传统文化，体现文化自信。中华民族上下五千年的历史文明，有非常多的科技发展、传统工艺值得让全世界的人知晓，需要在教育中传承，如造纸、扎染、刺绣、京剧脸谱、陶瓷、茶叶等。这些教育内容有助于培养学前儿童爱家乡、爱祖国的情感。

（六）系统性与整合性

系统性就是要求教师在选择学前儿童科学教育内容时，要遵循由近及远、由简到繁、由浅入深、由易到难、由具体到抽象的原则。它主要体现在纵向和横向两个方面。纵向上，在选择内容时要从学前儿童的年龄考虑，所选的内容要随着年龄增长而增加其容量与深度；横向上，主要是注意事物与事物之间的逻辑关系。

整合性就是要求教师在选择学前儿童科学教育内容时，要做到与其他教育内容（如语言、数学、社会、健康等）相互交叉、相互补充、相互渗透、综合进行，使科学教育活动更具科学性、探索性、可行性和趣味性，使学前儿童的认识更具完整性。

三、确定活动的内容范围

依据《指南》，3～6 岁学前儿童科学教育活动的内容范围如下。

（一）常见的动植物

认识常见的动植物及其特征是学前儿童认识生命体特征的重要经验。动植物的特征包括动植物的多样性、动植物生存和生长变化的基本条件、动植物对环境的适应性、动植物的生长周期与繁殖等。因为我国地域广，地方性特点比较强，各地典型的、有代表性的动植物不同，所以教师可以灵活地选择与把握，以作为学前儿童探究和认识的对象。

（1）能说出常见动植物的名称，通过饲养和护理等方式观察、发现其典型的外部特征，知道其主要用途，观察并了解动植物的生活习性。

（2）注意并发现动植物的多样性。教师要引导学前儿童发现动植物是多种多样的，动物或植物之间是不同的。

（3）感知和初步发现动植物生长变化的规律，能用不同的方式进行记录，交流与分享观察过程中的有趣现象、新发现，体验其中的愉悦。

（4）关注和探索动植物与人、自然环境的依赖关系。教师要引导学前儿童关注在日常生活中人们是怎样利用动植物的，又是怎样保护它们的，不保护将造成什么样的后果等。

通过在幼儿园设置植物角（见图 3-5），引导学前儿童发现植物的生存与生长离不开空气、阳光、水和土壤。不同植物的生长环境是不同的，有的生长在陆地上，有的生长在水里；有的生长在暖和的地方，有的生长在寒冷的地方。植物随着季节的变化而改变。

图 3-5 幼儿园植物角

（二）常见的物体和材料

常见的物体和材料主要分为自然物体和人造物体两大类。常见的材料包括沙石、泥土、水、纸、木盒，以及各种金属物体等。

对物体和材料的认识主要从三个方面入手，即特性、性质与用途、结构与功能之间的关系。特性方面包括物体和材料的形状、颜色、硬度、光滑度、纹理和质地等。各地具有代表性、可探究的物体不同，教师可以灵活选择。

1. 自然物体

自然物体包括水、沙、石、土、空气、日、月、星等。学前儿童针对这些自然物体的学习内容如表 3-3 所示。

表3-3　针对自然物体的学习内容

自然物体	学习内容
水	①探索和感受水的流动，发现水是无色、无味、透明的； ②了解水的浮力，通过实验懂得如何使物品上浮或下沉； ③通过实验了解水的三种状态变化，即液态、气态、固态； ④通过实验或游戏讨论与探究水对生命的影响
沙、石、土	①简单了解沙、石、土之间的关系； ②通过实验或游戏发现沙、石、土的特性； ③了解地球上丰富的沙、石、土资源； ④培养珍惜土地、保护自然资源的意识
空气	①认识到空气就在我们周围，虽然看不见、摸不着，但它真实存在着； ②通过实验和观察来探索和发现空气的流动； ③了解动物、植物的生存和生长都离不开空气，探索空气与生命的关系
日、月、星	①通过图片观察太阳的颜色、形状，通过实验感受太阳的光和热，探索太阳与生命的关系； ②通过望远镜观察月相的变化，并制作记录表；观看我国登月的视频，增强学前爱国情怀； ③观察夜空中的星星，了解星星的基本概况

2. 人造物体

在学前儿童的生活中，人造物体有很多，如学习用具、各种建筑等，教师可以引导学前儿童观察并讨论它们的外形特征，推测和证实它们的主要用途等。

学前儿童需要对人造物体产生的认识主要包括以下内容。

（1）练习自己整理书包，认识各种学习用具，知道它们的用途，掌握握笔的方法和正确的坐姿。

（2）玩积木、堆沙堡，这是学前儿童早期参与的简单的建筑模型实践活动。之后，学前儿童可以利用生活中的废旧物品，自己建造一座漂亮的建筑模型。

（3）知道什么是车，了解车的类型及其特征。

（三）常见的物理、化学现象

学前儿童可以通过简单、有趣的物理实验或化学实验观察常见的物理、化学现象，更好地激发探索的欲望，培养动手动脑的习惯。

1. 常见的物理现象

常见的物理现象主要指光、声音、冷热、力、磁、电等。学前儿童针对这些物理现象的学习内容如表3-4所示。

表3-4　针对常见物理现象的学习内容

物理现象	学习内容
光	①认识到光是大自然中普遍存在的现象，与人们的生活紧密相关； ②探索和发现光的反射、折射现象，了解各种光学仪器； ③探索和发现生活中、自然界中的光源； ④探索和发现光和影子的关系； ⑤了解光对人类生产与生活的重要性； ⑥探索光的多种颜色的形成，了解颜色是由光的反射产生的
声音	①辨别噪声和乐音，了解生活中发出声音的物体及其代表的意义； ②探索不同物体发出的不同声音，辨别声音的来源； ③通过实验或游戏探索声音的传播

续表

物理现象	学习内容
冷热	①感受物体的冷热； ②通过感官判断物体的冷热，了解温度计； ③探索物体由热到冷、由冷到热的方法； ④感受并讨论天气的冷暖，了解家庭取暖、降暑的常用电器
力	①通过实验与操作感受力的大小，探索与发现力与运动的关系； ②探索与发现生活中各种力的现象； ③通过游戏或实验感受力的平衡，了解省力和费力的关系； ④探索各种测量力的仪器，发现其各自的作用
磁	①能够区别不同大小和形状的磁铁，了解磁铁的吸附功能； ②通过实验或游戏了解磁铁的特性，探索磁铁与磁铁之间的吸引和排斥的现象； ③探索与发现日常生活中对磁铁的应用
电	①初步了解电的来源； ②初步了解安全用电的常识，避免用电事故发生； ③探索生活中的各种电器，初步了解电在日常生活中的重要作用； ④通过实验或游戏了解生活中电的各种现象

2. 奇妙的化学现象

在日常生活中，简单、安全、有趣而奇妙的化学现象有很多，教师可以将它们纳入学前儿童科学教育的内容中，让学前儿童主动去探索、去发现。

在生活中，教师可以引导学前儿童了解以下化学现象。

（1）削一个苹果，让学前儿童观察苹果的表面，他们会发现：过了一会儿，本来鲜亮、白净的果肉变成了浅咖啡色，时间再长一些就会变成黑褐色，无法食用。此实验可以让学前儿童初步了解该现象属于化学现象，是因为苹果果肉中的物质与空气中的氧气发生了化学反应。

（2）酸奶是由牛奶发酵而成的，制作方法是在牛奶中接种乳酸菌，利用牛奶为底物进行厌氧发酵，产生新的物质——乳酸，所以酸奶才会喝起来酸酸的，而经过乳酸菌发酵的酸牛奶中的一些营养物质比新鲜牛奶中的营养物质更容易被人体吸收。

教师在给学前儿童讲解化学知识时，要将那些专业的知识点用生动、有趣的语言说出来，让他们在愉快的氛围中学到基础的化学知识。

（四）天气与季节变化

对学前儿童来说，认知天气与季节变化有一定的难度，所以教师在让学前儿童了解天气与季节变化时，重点是让他们感知、体验和发现这些变化与动植物、与人们生活的关系；感知、体验和认识常见的天气，及其对人们生活、动植物生长变化的影响；感知、体验和发现不同季节的特点和周期性的变化，及其对动植物、人们生活的影响。

概括地说，学前儿童需探索与发现天气变化现象的内容如下。

（1）观察、感受、体验与发现天气变化状况，能用自己喜欢的方式进行记录、报告与预测等。

（2）会做一些小实验来探索风的形成。知道风有风力大小之分、冷暖之分，在日常生活的不同情景下感受风；知道风的作用，如风力发电等；知道威胁人们生命、安全、财产的风，如台风、沙尘暴等。

（3）学会观察天空中的各种形态的云，在不同的天气状况中观察云的变化；知道云有厚薄之分。

（4）知道雨的分类，包括小雨、大雨、暴雨、雷雨等；观察和比较不同的雨的各种特征；知道雨在不同季节对于植物生长的意义，如春雨利于播种，秋雨过多不利于秋收；知道夏季常见的气象要素有冰雹、彩虹、雷雨等。

（5）知道冰、雪、霜是冬天常见的气象要素；学会通过游戏或实验来观察冰、雪、霜；了解冰、雪、霜在日常生活中的现象与作用，如窗户上的霜及其变化，北方的冰雕、树挂等。

一年有四季，即春夏秋冬，季节的变化具有周期性。不同的地方，其季节的典型特征、变化也不尽相同。学前儿童要知道四个季节的名称、顺序及其典型的特征，了解季节与季节的发展变化状况等。教师应该由此展开科学教育活动，图 3-6 所示为教师引导学前儿童堆雪人并与雪人合影。

图 3-6 学前儿童堆雪人并与雪人合影

（五）科技产品与人们生活的关系

科技产品已经广泛地应用于人们生活的各个领域，教师有必要让学前儿童感知和了解常用的科技产品与自己生活的关系，明白科技产品的利弊。

1. 感受日常生活中的科技产品

学前儿童需要对日常生活中的科技产品产生的认识主要包括以下内容。

（1）了解基本的家用电器及其使用方法，感受它们给人们生活带来的便利。

（2）了解现代交通工具，讨论现代交通工具给生活带来的影响。

（3）认识现代农用工具，认识到它们减轻了农民的劳动负担，帮助农民增产增收。

（4）探索各种科技玩具，并自行拆卸与组装，体验科学家探索、发明创造的过程。

2. 增强学前儿童的环保意识，培养其环保行为

虽然科学技术的高速发展给人们的生活带来了极大的便利，但与此同时，乱砍滥伐、工厂大量排污等对人类的生态环境造成了严重破坏。为了维护生态平衡、保护人类赖以生存的环境，教师和家长应该从小培养学前儿童的环保意识和环保行为。

（1）通过视频、动画等使学前儿童了解乱砍滥伐及污染等对环境造成的影响。

（2）保护环境从自身做起，做力所能及的事情，让学前儿童明白"保护环境，人人有责"。

（3）通过户外活动让学前儿童发现环境的美化，陶冶其情操。

（4）设计科学教育活动，让学前儿童充分感受到保护环境的重要性。图 3-7 所示为某幼儿园设立的"废物利用"展示墙。

图 3-7 某幼儿园设立的"废物利用"展示墙

（六）人的生理和心理

学前儿童需要对人的生理和心理产生的认识主要包括以下内容。

（1）观察人的主要感官，如眼睛（视觉）、耳朵（听觉）、鼻子（嗅觉）、舌头（味觉）、手和脚（触觉），探索和感受这些感官的功能。

（2）初步感受和体验人的生理活动和心理活动。生理活动有呼吸、消化、血液循环和排泄等，例如，体验深呼吸的感觉和不呼吸的感觉。心理活动有情绪、想象和记忆等，知道不同情绪有不同的表现形式，例如高兴与微笑、伤心与哭泣等，学会化解消极情绪，调动积极情绪。

（3）初步了解人的差异及其种类，例如男女有别，不同种族的不同肤色、发色、五官特征和体形之分等。

（4）认识人的基本外部结构，感受它们的功能。人的外部结构包括头、颈、四肢、躯体、皮肤等。

（5）初步认识人体的生长、发育、衰老的自然生命发展过程。

（6）逐渐懂得热爱生命，锻炼身体，预防疾病，养成良好的生活和卫生习惯等。

（七）数学认知

学前儿童对数学的认知是一个逐步发展与建构的过程，教师应该引导他们初步感知生活中数学的有用和有趣，进而感知和理解数、量及数量的关系，以及形状与空间的关系。只有这样，才有利于促进学前儿童数概念的形成。

学前儿童需要产生的数学认知包括感知和理解集合、数、量、形、空间与时间等，主要包括以下内容。

（1）尝试将常见的物体进行分类与概括。

（2）明白"数"的概念，探索"1"和"多"及其关系。

（3）通过游戏或实践学习十位或百位以内的数字，并进行简单的数学运算。

（4）认识常见的平面图形和立体图形，知道其简单关系，并能与日常生活结合起来。

（5）初步理解量的相对性和量的守恒。

（6）在空间方位上，能分清上下、左右、前后、里外、远近等，知道空间中的运动方向。

上述内容只是为学前儿童科学教育提供一个大致的范围，从中可以看出学前儿童科学教育范围非常广泛，可谓包罗万象。学前教育工作者必须按照学前儿童科学教育活动内容选择的要求，在活动内容范围内灵活选择，并采取切实可行的方法实施。

四、选编活动内容的方法

选编学前儿童科学教育活动内容的方法主要有两种：论理组织法与心理组织法。

论理组织法是指遵循学科知识的逻辑，根据知识本身的系统及内在联系组织内容的一种方法。这种方法是站在成人的立场，教师为主导，注重教材内容的逻辑性和系统性，不考虑学前儿童的需要，把内容分成片段，进行由简到繁、由易到难、由浅到深的有规律的分期教学。论理组织法的优点是有助于学前儿童掌握系统的知识，但忽视了学前儿童的能力、兴趣和需要，容易让学前儿童感到乏味，不适合学前儿童学习。

心理组织法是根据学前儿童的心理发展特点，注重学前儿童的经验、能力和需要进行内容组织的一种方法。这种方法的优点是强调学前儿童的能力、兴趣与需要，课程内容能够充分调动他们的积极性与主动性。缺点是学前儿童难以形成系统的知识经验。

根据学前儿童认知的发展特点，心理组织法更适合学前儿童认识事物的模式。因此，在我国幼儿园学前儿童科学教育的内容组织与编排更多采用此方法。

选编科学活动内容的具体方法如下。

（一）以季节为主线

以季节为主线主要是指根据四季的变化来安排选编与季节相关的植物、动物以及自然现象等的内容。

人们生活在大自然中，与大自然有着密切的联系，特别是与影响自然万物的气候变化、季节特征有着直接的联系。天气变化了，动植物就会随之发生变化，人类的活动也会因此而发生改变；天气变化了，就会有不同的自然现象产生。

例如，中班科学活动"冬天来了"，让学前儿童感受冬天的季节特征，了解动物不同的过冬方式。又如中班科学活动"秋天的树""秋天的干果""植物过冬"等都是以季节为主线选择科学活动内容的。

季节的变换带给学前儿童的是生活环境的变化，学前儿童生活在其中，有着切身的感受，因此与季节有关的内容易于他们理解和接受，以季节为主线编排科学教育活动内容是符合学前儿童实际的。例如，某幼儿园大班自然教育活动是以四季为主线进行教学内容编排的，如图3-8所示。

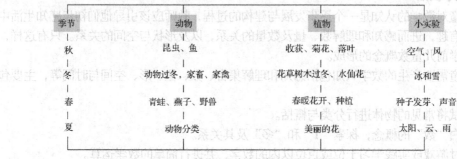

图3-8　某幼儿园大班自然教育教材体系内容

（二）以单元为单位

以单元为单位选编学前儿童科学教育活动内容的方法是加强学前儿童科学教育内容的纵向和横向联系的方法。它主要是强调以类为单元。

具体做法：以3～6岁学前儿童为教育对象，将其3年的科学教育内容编排成若干个单元，每个单元从内容到形式都注重体现知识的系统性与学前儿童发展的连续性。每个单元又突出一个重点，围绕重点设计多种活动内容和形式。

这些单元之间纵向自成体系，横向互相联系。纵的方面是现有知识内容与原有与之相关的知识、经验的联系。横的方面是事物与事物之间的联系，即外部联系，不同类别的知识之间是相互联系的，每个单元的学前儿童科学教育过程都是循环往复、螺旋上升的发展过程。

例如，某幼儿园以"电"为单元的科学教育活动内容如图3-9所示。

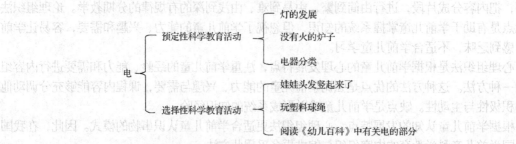

图3-9　某幼儿园以"电"为单元的科学教育活动内容

（三）以五大范围为依据

施燕教授的《学前儿童科学教育》将学前儿童科学教育活动内容分为五大范围，即人体、动植物、生态与环境、自然科学现象、现代科学技术，以这五大范围为依据选编学前儿童科学教育活动内容，弥补了上述两种方法的不足，涵盖的范围更广泛。

以五大范围来选编内容，能够很容易地将科学教育的内容进行归类，方法易掌握。目前，研究者把数学也纳入科学教育的领域，将五大范围进行了调整与完善，重新划分为生物与环境、非生物与环境、自然科学现象、现代科学技术、数学。例如，某幼儿园中班第二学期科学教育活动内容如表 3-5 所示。

表 3-5　某幼儿园中班第二学期科学教育活动内容

范围	活动内容
生物与环境	①春天的花；②昆虫在哪里；③蝌蚪变青蛙；④秋天的菊花；⑤种植小麦；⑥动物怎样过冬；⑦认识大树；⑧冬天的植物；⑨大大的馒头从哪里来；⑩昆虫运动会
非生物与环境	①神奇的磁铁；②石头的奥秘；③奇妙的沙；④有趣的玻璃；⑤我和镜子做游戏
自然科学现象	①美丽的彩虹；②雨从哪里来；③冰融化了；④有趣的七色光；⑤多变的云彩；⑥好玩的空气；⑦雷声与闪电；⑧凶猛的台风；⑨雾蒙蒙；⑩让空气更干净
现代科学技术	①高铁是这样的；②吹泡泡；③重力轨道滑翔车；④现代交通工具
数学	①比粗细；②认识图形；③彩旗飘飘；④数字 0；⑤猜一猜；⑥小动物排排队；⑦学习前后；⑧感知对称

总之，选编内容的方法还有很多，如"主题整合式""智能多元化"等在幼儿园的应用也非常广泛，教师可以根据具体情况，从不同的角度进行学前儿童科学活动内容的选编。

五、学前儿童科学教育活动案例

大班科学活动"水的秘密"教案

活动目标

（1）在玩水中感知水的特性，知道水是无色、无味、透明、无形、可流动的液体。

（2）通过动手操作实验，发展观察能力和动脑动手能力。

（3）培养节约用水的意识与习惯。

（4）体验解决问题的成就感。

（5）培养勇于尝试的精神。

活动准备

（1）教师材料准备：盛有清水、牛奶、醋的玻璃杯各一个，字卡一套；示范用的各组实验用具一套。

（2）幼儿材料准备：盛水的大脸盆 4 个；小脸盆 2 个；塑料小篮、能盛水的小容器若干；杯子每人 2 个；糖每人 2 颗。

活动过程

1. 导入新课

猜谜活动：今天有位小客人要来和我们一起做游戏，要想知道小客人是谁，请先猜个谜语，"双手抓不起，一刀劈不开，煮饭和洗衣，都要请它来。"（谜底是水）

2. 认识水的特性

（1）看。教师出示装有牛奶和水的透明杯子。

教师：你们面前是一杯水和一杯牛奶，请大家用眼睛看一看，说说它们有什么不一样？

小结：水是无色的，并出示"无色"字卡。

（2）尝。

（3）观察。

教师在水杯、牛奶杯中分别放入一颗糖，引导幼儿观察并说出自己的感觉，例如，你能看见吗？为什么？

幼儿：水中的糖很清楚，而牛奶中的看不清楚。水是透明的，而牛奶不透明。

小结：水是透明的，并出示"透明"字卡。

（4）动一动。

幼儿自己选择实验小组进行实验，教师巡回指导，引导幼儿观察、感知水的无形性与可流动性。

① 提供各种形状的容器，并让幼儿用手去抓水。水能被抓起来吗？怎样才能将水盛起来？水有没有形状？

小结：水装在任何容器中就是容器的形状，水本身是没有形状的，并出示"无形"字卡。

② 提供塑料小篮、杯子等，请幼儿选一样来盛水，看看会怎么样。

小结：水是流到盆里的，并出示"可流动的液体"字卡。

3. 总结水的特征

与幼儿一同看看字卡，一起来总结水的特征。

4. 结束活动：水的用处

提问：水有什么用处？如果没有水，会怎样？我们怎样保护水资源？

小结：水对人们用处很大，我们离不开水，所以我们一定要节约用水，不能浪费水。

活动评析

在教学形式上，教师善于启发引导，采用小组的方式，使幼儿与同伴之间有更多交流。而在教学手段上，使幼儿听觉和视觉交替冲击，符合幼儿情趣，使其对"水"的概念领会得尤为清晰而深刻。教学实践证明：虽然"水"的概念对幼儿来说有些深奥，却是幼儿生活中常见的熟悉的物体，通过教师深入浅出的讲解与引导，以及幼儿的观察体验，最终科学教育活动收到了预期的良好效果。

实战训练

请同学们以季节为主线，选编出适合中班学前儿童科学教育活动的内容。并确定2~3个活动主题，尝试撰写科学活动教案。要求目标具体，适合学前儿童的发展特点，内容生动、有趣，符合时代发展，有代表性，活动过程完整，活动延伸贴合实际，有意义。

第三节 学前儿童科学教育的方法

引导案例

春天来了，柳树发芽了，小鸟在树枝上叽叽喳喳地唱着歌，地上的小草冒出嫩绿的小脑袋。程老师带着中一班的小朋友们正在进行户外活动，子蒙在幼儿园自然角的小水池旁蹲下来认真观察着，他开心地大喊道："老师，老师，这里有小蝌蚪！"

其他小朋友也纷纷围了过来，大家都好奇极了。观察了好一会儿后，佳佳问："程老师，我们能不能把小蝌蚪捞起来带回班里的养殖区？"程老师微笑着点了点头，小朋友们都非常兴奋，大家共同合作，小心翼翼地把小蝌蚪捞了起来，在班里给小蝌蚪安了一个新家。

每天，小朋友们来到幼儿园后就急匆匆地跑到养殖区，观察小蝌蚪有没有发生新的变化，兴致可高了。程老师给小朋友们打印了观察记录表，指导小朋友们根据自己的观察进行记录，小朋友们还主动拿着自己的记录本回家和爸爸妈妈分享，讲述自己观察到的小蝌蚪的成长与变化。

学前儿童科学教育的方法就是为了完成学前儿童科学教育的目标所采用的工作方法。在教学过程中，教师不但要考虑怎么教，而且要考虑学前儿童怎么学。由于学前儿童受身心特点和认知能力发展水平的制约，教师选择和使用的方法必须适合学前儿童，符合学前儿童思维发展的水平和接受能力。因此，教师要通过研究探索，不断总结经验，选择适合学前儿童发展的科学教育方法，有效地促进学前儿童学习科学知识，提高科学能力，切实促进学前儿童的发展。

一、常用的教学方法

《指南》中指出，成人要"引导幼儿通过观察、比较、操作、实验等方法，学习发现问题、分析问题和解决问题"。在实施科学教育的过程中，学前儿童科学教育的教学方法多种多样，主要有观察法、实验法、讲解法、指导探究法、自主探究法、游戏法和研讨法等。

（一）观察法

观察是指通过感官来感知事物或现象，将各种感觉捕捉到的信息经过思维的加工形成概念，获取对客观事物或现象的认识的过程。观察是一切科学活动的基础，没有观察就没有科学。

观察法是指教师有目的、有计划地组织和启发学前儿童运用多种感官，去感知客观世界的事物与现象，使之获得具体的印象，并在此基础上逐步形成概念的一种科学教育的方法。观察法是学前儿童认识世界、增长知识、发展能力的主要方法之一，也是学前儿童科学教育的基本方法。

在幼儿园实际教学中，观察法常用于科学实验、分类、测量、科学游戏等活动中。观察主要有两种方式：一种是借助感官进行的直接观察，另一种是通过仪器进行的间接观察。

1. 观察的类型

观察的类型有多种划分方法：以观察的对象进行划分，可分为个别物体的观察和比较性观察；以观察的时间进行划分，可分为间或性观察和长期系统性观察；以观察的空间进行划分，可分为室内观察和室外观察。

（1）个别物体的观察。个别物体的观察是指学前儿童对特定的某一物体、自然现象、科技产品等进行的观察。学前儿童通过有目的地运用各种感官，与周围某一事物或现象直接接触，了解其外形特征、属性、习性等。例如，观察乌龟、花朵等单个或某一类事物，观察晴天、雨雪等天气现象。

个别物体的观察是基本的观察技能，它是其他各种观察的基础。各年龄段学前儿童都可进行个别物体的观察。如小班科学活动"漂亮的菊花"、中班科学活动"神奇的静电"、大班科学活动"认识青蛙"。

（2）比较性观察。比较性观察是指学前儿童同时观察两种或两种以上的物体并进行比较，找出其相同点与不同点。在观察过程中，学前儿童通过比较分析、判断和思考，比较精确、细致、完整地认识事物。这种方法能够帮助学前儿童较快地发现事物的特征，有利于学前儿童分类能力的发展和概念的形成。例如，科学活动"谁的脚印""毛巾纸巾大比拼""比粗细"等。

比较性观察要求学前儿童对事物进行比较分析，属于复杂的认知活动，因此比较适合小班后期与中班、大班学前儿童。而且各年龄班在进行比较性观察时难度不同，中班主要比较物体明显的不同点，而大班比较物体的细微差别以及物体的不同点和相同点，并尝试分类。

（3）间或性观察。间或性观察是指间隔一定的时间，教师带领学前儿童对某个物体或现象进行的观察，形成对观察对象的阶段性认识，通过每次观察，逐步加深对观察对象的认识。间或性观察在各年龄班都可采用，但根据间或性观察的要求及学前儿童年龄特征，更适合在大班开展。

（4）长期系统性观察。长期系统性观察是指学前儿童在较长的时间内，持续地对某一物体或现象进行系统观察，对其质和量两方面的发展变化过程有较完整的认识。长期系统性观察有助于学前儿童了解动植物的生长过程，发现事物的变化和直观地了解自然界各种因素间的相互关系、因果关系和自然界的发展规律，例如四季的变化特征、小蝌蚪变成青蛙的生长过程等。长期系统性观察对学前儿童的知识经验、认知水平要求较高，比较适合中班、大班开展，且主要在大班进行。

（5）室内和室外观察。室内观察和室外观察的主要区别是观察地点不同，教师应根据观察对象的特点和幼儿园的实际条件，选择合适的观察地点。例如，观察标本等一般在室内，而观察建筑物、菜园、植物生长等更适合在室外。条件允许的情况下，教师应组织学前儿童进行室外观察，让他们更多地接触自然、体验自然，获得丰富的感性经验。

2. 观察指导

在采用观察法组织科学活动时，教师应注意对学前儿童进行有效指导。

（1）提供实景、实物。实景、实物是指真实的景象与事物。学前儿童的思维是具体形象的，提供实景、实物更能刺激学前儿童的感官，使观察的效果更佳。例如，观察瓜果蔬菜时，提供实物，让学前儿童看一看、摸一摸、闻一闻，这样更容易使其获得丰富的感性经验。

（2）调动学前儿童的多种感官。由于学前儿童的感知能力较弱，教师应该注意引导他们调动各种感官积极参与观察活动。学前儿童通过视觉、听觉、嗅觉、味觉、运动觉等各种感官系统将收集到的信息传递至大脑，积累更丰富的经验，从而对物体的属性有了更为完整的认识。

（3）指导学前儿童多角度观察。客观事物千姿百态，人们对事物的认识也会因为观察角度不同而存在差异。在科学教育活动中，教师应指导学前儿童从多个角度全面地观察事物。首先观察物体的全貌，对观察对象有一个整体、大致的认识，再仔细观察它的主要方面，接着观察细节，最后观察各个部分和各种现象之间的联系，从而对观察对象有整体、清晰的认识。

（4）引导学前儿童学习观察方法。学前儿童观察事物比较笼统，不够精确，关键在于他们缺乏观察的方法，他们经常凭借主观感受来进行。"授人以鱼不如授人以渔"，越是复杂的事物越需要有严谨的观察步骤。因此，教师应根据观察对象的特点，有目的、有计划地教给学前儿童一些最基本的观察方法。

（5）指导学前儿童做观察记录。学前儿童思维是具体形象的，其抽象概括能力、记忆力和语言表达能力较弱。教师应指导学前儿童记录观察信息，使他们更加关注探究过程和事物的变化，把抽象的信息变为具体的图表，这有助于学前儿童在尊重客观事实的基础上得出结论。

教师应根据学前儿童的年龄特征，提供合适的观察记录表，引导学前儿童用图文的方式把观察过程记录下来，帮助他们分析观察过程、理解观察结果。

（二）实验法

实验法是重要的科学研究方法，也是科学实践的重要形式，是获取信息和检验理论的基本手段。实验法是指在人工控制现象发生的条件下，对现象进行感知和测量的方法。学前儿童科学教育实验法是指在人为控制的条件下，教师与学前儿童利用一些材料、仪器或设备，通过简单的演示和操作，对周围常见的科学现象加以验证的一种方法。

实验的演示和操作过程是简便易行的，带有游戏的性质，能够吸引学前儿童的兴趣，帮助他们理解一些简单的科学现象和知识。学前儿童科学教育中的实验与成人的科学实验不同，有其自身的特点。

（1）实验用的材料简单易收集，不要求使用非常正规和精密的仪器。

（2）重复前人的实验，不要求有新的科学发现，常验证一些有关事物明显的、表面的因果关系。

（3）实验内容和操作方法以及对变量的操纵与控制比较简单，学前儿童在较短时间内就能看到实验结果。

（4）实验常采用游戏的形式，吸引学前儿童积极参与并主动探索。

（三）讲解法

讲解法是指教师主要通过语言向学前儿童讲述或解释某种事物的一种方法。在运用讲解法时，教师处于主导地位，决定教什么内容和安排什么样的活动。在实际教学中，讲解法通常会与其他教学方法相结合使用，例如，做实验、观察事物等环节需要解释说明时，教师就会通过语言讲解使学前儿童更好地理解活动的内容与意图，从而提升教学效果。

使用讲解法时，教师要注意与学前儿童的可接受性相适应，考虑学前儿童现有的发展水平，并且语言要通俗易懂、清晰明确、生动形象、突出重点。

（四）指导探究法

学前儿童的科学学习是在探究具体事物和解决实际问题时，尝试发现事物间的异同和联系。《指南》中科学教育的目标表明，学前儿童科学教育的价值取向已经转向侧重于培养学前儿童对科学的情感态度、兴趣与欲望，侧重于培养学前儿童的探究能力，侧重于让学前儿童通过自主探究认识周围的事物和现象，这为学前儿童科学教育指明了方向。

指导探究法就是由教师来确定科学探究活动的内容与主题，提供探索研究的材料与框架，学前儿童在教师的引导下进行探究的一种方法。对探究活动进行的指导主要包括活动时间的把握、探究人员的分配、材料的使用，以及探究活动开始时的引导等，如表3-6所示。

表3-6 对探究活动进行的指导

探究活动事项	注意	反例
活动时间的把握	不同活动的活动时间是不同的，教师不能用固定的时间来束缚活动的开展，要根据具体的探究活动灵活地把握时间	教师将幼儿园内开展的所有科学探究活动统一计划为一课时
探究人员的分配	不同的活动内容可以分配给不同的小组，小组分别进行探究活动	教师将需要长时间观察的探究活动分配给一个人
材料的使用	不同的探究活动用到的材料是不同的，要依据各小组的人数进行分配	教师分配材料不合适，将大量的材料分配给人员较少的组
探究活动开始时的引导	教师要以学前儿童喜欢的方式导入，激发学前儿童的兴趣	教师直接用言语引入，没有任何导入元素，导入方式过于生硬

在运用指导探究方法时，整个活动并不一直都是学前儿童围绕教师的意图进行探究的活动，随着活动的进行，由开始时的以教师为中心逐步过渡到以学前儿童为中心，这样学前儿童才能在活动中更加积极、主动地进行有效的自我建构。与此同时，教师可以为学前儿童探究活动的延伸提供良好的建议。

总之，在指导探究法中，教师扮演着不同的角色。首先，教师为学前儿童提供探究的材料、环境，教师的第一角色是资源提供者；其次，在学前儿童探究过程中，教师要与其共同探讨、共同研究，所以教师的第二角色是学前儿童的合作探究者；最后，在探究活动中，教师并不是直接告诉学前儿童应该怎样做、不应该怎样做，而是给其指明探究的方向，所以教师还是积极的引领者。

（五）自主探究法

自主探究法是在教师的指导下，由学前儿童自己确立活动内容并进行探究的一种方法。这种方法由学前儿童自己决定探究活动的内容，设计探究的情景，选择探究的材料，确定探究的方式，获取探究的结果。探究活动的全程并不是由教师决定的，教师在活动中只是资源提供者、合作探究者和促进者。

运用自主探究法能够更好地满足学前儿童自身探究和游戏的兴趣，使个别化的探究活动能够充分体现学前儿童个体建构与发展的需要。

当然，每种方法都有其优缺点，自主探究法也有其不足之处：在自主探究过程中，没有教师的指导，学前儿童在探究时容易出现秩序混乱的状况；学前儿童也会遇到麻烦，有时是挫折，有时是失败；由于学前儿童是自由选择探究主题的，选择的范围广，教师需要为学前儿童准备大量的探究材料，若材料不充足，学前儿童自己喜欢的探究内容就会受到限制；由于探究材料多种多样，学前儿童的兴趣爱好也不同，教师在课程把握和控制上的难度会大大增加。

（六）游戏法

游戏法是指教师通过游戏的方式来提升学前儿童学习科学兴趣的一种教育方法。例如，数学是一门抽象的科学，对思维初步形成的学前儿童来说较难理解，他们可能会觉得很枯燥，没有趣味。而在教学过程中加入游戏，寓教于玩，可以激发学前儿童的学习兴趣，同时提升教学效果。

游戏法的类型很多，主要有以下几种。

（1）感知游戏：学前儿童充分运用感官，多角度感知，认识自然物体的属性和功能。

（2）操作性游戏：根据游戏规则，学前儿童通过操作玩具或实物材料，获得科学经验与技能。操作性游戏包含分类、排序、配对等游戏。

（3）情景性游戏：根据学前儿童学习的需要，创设游戏情境，在情境中让学前儿童观察、思考，积累科学经验，学习科学知识。

（4）运动性游戏：寓科学知识于体育运动中的游戏，通过学前儿童身体的活动，发现科学现象与真理，促进学前儿童的学习。

（5）竞赛游戏：主要是发展学前儿童思维的敏捷性和灵活性，以竞赛的形式判别输赢的一种科学游戏。竞赛游戏适合在中班、大班开展，能够满足学前儿童日益增长的求知欲和好胜心。

（6）智力游戏：运用科学与数学知识的结合促进学前儿童智力发展一种动脑游戏。

教师在教学过程中，应根据不同年龄段学前儿童的发展特点来选择游戏类型。对小班学前儿童，应注重游戏的趣味性，根据他们活泼好动的特性，在游戏中融入观察、判断、想象、模仿和运动，能够充分调动其身体的各个感官；对中班学前儿童，应更注重具体性，根据他们依靠表象进行想象、记忆、思维等认识活动的特点，要求他们真正参与到活动中，从而得到更为深刻的情感、语言等方面的体验；对大班学前儿童，应注重社会性，应将反映现实生活的内容融入游戏，从而促进学前儿童社会性的发展。

教师在设计组织游戏法科学教育活动时，应注意以下指导要点。

- 根据教学目的精心设计游戏，游戏具有科学性与趣味性。
- 游戏难度要分层次，照顾学前儿童发展的差异性，让他们有选择权。
- 游戏的设计要贴近生活，游戏的规则简便易行，让学前儿童在做中学，学中做。
- 注意把握游戏的类型与时间。
- 注重学前儿童的需求，可以邀请他们共同设计游戏。

游戏法作为一种高效的教学方法，具有一定的趣味性，在实践应用中不仅能营造愉悦的教学氛围，激发学前儿童的学习兴趣，还能促进学前儿童创新、实践等综合能力的提高。因此，在教学过程中，教师要树立现代教学理念，合理把握游戏教学方式，丰富游戏教学形式，明确教学目标，增加游戏中师生之间的互动，完善游戏教学评价方式，不断提高教学质量，进而促进学前儿童的智力与非智力协调发展。

例如，教师组织的幼儿园小班"有趣的多米诺骨牌"科学游戏活动。多米诺是一种游戏，也是一种文化，它起源于我国，有着上千年的历史。教师依据《指南》中鼓励学前儿童积极动手操作，进行重复性游戏动作的要求，考虑小班学前儿童的发展特点，锻炼他们的手眼协调能力，充分发挥他们的思维和想象能力，使他们感受到游戏的乐趣及操作成功的成就感，进而发展学前儿童的综合能力。

活动目标

（1）在生活中找寻不同物品进行游戏。

（2）在不断地重复搭建和推倒的过程中，锻炼耐心。

（3）通过游戏活动，体验游戏的乐趣，获得成就感。

活动准备

若干包面巾纸；若干大小相近的书、积木；其他可以玩的物品。

游戏过程

（1）教师寻找合适的游戏材料。

（2）教师展现棋牌的多米诺骨牌效应。

（3）幼儿自由探索不同物品如何实现多米诺骨牌效应。

（4）幼儿分享游戏过程。

活动延伸

幼儿回家后寻找不同的游戏材料，和爸爸妈妈继续进行游戏。

（七）研讨法

研讨法是指打破传统教育模式，由教师选定课题，学前儿童以小组形式进行讨论，通过研究与学习相结合的方法来提高学前儿童理论水平和研究能力的一种教学方法。研讨法是一种新型的教育模式，体现的教学原则是以学前儿童为主体，具有一定的启发性、循序渐进性及和谐性。

研讨法的优势表现在以下几个方面。

1. 突出学前儿童的主体地位

教师采用研讨法教学，可以让学前儿童主动参与，独立自主地学习与思考，积极发表个人观点，充分发挥其个性，开发自身潜能。这在一定程度上改变了教师讲授、学前儿童被动接受的局面，突出了学前儿童的主体地位。但是，学前儿童作为主体是相对而言的，教师的引导作用也非常重要。

2. 提高学前儿童的素质

研讨法的特点是提倡学前儿童自主学习，教师引导他们自己思考问题，他们不再是被动的接受者，而是解决问题的能力者，这在无形中锻炼了学前儿童解决问题的能力。此外，采用研讨法还有利于激发学前儿童的发散思维，培养他们的想象力和创造力，全面提高学前儿童的主动性和灵活性。

3. 增进同伴间的情感

采用研讨法教学时，学前儿童与同伴之间、与教师之间自由性和直接性的交往增加了，这有利于培养学前儿童的社交意识，让他们懂得尊重他人、帮助他人，增强合作意识。

二、活动组织方式

学前儿童科学教育活动的组织形式是多种多样的，其可以分为两大类，即集体教育活动与非集体教育活动。

（一）集体教育活动

集体教育活动是指学前教育工作者根据学前儿童科学教育的目标，有计划、有目的地选择活动内容，提供活动材料，面向全体学前儿童开展的科学探究活动。集体教育活动是符合我国实际情况的学前儿童科学教育的组织形式。集体教育活动的类型主要有以下3种。

1. 观察类教育活动

观察类教育活动是以观察为主要的认知手段，让学前儿童探索客观事物和现象的特征，加强科学认知，培养科学情感，形成科学态度，训练科学方法的一种科学启蒙教育活动。

2. 科学探究类教育活动

科学探究类教育活动分为实验探究活动、技术制作活动、科学游戏活动、科学讨论活动和偶发性的科学教育活动。科学探究类教育活动能够给学前儿童带来科学探究的乐趣，使其进一步加深对科学的热爱，从而更主动、积极地学习和探究科学知识。

3. 数学类教育活动

数学与科学探究有着密切的联系，数学是认识世界、探究科学的工具。数学类教育活动能够提高学前儿童的数学能力，使其增强解决实际问题的能力和锻炼思维能力，进而更好地探索科学世界，发现科学的奥妙。

（二）非集体教育活动

非集体教育活动是指除集体教育活动以外的教育活动，主要包括小组活动和个别活动。小组活动是指两个或两个以上的学前儿童共同进行的科学探究活动，个别活动是指一个学前儿童进行的科学探究活动。

在小组活动和个别活动中，教师要根据不同的情况给予不同的指导，活动的地点可以选择在幼儿园的科学角或科学发现室。非集体教育活动是集体教育活动的补充和点缀，从某种意义上来说是集体教育活动的延续。

合理选择、安排与使用集体教育活动与非集体教育活动，能够使学前儿童亲近自然，喜欢探究，在探究中认识周围的事物与现象，具备初步的探究能力；使学前儿童在生活中感知数、量及数量关系，感知形状与空间关系，感知数学的有用和有趣，从而促进其全面、协调发展。

课后习题

一、选择题

1. 在撰写学前儿童科学教育的目标时，常用"喜欢""关注""爱护""感兴趣""乐于"等关键词，此项目标属于三维目标中的（　　）。

　　A. 情感目标　　　B. 能力目标　　　　　C. 认知目标　　　　D. 动作发展目标

2. 教师在幼儿园科学角中投放了许多发声玩具，小班学前儿童在摆弄这些玩具时，教师想要实现的目标是（　　）。

　　A. 学前儿童能概括不同声音产生的条件

　　B. 学前儿童能描述出玩具是怎么发声的

　　C. 学前儿童能完整表达不同玩具的发声特点

　　D. 学前儿童对声音产生兴趣，感受不同的声音

3. 在科学教育活动"奇妙的气味"中，教师准备了分别装有水、橙汁、食醋、酱油等液体的瓶子，请学前儿童看一看、闻一闻，教师采用的教学方法是（　　）。

　　A. 实验法　　　B. 观察法　　　　　C. 讲解法　　　　D. 游戏法

4. 教师在选择学前儿童科学教育的内容时，需考虑内容必须符合科学原理，尊重客观事实，这符合内容选择的（　　）原则。

　　A. 兴趣性　　　B. 价值性　　　　　C. 科学性　　　　D. 启蒙性

二、判断题

1. 学前儿童科学教育的目标是学前儿童教育总目标在科学教育领域中的具体体现。（　　）

2. 让学前儿童掌握科学方法，实质上是丰富学前儿童的科学知识。（　　）

3. 具有完善的探究能力是组织学前儿童科学探究的前提。（　　）

4. 学前儿童科学教育的单元目标是科学教育年龄段目标的具体化，是分段性目标。（　　）

5. 以季节变化为主线选编学前儿童科学教育活动内容的方法是加强学前儿童科学教育内容的纵向和横向联系的方法。（　　）

三、简答题

1. 简述学前儿童科学教育的三维目标。

2. 简述学前儿童科学教育活动内容的选编方法。

3. 简述选择学前儿童科学教育内容需遵循的原则。

04

第四章
学前儿童集体科学教育活动

知识目标

> ➤ 了解学前儿童观察类科学活动的教育价值及设计组织指导。
> ➤ 了解学前儿童实验类科学活动的核心价值与活动类型。
> ➤ 掌握学前儿童制作类科学活动的设计原则与设计步骤。
> ➤ 了解学前儿童游戏类科学活动的内涵、价值与类型。
> ➤ 了解学前儿童讨论类科学活动的含义、价值与类型。

能力目标

> ➤ 能够根据学前儿童的需要设计并组织观察类科学活动。
> ➤ 能够根据学前儿童的需要设计并组织实验类科学活动。
> ➤ 能够根据学前儿童的需要设计并组织制作类科学活动。
> ➤ 能够根据学前儿童的需要设计并组织游戏类科学活动。
> ➤ 能够根据学前儿童的需要设计并组织讨论类科学活动。

素养目标

> ➤ 注重事物的内在联系，培养逻辑思维能力。
> ➤ 与时俱进，将富于时代特色的科技内容融入教学中。
> ➤ 尊重幼儿的主体地位，善于观察与引导，创设宽松、自由的心理环境。

　　学前儿童科学教育活动内容广泛，组织方式多样。在学前儿童集体科学教育活动的设计与组织过程中，教师可以以观察类、实验类、制作类、游戏类、讨论类等科学教育活动为基础，结合具体的活动内容加以改变或调整。在科学教育活动的设计与组织过程中，教师必须遵循学前儿童学习与发展的规律，考虑学前儿童的需要，避免出现"单纯地追求知识而对学前儿童进行灌输性教育和强化训练"的情况。

第一节　观察类科学活动设计与组织

引导案例

　　今天，大一班夏老师给小朋友们带来了一款高科技产品，它是我国自主研制的"太空笔"。小朋友们对笔都不陌生，夏老师问大家："你们知道笔都有哪些类型吗？"小朋友们踊跃发言。"铅笔。""钢笔。""圆珠笔。""还有毛笔。""还有水彩笔、蜡笔。"

　　夏老师跟小朋友们说："大家说得对，这些笔都是我们在日常生活工作中常用的笔。那你们知道笔都由哪几部分构成吗？"小朋友们都纷纷抢答……

　　夏老师说："今天，老师带来的这支笔却非'笔'寻常，它跟我们普通用的笔大不一样。它是一款'太空笔'，它有着独特的笔芯设计和肚子里不一般的墨水，太空笔可以'上天入地'，可以实现倒着写、水中写、油中写，能够适应零下30℃到零上100℃的气温变化。"

　　诺诺问："老师，我们平常用的笔不能在太空写字吗？"

夏老师回答道："不能，在失重的太空，普通笔的笔管内油墨不会自动流向笔尖。如果小朋友们不相信，可以将纸高高举起，笔尖朝上，模拟太空微重力环境倒着写，大家试一试，看看会发现什么？"

大家都拿起桌上的笔，仔细观察并试用。

浩浩说："老师，笔管里一会儿就没有油墨了。"

轩轩又问："老师，那铅笔没有油墨总可以了吧？"

夏老师说："铅笔也不行，铅笔笔芯是易导电的石墨，写字时细细的石墨粉会四处漂浮，引起电子设备短路发生火灾，甚至导致航天器爆炸，它就是一颗潜在的'定时炸弹'。"

夏老师继续讲道："我们科研人员研制的这款太空笔，可以实现在太空自由书写。笔芯是太空书写最关键的部位。科研人员研制的这种太空书写笔芯，采用全密封式气压设计，与外部完全隔绝，尾部注入压缩氮气，装入油墨，中间还有一个能够滑动的小圆球将氮气与油墨分开。笔尖采用的是超硬碳化钨，硬度媲美金刚石，牢牢地嵌在笔头，不易掉落。在压缩氮气的助力下，笔芯中浓浓的油墨快速往外冒，这样写字时笔尖与纸张摩擦会产生热量，内部气压失衡，氮气压力就会将油墨挤向笔尖……"

小朋友们特别专注，认真地听着夏老师的讲解。夏老师还准备了多媒体课件，一边讲解，一边给大家播放视频影像，引导小朋友们观察，帮助他们理解，小朋友们被深深吸引了。虽然有些知识听不太懂，但是他们知道这是一支功能特别强大的笔，同时也了解了太空的一些知识。

小朋友们轮流观察这支笔并试用……

最后，夏老师跟大家说："这种太空笔是我们中国自主研发的，是中国航天员的得力助手，更是中国航天事业进步的见证者，未来将不断书写新的太空传奇。"

这堂课不仅让小朋友们认识了各种笔的构成与原理，还激发了小朋友们对科技产品的探究兴趣，激发了他们的爱国情怀，增强了他们的民族自豪感与自信心。

学前儿童观察类科学活动以观察为主要手段，其目的是调动学前儿童的多种感官进行直接观察，并由此获得对观察对象的直观印象，丰富学前儿童的认知，使学前儿童形成初步的科学概念。观察类科学活动可以观察实物，也可以观察图片、影像或图书等。

一、学前儿童观察类科学活动概述

学前儿童观察类科学活动是让学前儿童以观察为认知手段，通过感官探索周围客观事物及现象的特征，丰富其科学认知，培养科学情感，形成科学态度，训练科学方法的一种科学启蒙教育活动。

（一）学前儿童观察类科学活动的教育价值

学前儿童观察类科学活动的教育价值体现在以下几个方面。

1. 观察类科学活动是科学教育的主要形式

观察是学前儿童了解自然的基本途径，是其认识客观世界的重要方法。学前儿童的思维具有具体性、形象性和情境性，学前儿童能够通过自身各种感官的感知捕捉到客观事物的外部属性，能够在成人的帮助下逐步形成声音、气味、颜色、形状、温度等概念并用来描述事物和现象。

2. 观察类科学活动能够促进学前儿童多元智慧的发展

智力包括注意力、记忆力、观察力、想象力和创造力。学前儿童在观察时，外界事物不仅刺激其外部感官，感官采集到的信息还会传递到大脑，使其进行想象、记忆、思维等心理活动。通过观察实际事物与现象，学前儿童能够理解和掌握与事物相关的词语，提高语言表达能力。观察类科学活动能够促进学前儿童多元智慧的发展。

3. 观察类科学活动能够促进学前儿童观察力的发展

观察力是指善于全面、深入、正确地认识事物特点的能力，是人在观察中形成的个性品质。观察力的要素包括观察的目的性、持续性、完整性、细微性和概括性。

（1）目的性：能够按预定目的进行观察，想办法达到目的，不偏离目的。

（2）持续性：能够自始至终地将注意力集中在观察对象上。

（3）完整性：能够观察到事物的整体。

（4）细微性：能够观察到事物的细枝末节，捕捉那些稍纵即逝的现象。

（5）概括性：善于发现事物的内在联系和一般性质。

（二）不同类型观察活动的观察内容

幼儿园常采用的观察活动为一般性观察活动、比较性观察活动和长期系统性观察活动，不同类型观察活动的观察内容不同，如表 4-1 所示。

表 4-1　不同观察活动的观察内容

观察活动类型	观察内容
一般性观察活动	①观察物体的形状、颜色、大小； ②观察个别物体的外部结构和功能及两者之间的关系； ③观察个别物体相对的静止状态和运动状态； ④观察个别物体的存在与周围世界的关系
比较性观察活动	①在比较观察中发现自然物和科技产品的相似处与不同处； ②学会以两样物体的相应部分和整体进行比较性观察； ③以一种认识过的物体与新的观察对象进行比较性观察； ④对两种新的自然物或科技产品进行比较性观察
长期系统性观察活动	①探索生物的生长过程，如蝌蚪变青蛙的过程； ②探究各种现象的变化过程，如四季的变换

二、观察类科学活动设计组织指导

教师需要设计好观察类科学活动的教案，这样才能更好地组织实施观察类科学活动。设计组织观察类科学活动包括以下步骤。

（一）明确活动目标

根据《纲要》总目标、年龄段目标及幼儿园单元目标，从情感、技能和认知等方面考虑，教师要注重培养学前儿童观察的兴趣、体验的情感，及观察的方法和技能，引导学前儿童用不同的方法来获取对观察对象的科学认识，积累科学经验，培养科学态度。

教师在确定活动目标时应遵循以下要求。

1. 活动目标体现行为化和可操作性

活动目标是指学前儿童通过活动应达到的学习结果。这种结果最好以行为的形式表现出来，以便根据活动目标的要求设计活动过程，同时也便于对活动的效果进行科学评价。

2. 结合活动内容，提出有针对性的目标

学前教育的总目标包括三大方面和若干具体内容。一次观察类科学活动不可能把总目标的所有内容都纳入其中，而应该在全面贯彻总目标的前提下，设计针对活动内容特点的具体目标，突出该活动内容的特色。

3. 注重儿童的发展特点，提出有层次的目标

教师不可能为每位儿童设计一个目标，但应在考虑班级儿童整体发展水平的基础上，照顾个体发展的差异性，以不同的目标要求不同的儿童。教师还要考虑到儿童的已有经验，充分调动儿童的积极性，发挥其潜能，提出的目标应符合"最近发展区"理论。

4. 活动目标可随活动开展过程灵活调整

活动目标要具有一定的灵活性，以适应活动过程中可能出现的变化，活动目标可以随着活动的开展适当地变动和调整。

5. 提高儿童的观察技能，使儿童获得对观察对象的科学认识

具体活动目标应根据活动内容和观察对象而定，引导学前儿童运用多种感官感知事物的特征，对不同的观察对象进行比较观察、顺序观察、长期系统的观察，观察事物的变化和现象；引导学前儿童认识观察对象的多样性与显著特征，探寻观察对象的变化规律等科学知识。

（二）选择观察对象

在观察类科学活动中，选择的观察对象要具有明显、典型的特征，便于学前儿童观察、认识，并产生深刻的印象。选择观察对象时，教师应注意以下几点。

1. 考虑观察对象与活动目标的关系

观察对象要具有典型性和代表性，必要时还可以借助观察工具。若是分类的活动，教师应准备好分类盒、分类对象，而且分类对象的数量和特征要明显；若是测量的活动，则应准备测量对象和必要的测量工具。只有围绕目标提供材料，才能保证材料在活动中发挥应有的作用。

2. 考虑观察对象的数量、位置等

确定了观察对象，教师还要考虑观察对象的数量与位置等。只有提供充足的数量，才能保证每位学前儿童在活动中的操作需要。但是，不同活动对材料数量的要求也不同。有的活动需要提供多样性的材料，可以每组一份材料，组内儿童相互交换，采取轮流操作的方法。根据观察对象的不同，教师还要对观察对象的位置与儿童的位置进行适当的安排，以保证儿童都能顺利地、清晰地进行观察。

在选定观察对象后，教师应根据观察内容的特点和资源条件确定是在室内观察还是在室外观察，最好给学前儿童提供实物进行观察，让学前儿童置身于自然环境中，以获得更具体、更真实的认识。

（三）确定观察方法

观察活动的有效开展应遵循观察的基本方法。观察活动要有序开展，让学前儿童运用各种感官进行观察与比较，并通过语言表达自己在观察中的发现，运用图画、数字等多种方式记录自己的观察结果。

常用的观察方法包括顺序观察法、感官观察法和比较观察法。

（1）顺序观察法。对任何事物都要按照一定的顺序、有条不紊地进行认识，以保证认识的全面性与完整性。

（2）感官观察法。运用各种感官进行感知，用感官去感知事物的相应属性。只有通过各种感官的真实感知，才能认识得更全面，印象才会更深刻。

（3）比较观察法。将观察对象与其他事物进行比较，将观察对象本身各部分之间进行比较，相同事物找不同点，不同事物找相同点等。

（四）设计活动过程

活动过程主要包括活动导入、活动展开与活动结束。

1. 活动导入

教师在设计活动导入时，应注意简短明确，能够引发儿童兴趣。活动导入具体有以下几种形式。

（1）学前儿童直接操作材料导入。

（2）教师的指令或提问导入。

（3）利用情境表演导入。

（4）环境布置导入。

（5）教师演示现象导入。

（6）通过谜语、儿歌、故事、谈话等形式导入。

2. 活动展开

活动展开过程包括怎样安排儿童活动，采取什么方法，选择哪种途径，如何进行提问和怎样出示教具。总的来说，教师设计的问题应以开放性问题为主，避免限制学前儿童的思维，应能引发学前儿童探索的兴趣，促使他们积极思考、主动动手操作，鼓励他们大胆表达自己的想法、发现和经验。例如，请你们看一看、摸一摸，试一试，做一做，然后说一说，你们发现了什么？

3. 活动结束

（1）教师和学前儿童一起总结并评价此次活动后结束。

（2）教师提出要求或建议，引导学前儿童活动结束后继续探索。

（3）以学前儿童展示或分享自己的制作成品，体验成就感结束。

（4）以绘画、唱歌或跳舞等方式结束。

（5）迁移学前儿童的学习经验，进行活动延伸。

⚙ 实战训练

请同学们自行确定主题，找好观察对象，设计一则学前儿童观察类科学活动教案（例如小动物找尾巴、动植物的生长变化等），要求目标明确，过程完整，活动延伸内容恰当。

第二节　实验类科学活动设计与组织

引导案例

中一班的小朋友们正在科学角自由活动。子蒙正在玩磁力片，他拼了一只小狗、一辆小火车，突然洛洛走过来，不小心碰断了他的小火车。子蒙跟程老师说："老师，洛洛弄坏了我的玩具。"洛洛赶紧说："我不是故意的。"同时蹲下来，帮子蒙搭火车，小火车很快被修复了。

洛洛看着拼在一起的玩具，疑惑地问："老师，这些片片为什么能粘在一起？"

其他几个小朋友也围观过来，佳依说："我知道，因为有磁性。"子蒙说："我家的冰箱门也有磁性，吸得很紧，那磁性是怎么产生的呢？"小朋友们纷纷跟着说："是啊，是啊？它是怎么来的呢？"浩浩说："我知道，我知道，它是一种力量。"

程老师看到大家对磁性的兴趣与关注，于是组织大家展开了科学实验活动"磁铁宝宝找朋友"。程老师准备了充分的实验材料，磁铁、木头类积木、塑料类积木、各种纸、书本、曲别针、钉子，夹子、小铁环、铁锁等。

程老师说："今天，大家的任务是为磁铁宝宝找朋友，磁铁宝宝想与被它吸住的物品做朋友。"程老师还提前打印了纸质版表格，引导小朋友们通过实验填写"√"或"×"。

小朋友们非常积极地动手实验。通过实验，小朋友们感知并发现了磁铁能吸铁制品的特性，了解了磁铁在生活中的应用，体验了科学活动的乐趣与成功的喜悦。

学前儿童实验类科学活动是指引导学前儿童亲自经历和感知探究过程的活动。在这类活动中，学前儿童可以选择各种方法进行实验，体验探究的过程，获得探究的结果。探究活动使他们享受到科学带来的乐趣，进一步激发了他们对科学浓厚的探索兴趣，这种兴趣进而升华为热爱科学的情感，为他们以后学习和探索科学知识打下良好的情感基础。

一、学前儿童实验类科学活动概述

学前儿童实验类科学活动是学前儿童寻找信息、理解信息的重要方式，也是他们展开思维活动的一种重要途径。从问题的产生到问题的解决，学前儿童将已经掌握的知识、已有的经验根据当前活动的要求进行讨论、转换和重新整合，这是一个思维过程。学前儿童具有好奇、好动、爱探究的天性，以具体形象思维为主，形成直接经验，而实验类科学活动是学前儿童形成直接经验的有效途径。

（一）核心价值

《指南》中指出："幼儿的科学学习是在探究具体事物和解决实际问题中，尝试发现事物间的异同和联系的过程。"学前儿童的思维特点以具体形象思维为主，教师应注重引导其通过直接感知、亲身体验和实际操作进行科学学习。

学前儿童实验类科学活动的核心价值如下。

（1）调动学前儿童学习科学的主动性和积极性，培养其学习的兴趣，满足其探究欲望。

（2）让学前儿童经历科学探究的一般过程，体验科学探究的本质。

（3）有助于学前儿童获得感性、直观的材料，帮助他们理解科学现象。

（4）鼓励学前儿童动手操作，培养其观察、分析和思维能力。

（二）活动目标

学前儿童实验类科学活动的预期目标主要包括以下几个方面。

（1）学前儿童发展目标。培养学前儿童的学习兴趣、良好的学习习惯和个性特长，开发其智能，促进其主动发展，为其终生发展奠定良好的素质基础。

（2）教师教学目标。更新教育观念，转变教育行为，强化科研意识，提高实施新课程的能力，真正成为学前儿童学习活动的支持者、合作者和引导者。

（3）课程安排目标。探寻实验类科学活动课程目标的价值取向、教育内容、教学方法与途径，努力建构别具特色的幼儿园课程新体系。

（三）活动类型

学前儿童实验类科学活动大致分为以下3类。

（1）演示探究类活动。演示探究类活动又可细分为两类，一类由教师演示实验，学前儿童观察实验过程和实验现象；另一类由学前儿童独立完成，自主探究，教师只起到示范、引导的作用。

（2）引导探究类活动。教师通过材料引导学前儿童先进行自主探究，然后组织学前儿童进行交流，激发他们的探究兴趣。

（3）验证探究类活动。针对某一问题，教师启发学前儿童用已有知识进行推理，学前儿童提出设想，通过实验的方式验证设想是否正确。

演示探究类活动的目的性较强，对学前儿童的自主探究学习会有一定的限制。引导探究类活动只有将学前儿童自主探究与教师引导相结合，才能取得最好的效果。验证探究类活动需要学前儿童对探究的问题有所了解，如果探究问题是学前儿童不熟悉、难以理解的，活动也就失去了意义。

二、实验类科学活动设计指导

学前儿童实验类科学活动的设计指导如下。

（一）制定活动目标

教师在制定学前儿童实验类科学活动的目标时，需要考虑核心目标和具体目标。

1. 核心目标

学前儿童实验类科学活动的核心目标是培养科学好奇心和科学探究能力，如表4-2所示。

表4-2 学前儿童实验类科学活动的核心目标

核心目标	年龄段目标	举例（光和影）
科学好奇心	小班：注意到新异的事物或现象	初步感知光和影的关系
	中班：愿意探究新异的事物或现象	愿意探究影子是怎样形成的
	大班：对新异的事物或现象提出问题并进行探究	提出影子变化与哪些因素有关，并产生探究欲望
科学探究能力	小班：能通过自己的观察和操作获得发现	通过观察，知道影子与光有关系
	中班：能够提出假设并检验，或者在实验的基础上进行合理的推断	根据自己的经验预测影子的变化与光和物体的位置有关，在探索实验中获得对影子变化的经验
	大班：能够根据过去的经验或逻辑推断对现象进行解释和预测	知道光是沿直线传播的，把物体放在光源前会产生影子，并通过实验进行验证，学会用符号记录实验结果

2. 具体目标

制定学前儿童实验类科学活动的具体目标时，需注意以下几点。

（1）目标必须具体，具有可操作性，避免过空、过大。

（2）目标要有针对性。活动目标是依靠具体活动来实现的，例如，学习用语言、符号的形式记录自己的发现。

（3）目标要体现层次性。活动目标要根据学前儿童的实际发展水平、特点和差异进行设计，以满足不同学前儿童发展的需要。层次性还体现在活动中各项具体目标的逻辑关系上，活动中各具体目标或重叠交替，或由易到难，或层层递进。

（4）目标要凸显实验类科学活动的特点，重视学前儿童自主探索的过程，促使学前儿童学习探索方法，要培养学前儿童热爱科学的情感，一般不宜强化科学知识的获取。

（5）目标要体现综合性，从知识经验、能力技能、情感态度等方面综合考虑，但并不是每个活动的目标设计都要包括这些。

（二）选择活动内容

设计学前儿童实验类科学活动，重要的是选择适合学前儿童的活动内容，这是实现教育目标和有效地组织教育活动的第一步，也是至关重要的一步。

在选择活动内容时，教师应考虑以下因素。

（1）参照学前儿童科学教育的总目标及不同年龄段的科学教育目标，根据学前儿童的兴趣、需求和经验水平选择活动内容。

（2）活动内容应有利于学前儿童亲身经历探究过程，符合学前儿童认知发展的特点和规律，贴近学前儿童的生活，充分体现活动的启蒙性和生活化。

（3）活动所需的材料要易于组织，学前儿童易操作，实验现象明显，易于观察。

（4）活动内容要能够激发学前儿童的科学探究兴趣，满足其学习探究的欲望。

（三）提供活动材料

丰富的材料是学前儿童进行实验类科学活动的基本保障。学前儿童对世界的认识是感性的、具体形象的，其思维常常需要动作的协助，他们对物质世界的认识在很大程度上需要借助于对物体的直接操作。因此，教师在提供材料时要注意以下事项。

（1）材料选择要因地制宜，数量充足。选择学前儿童常见的、经常接触到的材料，提倡就地取材，讲究经济实用，多利用自然物、儿童玩具、废弃物等，使学前儿童体会到科学就在身边。

（2）材料具有教育功能。材料要具有教育功能，使学前儿童在与材料的相互作用中，揭示事物与事物之间的关系，生成学前儿童的学习需求。材料的选择一定要符合学前儿童的智力发展水平，这样才能激发其实验的热情。

（3）材料的结构性。材料的结构性是指一个或一组材料所具有的反应探究问题的特征。选择的实验材料要具有丰富的探索性和可利用性。

（4）材料使用的安全性。在实验材料的选择上，首先要考虑学前儿童的安全问题，避免在活动中对其身体可能造成的任何伤害。

（四）设计活动过程

活动过程的设计是活动设计的主要环节，其科学性、合理性和可操作性直接关系到教育目标能否得以实现。活动过程包括活动导入、活动展开、活动结束与延伸。

1. 活动导入

活动的导入是活动开始的引子，教师应将实验类科学活动的内容亲切地、自然地、带有趣味性地引导出来，以激发学前儿童的学习兴趣和求知欲望，将他们的注意力引到活动中来，明确活动的目的和要求。活动导入环节必须简洁明了，教师应注意控制时间。

一般实验类科学活动的导入方法有以下几种。

（1）以摆放在学前儿童面前的操作材料导入。

（2）以教师的演示实验导入。

（3）以创设问题情境导入。

（4）通过学前儿童生活中某一常见的科学现象导入。

（5）通过谜语、儿歌、故事、魔术、影像资料等导入。

2. 活动展开

活动展开的设计是活动过程设计的主要部分，也是最重要的部分。在设计活动展开过程时，教师应注意以下几点。

（1）条理清晰、层次分明。教师要把握活动过程中各个环节之间的逻辑关系，遵循事物发展的规律，层层递进，引导学前儿童按照步骤进行。

（2）组织形式、活动方法。采用小组的方式组织活动，教师要倡导合作探究，培养学前儿童的合作精神，最大限度地进行动员。

（3）材料的投放。通过学前儿童与材料的相互作用实现活动的效果，教师要由浅入深、由表及里、层层展开，这有利于培养学前儿童的逻辑思维。

（4）问题的设计。教师要通过具有启发性、引导性、开放性的多种问题引导学前儿童进行科学探究活动，并充分考虑其心理特征、智力水平和现有经验。

3. 活动结束与延伸

活动结束与延伸是整个活动的最后环节，教师要引导学前儿童掌握科学探究的方法，延伸获得的知识经验。活动结束与延伸环节要紧扣教育内容，因为这也是整个活动的有机组成部分，对整个教育目标的落实有着重要的作用。

活动结束与延伸环节没有固定的格式和规定，教师可以根据教学内容与过程的具体情况进行设计。

（1）通过与学前儿童的讨论交流，对活动进行小结和评价，并着重对过程、方法和现象进行评价。

（2）提出要求，引导学前儿童将本次活动中获得的经验应用于生活，或提出生活中某种相关联的现象，让其继续进行探索，使活动得以延伸。

（3）提出类似的问题情景，让学前儿童用自己获得的经验来解决，以检验和巩固其所学的科学知识。

三、实验类科学活动组织指导

在组织学前儿童实验类科学活动时，教师应注意以下几点。

（1）提供充足、多样的活动材料，以保证学前儿童能反复操作，与客体相互作用，在实验过程中去探索、发现、判断，找出问题的答案。学前儿童的发现来自他们对材料的摆弄和操作，因此活动材料的提供非常重要。只有多样性的材料才能使学前儿童获得丰富的科学经验。

（2）积极引导学前儿童主动参与活动，使实验活动成为学前儿童主动的探索活动。在活动中要给学前儿童充足的操作时间，鼓励学前儿童大胆尝试，激发其探究欲望，支持鼓励学前儿童大胆表达自己的想法。

（3）引导学前儿童在实验中仔细观察，注意实验材料在操作过程中的变化，同时也要引导学前儿童学习记录实验中的发现。必要时，对学前儿童的实验操作方法给予适当指导。

（4）组织学前儿童就实验现象和结果开展讨论与交流，引导学前儿童分析实验中观察到的现象，鼓励学前儿童解释实验的结果。当学前儿童的解释出现偏差时，也不要急于纠正，而是引导学前儿童与同伴间展开讨论。

（5）鼓励学前儿童提出问题，但不要急于公布答案，以避免超越学前儿童理解能力的灌输或变相灌输。要和学前儿童展开平等的讨论，共同探究问题；切不可用居高临下的态度来死板地教学前儿童什么是"科学知识"，而要从学前儿童的立场来思考问题，体会他们的疑惑。

四、实验类科学活动教案案例

大班实验类科学活动"沉与浮"教案

设计背景

水是人们日常生活中不可缺少的。幼儿对水有了一定的认知，加上幼儿的天性爱玩水，在玩水的过程中，幼儿时常会发现很多有趣而新奇的现象。因此，教师选择了物体在水中的沉浮现象，作为科学探究的对象。教师为幼儿提供了丰富的可操作材料，使他们多感官地进行科学探索、交流与分享。

活动目标

（1）初步了解物体的沉浮现象，并学习使用"↓""↑"符号记录实验结果。

（2）对科学活动感兴趣，能积极动手探索，寻求答案。

（3）通过观察、交流与讨论等活动，感知周围事物的不断变化，知道一切都在变。

（4）体验解决问题的成就感。

活动准备

水、大盆、石头、叶子、钥匙、玻璃珠、小木块、泡沫板、硬币、记录表（人手一份）、彩色笔。

活动过程

1. 导入

教师：今天我们来做一个有趣的实验。

教师出示一个装水的大盆（提前在水里放石头、叶子、钥匙等），让幼儿观察水里的物体。

提问：你发现了什么？（幼儿的回答会局限于水中的几样物体）

提问：它们在水里是怎样的？

2. 通过观察和提问，引出活动主题——沉与浮

（1）出示"↓"符号表示沉下去，"↑"符号表示浮在水面上。

（2）操作要求：事先猜想哪些物体会沉下去，哪些物体会浮在水面上。把猜想的答案记录下来，再进行实验，最后把自己的实验结果记录下来。

（3）教师示范取一小木块，请幼儿猜猜小木块会沉还是浮？

（4）教师介绍记录表：这是一张记录表，待会我们把结果记录在记录表上。如果是沉下去的，就用向下的箭头表示。如果是浮上来的，就用向上的箭头表示。

3. 幼儿自主操作实验

（1）幼儿按意愿自主动手实践，教师注意观察记录幼儿的表现，有针对性地进行指导。例如，一元的硬币是沉下去还是浮上来的呢？是不是这样的，那其他物品是不是和我们猜想的一样呢？我们试一试就知道了。试好后我们把实验的结果记录在记录表上。

（2）根据记录表对两种结果进行对比，大家集中交流最后结果。

提问：有没有实验结果是和我们猜想的一样的？

（3）总结：通过实验，我们知道浮上来的物体有叶子、泡沫板、小木块等；沉下去的物品有石头、钥匙、玻璃珠、一元硬币等。

4. 提升实验操作：怎样使沉下去的东西浮上来

（1）幼儿尝试使原来沉在水底的东西浮上来。

教师：这些沉下去的东西不高兴了，它们也想浮在水面上，我们一起想想办法好不好？

（2）幼儿自由操作，教师鼓励幼儿尝试不同的材料和方法。

（3）幼儿介绍自己的操作过程。

5. 经验提升迁移

发大水时，不会游泳的人可能会沉到水里，请幼儿想想办法，怎样使人不沉到水里？

水灾会给我们带来危害，发大水的时候，我们周围的东西会沉到水里去，我们也会沉到水里去，这个时候，我们要想想，有什么办法可以不让我们沉下去而得救？（救生圈、木头、船、塑料盆等）

6. 结束

请幼儿回家后继续探索：怎样让浮在水面上的东西沉下去？

活动评析

教师组织的科学活动"沉与浮"吸引了幼儿的极大兴趣，扩展了幼儿的学习空间，为幼儿发展奠定了基础。教师提供了多种材料，如石头、叶子、钥匙、玻璃珠、小木块、泡沫板、硬币等让幼儿去感知、去探索，吸引幼儿观察物体放在水里的沉浮现象。让幼儿看一看，想一想，玩一玩，动一动，让幼儿去想象、去创造，通过自己的操作，发现怎样会让沉下去的物体再浮起来，怎样让浮起来的物体再沉下去，实现经验迁移。

如今，科学领域的价值取向不再是注重静态知识的传递，而是注重保持幼儿永久的好奇心和求知欲望，强调幼儿运用各种感官积极地观察、操作和实验，对探索的结果进行推理、得出结论。在活动中，教师注重幼儿的主体地位，借助隐性示范，激发幼儿积极探索，让幼儿自己探索物体在水里的沉浮现象，激发了幼儿学习科学的兴趣。

⚙ 实战训练

请同学们观看视频或到幼儿园进行实地观察，记录和分析学前儿童个体或小组的科学探究活动，分析哪些内容适宜采用哪种类型的科学教育活动。教师对材料的选择及采用的教学方法是否适宜，并提出意见或建议。

第三节 制作类科学活动设计与组织

引导案例

今天，中一班的程老师教小朋友们认识降落伞并动手制作降落伞。程老师播放了一些人们跳降落伞的视频片段，并提出问题："小朋友们知道为什么人们从飞机上跳下时，需要打开降落伞吗？你们知道降落伞有哪些用途吗？"

轩轩说："打开降落伞才能安全落地，才不会被摔死。"

诺诺说："打开降落伞，人往下落时就慢了。"

程老师说："你们说得很对，那接下来，你们观察一下降落伞的降落速度。"程老师引导小朋友们用比较的方法，感知相同材料制作的降落伞的降落速度，与不同材料制作的降落伞的降落速度。

程老师说："大家想不想玩降落伞的游戏呢，今天我们一起来制作降落伞，玩降落伞的游戏吧。"

程老师准备了若干个塑料袋和许多不同重量的夹子，并要求每人制作一个降落伞，然后找好朋友比一比，看一看两个降落伞是不是落得一样快，想一想怎样比才更公平。

小朋友们自主展开探索活动，动手制作，并与同伴进行比赛，交流讨论看谁的降落伞落得更快。通过亲自探究，小朋友们发现同样材料的降落伞下降速度一样。

此次活动不仅锻炼了小朋友们的动手能力，还教他们学会了正确的比较方法，鼓励他们大胆表达实验过程和结果。

制作类科学活动是以真实的科学本质为基础，以试验性的步骤，逐渐让学前儿童获得科学技术的基础认识，了解和体验技术的重要手段，是学前儿童理解和掌握现代化世界的窗口。

一、学前儿童制作类科学活动概述

制作类科学活动是指学习制作产品，使用科技产品或掌握某些工具的操作方法的科学活动。制作类科学活动的教育价值体现在可以使学前儿童获得对技术的直接体验，能够加深学前儿童对技术背后蕴含的科学原理的思考和理解，能够使学前儿童获得具体的操作技巧。

制作类科学活动分为以下两类：一类是针对学前儿童对科技产品和常用工具的认知，根据目标要求的不同又分为感受操作式和运用制作式两种；另一类是针对学前儿童开展的技术小制作活动，可分为模仿制作式和设计制作式两种。

二、制作类科学活动设计指导

对学前儿童来说，制作类科学活动意味着一种有难度的游戏，与难度较小的游戏类科学活动相比，需要付出更多努力才能完成，所以这种活动更具挑战性。

（一）制作类科学活动的设计原则

设计制作类科学活动的基础前提是要让学前儿童充满兴趣地参加活动，并从中寻找、获得应该怎么做的答案，最终通过动手操作得出结论。制作类科学活动的设计原则如下。

1. 科学与人文相结合的原则

制作类科学活动强调学前儿童的实践与探索，强调以"主动"的形式进行创作，强调活动中的小组学习、合作与交流，强调让每位学前儿童都加入探索和研究，这充分体现了科学精神与人文精神的完美结合。

2. 探究性原则

在制作类科学活动中，学前儿童作为探索者和研究者，需要充分发挥想象力，大胆提出自己的猜测，自己设计操作步骤，亲自动手制作，并在实践过程中通过不断地思考与交流，丰富和完善自己的想法，这是探究性学习的价值所在。

3. 合作性原则

制作类科学活动的过程是教师或家长对学前儿童施加教育影响的过程，这个过程并不是简单的"教"和被动的"学"，而是在教师或家长的指导帮助下，通过动手动脑来验证学前儿童的设计能力，既强调学习者的主体作用，又强调教育者的主导作用。

4. 资源共享原则

制作类科学活动的材料和资源是多样化的，其中有许多是日常生活用品或市场中可以购买到的材料、物品，也有学校常用的仪器、设备等。因此，家长和社区的支持就显得非常重要。教师可以动员和组织家长参与这类活动，资源共享，为活动提供大量可利用的资源，从而促进活动的有效开展，提高活动的质量。同时，社区提供的社会教育资源可以为活动提供大量设备、器具和材料。这些资源不仅帮助了教师，还加强了学前儿童与社会的联系，增加了活动的效果。

（二）制作类科学活动的设计步骤

制作类科学活动是一个科学设计与制作的过程，注重培养学前儿童的操作技能，养成学前儿童"动手做"的学习习惯。制作类科学活动主要是让学前儿童动手制作并体验制作的过程。因此，教师在设计制作类科学活动时，应充分考虑学前儿童的兴趣、实际动手能力，这样才能恰当地设计出适合学前儿童的活动内容。

制作类科学活动设计的一般步骤包括确定活动主题、拟定活动目标、设计活动过程。

1. 确定活动主题

确定活动主题是活动设计的开端，关系到制作类科学活动价值的实现，是促进学前儿童积极愉快地获得发展的决定因素。学前儿童制作类科学活动主要涉及两种技术：一种是设计技术，即学前儿童在进行科技小制作中要思考制作的方法；另一种是使用技能，即学前儿童在学习使用某种科技产品或工具时要掌握的操作技能。

（1）设计技术类活动。设计技术类活动就是学前儿童通过科技小制作，实现自己的造型构想，是一种创造性的活动。设计技术类活动主题如"鸡蛋保护器""我的小水车""设计新大门"等。

（2）使用技术类活动。使用技术类活动就是学前儿童通过认识和使用技术产品，成为技术产品的受用者，在学习使用简单工具的活动中掌握基本的操作技能，培养在生活中解决各种实际问题的能力，真正成为技术活动的主体。使用技术类活动主题如"无人机的大用途""小小木工厂""有了它们真方便""有用的工具"等。

教师应选择趣味性强且有教育价值的活动主题，制作类科学活动的目的不是制作一件成功的作品，而是让学前儿童实现自己的愿望——做出自己喜欢的作品，同时痛痛快快、高高兴兴地玩，体验成功的喜悦与快乐，这样的活动才真正有价值。

2. 拟定活动目标

制作类科学活动是帮助学前儿童经历设计、制作和使用技术活动的过程，让学前儿童体验制作、创造和成功的快乐。学前儿童在亲历设计、制作及使用技术的过程中能感受制作材料的特性，探究制作物品蕴含的科学原理，从而逐渐形成动手实践的科学态度和强烈的探究欲望，习得发现问题、解决问题的科学方法。

制作类科学活动涉及的主要教学目标包括培养设计制作能力、使用工具技能、展示分享能力。同时，制作类科学活动目标还包括对学前儿童科学态度及科学世界观的情感培养。

制作类科学活动的具体目标如表4-3所示。

表4-3　制作类科学活动的具体目标

教学目标		举例
提高设计制作能力	设计构思简单的物品，自己确定制作方法	大班活动"高大的电视塔"：根据生活经验，通过观察，设计电视塔的形状和细节；选择橡皮泥制作电视塔模型
	理解设计要求，按顺序操作或制作	大班活动"鸡蛋保护器"：能按要求选择合适的材料；在教师指导下，边思考边动手制作；在动手制作中探究适合的设计及制作顺序

教学目标		举例
提高使用工具技能	掌握使用简单工具的方法	中班活动"清洁工具大用途"：尝试使用扫把、抹布、拖把、刷子等清洁工具，并注意安全
	认识日常生活中的常用工具并知道其用途	中班活动"小小量尺用处大"：知道量尺的分类及用途；在教师的指导下测量物品的长度
		大班活动"通信工具真方便"：了解生活中常用的通信工具；知道这些通信工具的名称及使用方法
具有展示分享能力	对制作活动感兴趣，并乐于与同伴交流	中班活动"种子贴画"：根据自己的设计收集不同形状、大小、颜色的种子（如米、红豆、绿豆等），并整理压平；按自己的意愿粘贴成一幅图案
	愿意将自己的作品与同伴共享，热情参与展览、陈列等集体活动	大班活动"用废旧材料设计制作服装"：与爸爸、妈妈共同制作；在教师的组织下，全班幼儿进行时装展示

3. 设计活动过程

在制作类科学活动中，学前儿童能够获得对技术的直接体验，还能获得一些具体的制作和操作技术，能够加深学前儿童对有关科学现象的理解。

制作类科学活动的过程设计主要有以下几种方式。

（1）感受操作式。此类活动的重点在于让学前儿童充分接触和感受技术产品，尤其是新兴科技，例如，认识各种家用电器、VR 技术、无人机等，满足他们渴望了解技术的愿望，培养他们关注科技的兴趣。

此类活动的设计过程：教师演示、讲解产品的用途→教师演示产品的操作步骤→学前儿童观察并动手尝试→共同讨论完成正确的操作。

（2）运用操作式。此类活动的重点在于让学前儿童学习操作并能正确运用工具解决问题。例如，正确使用剪刀、订书机、测量工具等，让学前儿童了解工具的用途及使用方法，获得技术使用的经验并能在生活和学习中正确使用。此类活动可以是独立的活动内容，也可以是制作类科学活动的一部分。

此类活动的设计过程：教师启发、引导学前儿童使用工具→学前儿童尝试使用工具→交流与修正错误的使用方法→总结掌握正确的使用方法。

（3）模仿制作式。此类活动是通过开展科技小制作活动让学前儿童按固定步骤学习制作简单的科技产品。例如，制作降落伞、潜望镜、万花筒等。学前儿童运用工具和材料开展小制作是对科学技术的一种直接体验。

此类活动的设计过程：教师演示操作过程→学前儿童动手实践→教师与学前儿童共同交流→制作完成作品。

（4）设计制作式。此类活动是让学前儿童在已有的制作经验基础上进行扩展和创新。例如，设计并制作轻黏土玩具，做一个不一样的塔楼，做一个好看而实用的笔筒等。此类活动能够充分发挥学前儿童的想象力和创造力。

此类活动的设计过程：教师示范、引导、启发→学前儿童自主设计作品→学前儿童在教师的启发下动手制作个性化作品。

总之，活动过程的设计理念应体现制作类科学活动的本质，即让学前儿童通过实际操作去学习知识、获得技能，通过动手实践去解决问题。这类科学活动不仅要求学前儿童动手去做，还是一种研究，引导学前儿童动脑筋、想办法去创造或解决问题，以培养其科学探究、解决问题的态度。

三、制作类科学活动组织指导

制作类科学活动的组织指导应面向全体学前儿童，注重对他们的引导与启发，启发他们动手动脑，让他们体验探索的过程，充分发挥想象力和创造力，激发他们主动去创造。

（一）准备好活动材料

在制作类科学活动中，材料是开展活动的关键，特别是设计制作活动更需要丰富而实用的材料。在活动前，教师应做充分准备，为每位学前儿童准备好操作材料，以保证活动的正常进行。制作类科学活动的材料十分广泛，主要来源于人们的日常生活，如纸盒、吸管、纸筒、饮料瓶、竹筷、纸巾、棉花等。

教师准备制作类科学活动材料时应注意以下几点。

（1）制作的原材料最好是半成品

学前儿童由于年龄特征还不能独立完成制作的任务，教师可以根据学前儿童的差异，为他们提供相应的半成品供其制作。这样既能保证学前儿童获得成功的结果，又能让其体验制作过程，获得制作的经验。

（2）制作的材料应具有选择性

例如，在"鸡蛋保护器"科学活动中，教师可以提供纸盒、棉花、海绵、泡泡纸等不同的材料，让学前儿童探索用哪种材料制作会更好，激发了学前儿童的探究兴趣。

例如，以下制作类科学活动的材料选择。

① 有趣的溶解。准备糖、盐、泥土、油、洗衣粉、石头等材料，不同材料会溶于水或不溶于水，便于幼儿观察、探究了解不同物品的特性。

② 竹蜻蜓。可准备竹签、卡纸等材料，准备好水彩笔、小剪刀等工具，引导学前儿童画出合适的线条，再进行剪裁，制作，进而探究如何使竹蜻蜓飞起来。

③ 制作小火箭。可用充气的气球代替火箭，让学前儿童体验火箭升空的模拟情境；也可用空的塑料奶瓶制作成火箭。

④ 我的小水车。可截取胡萝卜、黄瓜、莴苣等各一段，上面插上塑料片，中间穿过筷子，小水车就制成了。

⑤ 动力橡皮筋船。可选用泡沫塑料、厚纸片、橡皮筋等材料进行制作。

（二）活动过程组织与指导

在活动中，教师应善于观察每一位儿童，并给予他们必要的指导与帮助。

1. 使学前儿童明确活动目标、方法与评价标准

在制作类科学活动中，教师可以通过出示或展示已制作好的成品，让学前儿童明确活动的目标和评价标准，让他们知道自己要做什么；教师还可以讲解或演示制作的步骤和方法，让学前儿童了解活动要求，知道自己应该怎么做。需要注意的是，教师的演示不能代替学前儿童的操作，活动过程应以学前儿童亲自动手操作为主。

2. 注意观察、引导、帮助学前儿童完成作品

教师应关注每位学前儿童在活动中的表现，引导学前儿童按操作步骤完成作品。当学前儿童在操作中遇到困难或问题时，教师应及时给予指导和帮助，促使他们自己主动想办法解决问题并完成作品，特别是对动手能力较弱的学前儿童应给予更多的关注。

3. 引导学前儿童自己探究制作的方法与技巧

在制作类科学活动中，教师要为学前儿童创设适合他们主动探究的环境，给予他们探索的机会，引导学前儿童自己去尝试，通过他们个人的经验（即使是失败的经验）来学习，而不是主动向他们灌输技能技巧，否则学前儿童的学习也就变成了机械化训练。

4. 激发学前儿童分享、交流获得的成就感

在活动结束阶段教师要注意激发学前儿童的分享欲，引导学前儿童相互交流，促使他们根据自己的想法和做法梳理强化自己所获得的新经验。分享、交流是制作类科学活动不可缺少的重要环节，同时学前儿童互相展示作品时与同伴交流，思考自己作品的不足之处，在教师引导式的评价中，调整完善自己的作品。

5. 活动总结与评价

活动结束前，在学前儿童分享、交流信息的基础上，教师可以和学前儿童一起总结本次活动的知识点，对学前儿童的学习过程及表现做出评价。

活动结束后，教师要注意对活动的感想、活动中出现的问题及收获、如何指导学前儿童进一步探究等进行概括与总结，进行活动反思，以便在日后的活动组织中不断改进。

（三）活动中需注意的问题

在开展制作类科学活动时，教师应注意以下问题。

（1）活动目标定位合理，能够让学前儿童清楚活动的目标、方法和评价标准。教师不仅要重视学前儿童认知能力的培养，还要重视学前儿童解决问题的能力及情感方面的发展。

（2）可将制作类科学活动与幼儿园区角活动结合起来进行，例如，集体活动时间不够，可延伸到幼儿园区角活动中继续进行。

（3）活动过程中，教师应注意合理引导、了解并掌握学前儿童发展的差异性，帮助每位学前儿童顺利完成作品。

（4）制作类科学活动最好设有展示环节，使学前儿童的每项制作活动都有始有终，并能在与同伴的交流中提高制作技能。

（5）重视活动过程中学前儿童与同伴之间的合作、讨论等，不能片面强调个体的操作探究。

（6）在支持方式上要充分利用现代教育技术，注重多媒体设备在活动中的应用。

（7）充分利用资源，可以请家长或社区人员参与到活动中来，特别是年龄较小的学前儿童，可以请家长带着一起制作，效果会更好。

四、制作类科学活动教案案例

小班制作类科学活动"好玩的风车"教案

设计背景

根据小班幼儿年龄小的特点，他们观察水平较低，往往只关注事物的表面特征和非常明显的现象，对多种材料的比较探究和细致观察有困难，不善于整体或多角度地去发现事物内在的联系，因此为幼儿创设此类活动，给他们提供简单、直观、有趣的材料，以引发他们与材料充分互动，饶有兴趣地探索事物间的简单关系。幼儿都很喜欢会转动的东西，而风车是他们熟悉和经常接触到的物品，因此为了让幼儿既能玩转风车，了解风车转动的原理，又能激发他们对探索风车的兴趣，教师设计组织了此次活动。

活动目标

（1）观察、感知自然现象——风的存在，知道风能使风车转动。

（2）知道用拨、跑、甩、吹等方法能使风车转起来，并能讲述自己的发现。

（3）培养对风车探索的兴趣，体验探索的乐趣。

（4）培养交流能力，懂得倾听并尊重同伴的讲话。

活动准备

风车、小风扇等。

活动过程

1. 玩风车，初步获得让风车转起来的经验，体验探索的乐趣

（1）教师出示风车，提问：你们认识这是什么吗？你们想不想和我一起玩？玩的时候仔细观察，说一说你是怎么玩的？

（2）教师提问如何能让风车转动，请幼儿思考。

（3）幼儿自由探索，教师巡回观察。

① 教师观察孩子探索风车的玩法，总结典型的玩法。

② 教师引导幼儿用语言交流自己的玩法和发现。

教师：你的风车宝宝是怎么转起来的，快告诉小伙伴吧！

（4）教师引导幼儿在同伴面前讲述自己玩风车的发现。

① 让幼儿停止玩风车，坐下来休息。

教师：我们带着风车宝宝回家了。我们也让它们休息一下吧。大家和风车宝宝玩得开心吗？

② 教师引导幼儿讲述并演示自己的玩法，请幼儿演示给同伴看，同时请同伴一起尝试风车的玩法。

③ 教师：我们真能干，知道用嘴巴吹、用手拨、迎着风跑、顶着风推、甩、用手搓等方法让风车宝宝转起来。风车宝宝可高兴了。它们要跳集体舞给小朋友看呢！

2. 多观察，进一步激发探索风车的兴趣，拓展思维

（1）教师激发幼儿兴趣。

教师：这里还有一个本领很大的东西，可以让风车转起来，你们相信吗？我们一起来看看。

（2）教师出示小风扇，给幼儿吹风，让幼儿感知风的存在，并利用风使风车转起来。

教师提问：小朋友们，如果你拿着风车不跑动，风车还会转吗？怎么才能使风车转起来？

（3）幼儿相互讨论。教师与幼儿一起探索风扇可以让风车转起来。

（4）教师：请小朋友们拿好我们的小风车，用刚才我们想到的方法和风车宝宝开心地玩起来吧。

活动评析

在以前的教学过程中，一般都是教师为幼儿先准备好材料，幼儿只要制作就行了，这样无形中剥夺了幼儿自主探索的机会。此次活动中，教师提供了多种制作材料，让幼儿自己动脑筋，在动手选择材料制作过程中发挥想象力与创造力，幼儿不仅学到了知识，还积累了经验。

第四节 游戏类科学活动设计与组织

引导案例

幼儿园大班的夏老师正在组织大家开展"让电线造型站起来"科学游戏活动。夏老师

拿出了一个箱子，并对孩子们说："老师要为大家变个魔术，你们猜猜箱子里有什么呢？"这立刻引起了孩子们的好奇心，他们七嘴八舌地猜测着。

这时，夏老师从箱子里拿出一根电线，对孩子们说："大家想一想，你们能把电线变成什么呢？"丁丁马上举手说："老师，电线可以变成棒棒糖吗？"夏老师拿着电线，弯了弯，又绕了绕，就把电线变成了一个棒棒糖。

孩子们特别兴奋，有的说能变成苹果，有的说能变成花朵，还有的说能变成眼镜。于是，夏老师给每位小朋友都发了一根电线，让他们把自己心中想要的东西用自己的双手"变出来"。孩子们通过自己的小手和丰富的想象力，制作了动物、植物、家电等各种各样的模型。

游戏类科学活动是指运用自然物质材料和有关的图片、玩具等物品开展的带有游戏性质的操作活动。它将科学教育目标寓于游戏之中，使学前儿童通过参与有一定规律的、有趣的操作活动，获得相关的科学经历或经验，能够满足其自主需要、情绪需要和探索需要。游戏类科学活动是对学前儿童进行科学教育的一种非常有效的途径。

一、学前儿童游戏类科学活动概述

《纲要》中指出："幼儿园教育应尊重幼儿的人格和权利，尊重幼儿身心发展的规律和学习特点，以游戏为基本活动，保教并重，关注个别差异，促进每个幼儿富有个性的发展。"

把对科学的探索变成好玩的游戏，让学前儿童完全像做游戏一样，在富含科学内容的游戏中学习科学。这能使学前儿童更多地感受到科学的乐趣，激发和保持他们对科学的强烈好奇心。学前儿童像"玩游戏"一样"做科学"，他们获得的不仅是内化的知识经验，还有科学的思维方式及科学的态度和精神。

（一）游戏类科学活动的内涵

游戏类科学活动有着丰富的内涵，具体体现在以下几个方面。

1. 是自愿的活动

自愿属于动机的范畴。动机是推动人们活动的心理力量，是人们活动的目的。从动机产生的来源看，活动动机可以分为内部动机与外部动机。内部动机来自活动主体自身的需要；而外部动机则相反，是指活动本身是应他人的要求引起的。游戏是一种自愿的行动，即游戏的动机是内部动机，是游戏者内在的一种需要。因此，可以说游戏类科学活动是学前儿童自愿参与的一种活动。

2. 是日常生活的表征

游戏活动是社会生活的一部分，游戏的内容、种类和玩法都受到社会、地理、文化、习俗的影响。所有游戏在某种意义上都表征着社会生活，但游戏本身不是日常生活。对学前儿童来说，游戏仍然是其"象征性的生活"，而非吃饭睡觉等真实生活。学前儿童的游戏活动具有虚拟性或非真实性的显著特征。真正的游戏是在儿童能够将真实的情境当成想象的情境时产生的。同时，学前儿童以物代物、以人代人的象征思维能力也是在游戏中逐渐提高的。

3. 蕴含着丰富的快乐体验

乐趣是游戏的重要功能与要素。快乐体验是游戏真正的魅力所在。游戏的乐趣体验包括以下几种。

（1）兴趣性体验。兴趣性体验是一种为外界刺激物捕捉和占据的体验，是一种情不自禁地被卷入、被吸引的心理状态。

（2）自主性体验。自主性体验是一种由游戏活动能够自由选择、自主决定的性质引起的主观体验，即"我想怎么玩就怎么玩""我想玩就玩，不想玩就不玩"的体验。

（3）愉悦性体验。愉悦性体验是在轻松的活动过程中，由嬉戏、玩闹引起的心理快感。

（4）活动性体验。活动性体验是游戏者在游戏中获得的生理快感，主要是由于身体活动的需要和中枢神经系统维持最低唤醒水平的需要得到满足之后产生的。例如，长时间坐着不动后就需要放松四肢，使身体获得来自本体的活动快感。

（5）成就感或胜任感体验。这是一种验证自己能力的乐趣体验，具有较强的影响力，可以增强游戏者的信心和继续挑战的意愿。任务与游戏者能力之间的合适差距是游戏者产生成就感体验的关键所在。成就感体验往往伴随着紧张的心理，恰当的游戏总是把游戏者置于失败的危险中却不让他失败。

4. 是有规则的活动

游戏规则是游戏者在游戏中关于动作和语言的顺序，以及在游戏中被允许和被禁止的各种行为的规定。根据规则的性质，游戏规则可以分为外显规则和内隐规则两种。外显规则是外在的游戏规则，主要是关于游戏方法的规定。外显规则一般是约定俗成的。游戏时，外显规则的建立或修改必须得到所有参加者的理解和同意，游戏才能正常进行。

游戏的内隐规则与外显规则同样具有限制和约束作用。规则是社会的产物。游戏规则必须建立在一定的社会化基础上。学前儿童对规则游戏的兴趣会随着年龄的增长逐渐提高，并稳定在较高的水平上，规则游戏也将从此伴随其一生。教师可以面向全班学前儿童专门组织集体的科学游戏活动，也可以将游戏材料或玩具放在活动区，让学前儿童自由选择参与，还可以将游戏活动作为集体教学的一个环节进行。

（二）游戏类科学活动的价值

游戏类科学活动能使学前儿童在一种没有压力的状态下学习科学，在轻松、愉悦的氛围中获得科学经验，掌握科学方法，养成实事求是的科学态度和科学精神。

学前儿童游戏类科学活动的价值如下。

1. 满足学前儿童的自主需要

游戏类科学活动是一种建立在学前儿童内在动机基础上的活动，学前儿童参与游戏类科学活动完全是出于自己的兴趣和愿望，这极大限度地保证了其学习的自主性。学前儿童在游戏类科学活动中没有什么限制，他们可以自主地充分活动，按照自己的意愿、体力和智力来游戏。例如，学前儿童玩沙土游戏，如图 4-1 所示。

图 4-1　学前儿童玩沙土游戏

2. 满足学前儿童的情绪需要

趣味性是游戏类科学活动自身固有的特性，游戏类科学活动给学前儿童精神和身体都带来了舒适和愉快的感受，激发了他们学习科学的兴趣。例如，学前儿童玩积木游戏，把积木拼成自己喜欢的任何物体或形状，从而产生一种能够控制身边事物的愉悦感觉，如图4-2所示。

游戏类科学活动能使学前儿童在玩的过程中不知不觉地获得科学经验，解决一些科学问题，使学前儿童乐意学习科学，真正做到"寓教于乐"。

3. 满足学前儿童的探索需要

皮亚杰将游戏看成是一种不平衡状态，他强调同化，提出游戏可以是"纯粹的同化"，但他将同化大于顺应的活动视为游戏。学前儿童的游戏行为往往表现为重复性的动作。这种重复性的操作对成人来说也许没有什么意义，但对学前儿童来说是一种必要的练习，因为他们能够在重复的动作中积累科学经验。学前儿童的重复性操作也不完全是简单的重复，其中包含着一些尝试性的操作，甚至还会孕育出探索行为。例如，学前儿童玩瓶子吸球的游戏，如图4-3所示。

图4-2　学前儿童玩积木游戏

图4-3　学前儿童玩瓶子吸球的游戏

（三）游戏类科学活动的类型

学前儿童游戏类科学活动内容丰富，根据游戏对学前儿童发展的作用不同，其可以分为以下几种类型。

1. 感知游戏

感知游戏是指为了让学前儿童通过感官来感知物体而开展的相关游戏，其目的是促进学前儿童感知能力的发展。感知游戏可细分为视觉游戏、听觉游戏、触摸游戏等。

2. 操作性游戏

操作性游戏是指学前儿童在遵循一定规则的前提下，通过操作材料或玩具来获得科学经验和技能的游戏，可细分为分类游戏、排序游戏、配对游戏、接龙游戏和拼图游戏等。

3. 情景性游戏

情景性游戏是指教师根据科学教育的要求创设特定的情景，让学前儿童通过观察与思考来发现事物之间的联系，并运用已有的知识经验反映他们对事物的认识，处理特定情景下遇到的问题。例如四季游戏，教师可以自制一个四季转盘，转盘上画有四季景象，在游戏时让学前儿童自己转动转盘，等转盘停下后，转盘上的指针指向哪个季节，就请他讲述这个季节的天气特征、景物现象、人们穿的衣服，以及吃的水果等。

4. 运动性游戏

运动性游戏是指寓科学教育于体育活动中的游戏。学前儿童通过身体的活动来加深其对事物及科学现象所产生的因果关系的理解。例如玩风车，学前儿童在持风车奔跑的过程中，就可以了解奔跑的速度、风力的大小与风车转速之间的关系。

二、游戏类科学活动设计指导

教师在设计游戏类科学活动时，需遵循一定的设计原则，并按照相关的活动要素进行设计。

（一）设计原则

游戏类科学活动的设计原则如下。

1. 科学性原则

教师在选择和编制游戏类科学活动时，首先要保证游戏中蕴含着科学知识、其难度适宜，原理浅显易懂，符合科学教育的目标要求和学前儿童身心发展的特点与规律。

2. 趣味性原则

趣味性是游戏类科学活动的生命，正是由于这一特性给学前儿童的精神和身体带来了舒适和愉悦，才深得他们的喜爱。有趣味的游戏类科学活动才能吸引学前儿童主动参与，并在过程中获得愉悦和发展。所以，游戏类科学活动的内容和过程一定要生动、有趣、有一定的难度与挑战性，这样才能提升活动的价值和对学前儿童的吸引力。

3. 发展性原则

游戏类科学活动的设计要符合学前儿童的年龄特征，难度适宜、环节清楚、层次分明、规则明确，选择的内容要贴近学前儿童的生活，有助于促进学前儿童科学知识的丰富、科学能力的提高和科学品质的培养。

4. 安全性原则

安全是设计学前儿童任何活动的前提，游戏类科学活动也不例外，教师设计的游戏类科学活动必须把学前儿童的安全放在第一位，制定明确、清晰的游戏规则。

5. 活动性原则

学前儿童活泼好动，他们对什么都充满好奇，他们动作灵活，思维活跃，但自我控制能力较弱，有些教师会觉得他们不好带、不好管。而游戏类科学活动能让学前儿童充分地自主动手操作，动脑思考，是满足他们天性的最好活动。游戏类科学活动中既有外部的操作感知和身体运动，又有内部的智力活动，这样既能满足学前儿童活动的需要，又能促进他们智力的发展。

6. 多样性原则

教师应根据学前儿童的发展特点、兴趣，为满足他们的不同需要，设计多样性的游戏类科学活动，准备多样性的活动材料，采用集体游戏、小组游戏、个别游戏相结合的教学方式，让每位学前儿童都有表现自己的机会，促使他们观察力、思维力、想象力、自信心等多方面的发展。

（二）活动要素

教师在设计具体的游戏类科学活动时，既要遵循学前儿童游戏类科学活动的设计原则，又要考虑活动的构成要素。游戏类科学活动构成要素如下。

1. 活动目标

首先教师心中要明确活动目标。教师在设计游戏类科学活动时，虽然不需要设立"游戏目标"，但教师心中应该明确其中的科学概念，即考虑让学前儿童在游戏活动中获得什么样的科学经验或认知。

2. 活动材料

教师要确保活动材料的效用性。活动材料要易于收集、准备，便于反复使用，力求以最少的投入获取最佳的效果。在游戏类科学活动中，提倡教师以自然物为材料，也可以用废旧物品自主制作活动材料，即环保，又有新意，能够吸引学前儿童的注意力与兴趣。

3. 活动规则

一般游戏类科学活动都是规则游戏。教师在设计游戏类科学活动时注意规则要简便易行，并能确保学前儿童的人身安全，以及促进活动的顺利展开。因此，教师必须先交代清楚活动规则，语言简洁明了，表达具体明确，切忌含糊其词，使学前儿童不知所云。

三、游戏类科学活动组织指导

游戏类科学活动的组织实施即指导学前儿童顺利开展游戏类科学活动的过程。这对于促进学前儿童的发展、激发学前儿童对科学的兴趣至关重要，教师必须具备组织指导能力。

对集体性的游戏类科学活动，教师可以按照下面的步骤来组织。

（一）营造游戏氛围，调动学前儿童参与游戏的兴趣

在活动开展前，教师应注意营造游戏氛围，吸引学前儿童的注意力，调动他们参与游戏类科学活动的兴趣与积极性。例如，"有趣的滚动"科学活动中，教师采用提问的方式，"小朋友们，这里有我们平时用过、玩过的东西，请你们把会滚动的东西找出来。"这样一个开放、自由的空间很快就能调动学前儿童参与活动的积极性。

（二）解释说明活动规则，帮助学前儿童理解游戏类科学活动的玩法

在活动开展前，教师应简洁明了地说明活动规则，帮助学前儿童快速理解活动的玩法。根据活动的需要和学前儿童的实际水平，教师可以示范讲解活动的玩法和规则，或者请几位学前儿童共同演示，待所有学前儿童都完全理解和掌握活动的玩法和规则后，再正式开始游戏活动，从而使活动顺利进行。

例如，"有趣的滚动"科学活动中，有一个环节是"赶小猪"的游戏活动，教师介绍活动玩法："这是一个3人合作的游戏，小朋友自愿组成3人组，其中两人做小树，一人分别赶'皮球小猪'和'圆筒小猪'，在'两棵小树'中间绕'8'字形走，3人轮流进行。"教师还请另外两位小朋友合作演示，小朋友们很快明白了规则。

（三）正式开展游戏活动，把握好活动进程与时间

在游戏活动过程中，教师可以作为旁观者，但不能随意离开。教师一方面要关注活动的进展，另一方面还要关注学前儿童在活动中的表现，鼓励他们发现问题，提出问题，主动寻找解决问题的办法。必要时，教师可以对个别学前儿童提供帮助，提示下一步如何操作。教师应注意让每位学前儿童都有参与活动的机会，不能急于求成、生硬灌输或代替完成。此外，教师还要控制好游戏活动的节奏与时间。

（四）教师注意扮演好自身角色，师幼共同游戏

在活动过程中，教师要扮演好自身角色。教师不仅是游戏类科学活动的组织者，还是游戏类科学活动的参与者、学前儿童的合作者。教师的参与可以提高学前儿童参与活动的兴致，增强他们学习科学的兴趣，对学前儿童的活动也是一种积极的肯定。需要注意的是，教师不要沉浸于活动中而忘记了组织指导游戏类科学活动的责任。

（五）教师要适时评价、及时指导、合理建议

在活动过程中，教师要注意对个别学前儿童进行及时指导，或适时评价，给予鼓励支持，增强他们的自信心。在游戏类科学活动结束时，教师还要组织学前儿童交流活动中的所见所闻以及自己的发现和内心的感受，鼓励他们大胆表达，勇于发现问题，对学前儿童在活动中的出色表现加以肯定；对消极因素加以转化，提出合理化建议，使之转化为积极因素。如果是集体的科学游戏活动，教师还要引导学前儿童感谢同伴的付出与努力，从而培养学前儿童的合作意识与感恩之心。

四、游戏类科学活动教案案例

中班游戏类科学活动"放风筝"教案

设计背景

风筝艺术是中华民族的传统文化之一，它融科技、娱乐、文化等要素于一体，是幼儿非常喜欢的一项娱乐活动。他们对高高飘扬着的风筝更是感到好奇。风筝为什么会在高高的蓝天上飞呢？风筝飞得高低与哪些因素有关？教师设计本次活动，给幼儿提供了探究风筝秘密的机会，他们在亲身体验放风筝的基础上，了解风筝的放飞原理、风筝的种类、风筝的材质等，通过记录表征、交流讨论、梳理总结等，了解风筝飞起来的秘密。

活动目标

（1）了解风筝飞上天与风、材料、技能的关系。

（2）尝试与同伴合作放风筝，能主动与同伴交流自己的发现。

（3）感受放风筝的愉快情绪和探究风筝飞起来的乐趣。

（4）能用较清楚的语言讲述自己的观察和发现。

（5）对科学活动感兴趣，能积极动手探索，寻找答案，感受探索的乐趣。

活动准备

小记录卡人手一张、大记录卡一张、实物风筝若干。

活动过程

1. 幼儿手持小记录卡交流自己放风筝的感受

（1）幼儿介绍自己的记录卡。

（2）教师根据幼儿的介绍汇总在大记录卡上，成功的用红色笔打"√"，失败的用绿色笔打"×"。

2. 交流讨论放风筝的3个成败因素

（1）观察大记录卡，统计全班幼儿放风筝的成功次数，了解风筝飞起来与风的关系。

① 讨论：有风的日子里和没有风的日子里放风筝，成功和失败有什么不同？

② 用数数的方法验证有风时成功机会多，没风时成功机会少。

小结：有风的时候成功的机会多，没有风的时候成功的机会比较少，原来风筝飞上天与风有关。

（2）讨论风筝飞起来与风筝构造、材料有什么关系。

① 讨论：没有风，为什么风筝也飞上天了？

② 出示两只风筝：观察、比较、讨论它们的构造、式样、材料、尾巴等不同之处。

小结：原来风筝飞上天还与风筝的样子有关，与长长的尾巴有关，与制作用的材料有关……

（3）讨论放风筝与放飞技能的关系。

① 讨论：为什么有的风筝用的材料很好，尾巴也又轻又长，风也有，但没有飞上天呢？

② 观察大记录卡：比较同样有风或无风的情况下大人和小孩成功机会的多和少。（验证大人放风筝的技术高）

小结：想要风筝飞上天，还需要掌握一定的放风筝技术。只有这样风筝才会在天上飞得又高又好。

活动延伸

（1）出示幼儿收集的有关放风筝的资料及尾巴材料，告诉幼儿可以在区角内学习并调整风筝的结构等。

（2）再次尝试到室外放风筝，并做好记录。

活动评析

在整个活动中利用幼儿的好奇心引起他们的学习兴趣，达到了预期目标，效果非常好。整个活动既让幼儿体验了实验成功时的快乐、增强了自信心，又让他们知道了保护环境的必要性，同时还培养了幼儿的观察力及动手操作的能力。

第五节　讨论类科学活动设计与组织

引导案例

幼儿园中一班正在开展"吹泡泡"活动，程老师运用音乐、美术等艺术形式充分调动孩子们的积极性，鼓励他们思考自然界中事物之间的联系。

活动开始后，程老师先播放歌曲《吹泡泡》："星星是月亮吹出的泡泡，露珠是小草吹出的泡泡，吹呀吹，吹泡泡，我吹的泡泡是一首首歌谣。"接着，程老师启发孩子们发挥自己的想象力："还会有什么泡泡呢？会是谁吹的呢？"

在轻柔的音乐伴奏下，孩子们自由地讲述，并用画笔来表达自己的想法：音乐是钢琴吹出的泡泡，小草是泥土吹出的泡泡，树叶是大树吹出的泡泡，雨点是乌云吹出的泡泡……

在活动的最后，孩子们还把自己创作的内容编成歌曲，开心地唱起来。在这个活动中，孩子们用自己的艺术方式表达了自己对事物的认识与理解。

在学前儿童科学教育活动中，如果用渗透的观点来理解科学教育，人们就会发现科学其实拥有丰富的含义，而且无时不在，无处不在。无论采取哪种类型的讨论类科学活动，都有一个基本的过程，即面对（提出）一个话题（问题）→搜集信息→整理及展示资料→探究并获得经验（直接经验和间接经验）→交流讨论获得的发现与知识→获得科学知识或结论。

一、学前儿童讨论类科学活动概述

皮亚杰认为语言是伴随思想的发展而发展的。语言既是思维的工具，又是交流的手段，是学前儿童终身发展的基础。语言的一个重要的功能就是表象思维，即学前儿童使用语言来表征事物的特征和关系、自己的探索过程，以及自己的思想情感和体验，所以交流讨论在学前儿童科学教育活动中具有特殊的意义和价值。

（一）讨论类科学活动的含义

《纲要》科学领域总目标中提到"能用适当的方式表达、交流探索的过程和结果。"《指南》中也明确提出"支持幼儿与同伴合作探究与分享交流，引导他们在交流中尝试整理、概括自己探究的成果，体验合作探究和发现的乐趣。"这表明教育者非常重视培养学前儿童在科学活动中的表达与交流能力。

讨论类科学活动是指学前儿童在亲自探究与搜集资料、整理资料的基础上，通过交流讨论等方式获取科学知识的一种科学教育活动。

现代学前科学教育强调"互动—建构"，即通过动手、动脑、动口等方式建构对科学的理解。其中动口即交流讨论，学前儿童通过与材料的充分接触后，与同伴、教师、家长等交流讨论，从而内化为自己的认识与经验。尽管它不是一种直接的探究活动，但仍是学前儿童获得科学知识的一种非常重要的途径与方式，常与其他方式结合使用，是学前儿童科学教育活动中一种较为普遍的活动类型。

交流是科学探究过程的关键步骤之一，它既是学前儿童对探究过程和结果、结论的表达，也是与同伴分享，倾听同伴意见，或进行讨论、争论，达成初步共识的过程。在各种科学学习活动中，采取个人发言、小组交流及全班讨论的方式能够促进学前儿童之间、师幼之间的交流，从而帮助学前儿童理清思路，解决认知冲突，培养学前儿童正确的观念，促进其对科学概念的正确理解。

（二）讨论类科学活动的价值

讨论类科学活动的价值主要体现在以下几个方面。

1. 能够满足学前儿童旺盛的求知欲

在讨论类科学活动中，每位学前儿童都要介绍自己通过各种渠道获得的各种信息。在讨论类科学活动结束后，每位学前儿童都会有自己的感受、体验和发现，并在此基础上产生一种交流讨论的潜力和倾向。因此，讨论类科学活动有利于学前儿童梳理信息，加深印象，巩固知识，有助于其明晰事物的特征及关系。

2. 有利于培养学前儿童获得信息的能力

讨论类科学活动通常是在事先搜集资料的基础上进行的，因此有利于激发学前儿童的信息意识，培养其搜集信息的能力。同时，在与他人交流过程中，学前儿童可以获得间接的经验及更丰富的科学概念。

3. 有利于培养学前儿童的语言表达能力

讨论类科学活动能使学前儿童用自己的语言有条理地解释现象，表达自己的探究过程，以及培养其对科学、自然、环境的探究兴趣。学前儿童通过对探究过程和结果的表达和讨论交流，不仅锻炼了自身的语言表达能力，还懂得了学习语言的意义和重要性。

4. 有利于发展学前儿童的逻辑思维能力

集体的交流使学前儿童将零碎、模糊的经验不断梳理、更新，互相间的讨论为他们提供了理清自己思维、理解他人想法的机会，使其思维更有逻辑、更为严密。

讨论类科学活动作为一种非直接探究性的学习形式，主要适用于不易或不能通过直接探究进行学习，但又很有必要学习或学前儿童特别感兴趣的内容。同时，作为一种集体研讨性的学习活动，讨论类科学活动要求学前儿童具备一定的思维能力和语言能力，这样科学讨论才有意义，因此这种类型的活动比较适用于中班、大班的学前儿童。

（三）讨论类科学活动的类型

讨论类科学活动是一种建立在学前儿童直接或间接经验基础上的科学交流学习活动，它不同于操作性的科学探究类活动，同时也区别于单纯的语言讲述类活动。讨论类科学活动主要包括以下几种类型。

1. 实验操作——交流讨论式

这类活动是指在学前儿童动手操作的基础上开展的交流讨论活动，强调科学教育和语言教育的结合，要求学前儿童在动手进行实验操作的过程中用较多的词语和较准确的语句来表达真实的探究过程，包括描述、假说、推理、证明、总结和归纳。教师要引导学前儿童的交流操作过程，让他们讨论自己的发现，相互分享操作结果。

2. 观察参观——汇报交流式

这类活动通常是在学前儿童观察探究对象或外出参观考察获取直接经验的基础上再进行汇报交流，分享经验。在观察探究对象或外出参观考察时，为了便于学前儿童的交流，教师可以采用绘画、拍照、摄像等形式将调查的第一手资料记录下来。在集体讨论时，教师可以利用这些资料再现学前儿童的记忆。

3. 搜集资料——共同分享式

有些活动，学前儿童只能通过搜集资料的方式积累间接的知识经验。教师可以事先提供一些图书、图片、音像、多媒体等资料，或提供一些搜集资料的途径和方法，建议学前儿童在家长的指导和帮助下通过网络、图书查访有关资料，然后在集体活动中和他人分享。

4. 设疑提问——相互讨论式

能够引导学前儿童产生疑惑并提出问题是组织这类活动的基础。组织这类活动可以先让学前儿童对自己感兴趣的问题进行探讨，并提出自己的看法及理由，然后在此基础上进行深入的集体讨论，使不同的观点进行碰撞。

5. 科学阅读、文艺——交流讨论式

科学阅读就是让学前儿童通过阅读科学文本（如有关科学的文章、童话、故事等）进行学习的教育活动方式。科学阅读的独特价值在于：学前儿童的探究往往起因于对一个故事、一首童谣或一幅图画所产生的问题。科学阅读可以引起学前儿童的好奇心，激发其想象力和求知欲。

教师以学前儿童文学作品作为"先行组织者"来导入课程，可以激发学前儿童的兴趣，使其获得科学而非虚构的描述性和解释性说明。学前儿童带着他们自己对科学的多种理解来到幼儿园，有些科学理解是他们的经验以及与环境互动的结果，而有些科学理解来自虚构的文学作品。

如果教师向学前儿童提供合适的材料，科学阅读也能成为他们学习科学的重要途径，与科学探究相互补充、相得益彰，使学前儿童在进行真实的探究活动获取第一手科学经验的同时丰富他们对科学的感受和理解。

二、讨论类科学活动设计指导

教师在设计讨论类科学活动时，需要明确活动目标，根据内容设计活动过程。

（一）目标设计

讨论类科学活动主要通过学前儿童在资料搜集的基础上围绕某一主题进行表达与交流，以达到分享知识或经验的目的。通常讨论类科学活动的教学目标包括乐于表达情感（情感态度）、资料搜集与整理技能（能力技能），以及科学知识和经验（认知能力）等，如表4-4所示。

表4-4　讨论类科学活动的教学目标

教学目标		适用班级
乐于表达情感	尝试用语言表达自己的想法和发现	小班
	运用语言大胆、完整、有效地表达自己的做法、想法和发现	中班
	主动、认真地倾听、理解、分享和评价他人的观点	中班、大班
	会用各种方式（如绘画、图表、儿歌、肢体语言等）交流	小班、中班、大班
	乐于表达，愿意用语言表达对主题的认识	小班、中班、大班
提高资料搜集与整理技能	了解资料搜集与整理的途径和方法	中班、大班
学习科学知识和经验	丰富有关讨论主题的科学经验	中班、大班
	学习在资料搜集与鉴别信息的基础上构建自己的科学知识	大班

（二）过程设计

讨论类科学活动多种多样，教师通常会把学前儿童的交流讨论活动与他们获得经验的求知活动结合起来设计。

在设计观察参观——汇报交流式讨论活动时，教师可以选择外出参观考察，也可以采用图片、视频等方式供学前儿童观看，然后组织他们进行集体讨论。

例如，小班科学活动"谁会生蛋"，教师带领学前儿童观看动物园的短片，让他们自由寻找会生蛋的动物，要求他们边找边和同伴说："我找到了会生蛋的××"。通过讨论验证，孩子们了解了蛋有外形的不同、蛋壳颜色的不同，知道了哪些动物会生蛋。学前儿童通过讨论活动，学会了与同伴交流自己的发现，从中感受探索发现的乐趣。

在设计设疑提问——相互讨论式的科学活动时，教师提出引导学前儿童产生疑惑的问题是展开讨论的基础。例如，"不一样的纸，吸水的速度一样吗？""你们认识水果的果核吗？""会飞的动物都是鸟吗？"

设计这类活动时，教师可先让学前儿童对感兴趣的问题进行个别探讨，提出自己的看法和理由，并在此基础再进行深入讨论，使不同观点进行"碰撞"。在讨论过程中，学前儿童倾听他人的意见，用事实证明自己的观点，在与他人的争论、辩论中学会从不同角度看问题，不断梳理更新已有经验。

讨论活动的目的不只在于让学前儿童获得一个正确的结论，更重要的是让他们经历不同观点之间相互交流的过程，开拓思维，同时学会从多角度看待问题。

在设计科学阅读、文艺——相互讨论式的科学活动时，教师要注意选择的科学阅读内容应能够引发学前儿童的认知失衡，激发他们主动思考、想象，例如，科学阅读"小槐树"。

"小槐树，结樱桃，杨柳树上结辣椒；吹着鼓，打着号，抬着大车拉着轿。苍蝇踢死驴，蚂蚁踩塌桥。木头沉了底，石头水中漂。小鸟叼个饿老雕，小老鼠拉个大狐猫。你说好笑不好笑？"

这则儿歌简洁明快、荒诞滑稽的词句，既有助于学前儿童理解事物的正常逻辑和内在联系，又符合他们喜欢滑稽、有趣事物的心理。让学前儿童熟悉儿歌并发现其中的颠倒之处，激发他们讨论的欲望，说说为什么不对，怎样说才正确，然后利用学前儿童积累的生活经验，引导他们创编颠倒儿歌，在轻松愉快的气氛中发展语言表达能力，正确认识事物之间的特征及内在联系。

三、讨论类科学活动组织指导

在学前儿童讨论类科学活动中，教师可以按照以下步骤进行组织指导。

（一）提出问题

探究源于问题。在学前儿童科学教育中，问题是指导学前儿童探索行为的"方向盘"，是他们探究学习的出发点，是引导他们思考、探索的核心，是实践探索、解决问题的保证。教师要努力营造一种问题情境，注重引导学前儿童关注问题，以问题为线索，引导他们提出问题，以问题为主线去探索与发现，进而解决问题。

在这个环节中，教师的提问非常重要，教师在提问应注意以下几点。首先，话题要具有开放性；其次，要讨论或涉及的事物应是学前儿童熟悉、感兴趣，使他们感到困惑、贴近他们的生活并富有感性经验的；再次，提问的内容应建立在学前儿童观察的基础上；最后，这些问题最好来自学前儿童，而不是成人。

教师要选择适合学前儿童发展的问题类型，把握好提问的时机，由浅入深、层层递进，这样才能成功地引导他们对事物进行比较与想象，寻找事物的因果关系和解决问题的办法。

（二）资料搜集

学前儿童对科学的认识源于真实世界的经验。他们的知识储备越多，各种直接经验和间接经验就越多，交流也就越频繁，讨论也就越深入。因此，资料搜集在讨论类科学活动中具有重要的作用，是学前儿童交流讨论、建构知识的前提和基础。

资料搜集主要有两个渠道，一是学前儿童通过自己观察、参观、实验和操作获得的直接认知的信息；二是学前儿童自己或在成人的帮助下通过查阅有关图书或网络等渠道获得的信息。

在学前阶段探究活动中，教师应该让学前儿童通过直接实验、亲手操作、亲自参观、调查等方式获取事实资料；但对那些学前儿童感兴趣的、对生活和学习发展有意义的，但又无法通过直接经验得出结论的问题，幼儿园应当创设阅览室或阅读区，为学前儿童准备生动、丰富且适合阅读和理解的儿童读物，给他们阅读的时间和自由，让他们能够在阅览室里自由地查阅。

学前儿童搜集的资料可以直接展示在海报上，也可以保存在学前儿童各自的记录本或小组的记录本中，不过不能过于追求数量和形式。海报上的资料往往是一种集体记录，这些信息一般是从学前儿童各自的记录中抽取出来的、具有普遍意义的关键性资料，往往是学前儿童在某一阶段的科学探究活动结束后，经过交流与讨论，达成一致后的阶段性总结。

（三）交流讨论

在搜集与展示资料的基础上，教师要组织学前儿童对探究的过程和结果进行集体分享，并展开交流讨论。在交流讨论环节中，教师需要注意以下几点。

（1）教师需采用恰当、多样化的教育方式进行引导和补充。

（2）教师要认真、耐心地倾听学前儿童的表达并及时做出回应，提问时要留给他们充足的思考时间，不能要求他们立刻表达。

（3）教师要营造平等、宽松、自由的交流氛围，尽量为每位学前儿童提供表达的机会，让他们想说、敢说、喜欢说、乐于说。

（4）教师要鼓励学前儿童运用多种方式准确、完整地表达和交流。学前儿童表达和交流的方式有语言和非语言（包括图像、记录、手势、动作和表情等）两种。

（5）教师要根据学前儿童的年龄特征和能力、喜好提供多元的阅读材料，充分利用网络、多媒体等资源进一步丰富学前儿童的知识和经验，扩展他们的眼界。

（6）在交流讨论过程中，教师既要面向全体，又要照顾个别学前儿童的需要；既要引导学前儿童围绕主题进行讨论，又要适时地拓展主题。

（四）获得结论

在获得结论环节中，教师要归纳知识，进行小结，帮助学前儿童明确概念，形成整体认识。教师在表述结论时要注意，结论内容不宜太长，也不能太抽象，要用学前儿童能够理解的语言来表述，不宜将结论上升为原理性的知识概念。同时，小结应具有延伸性，要留有空间，不一定非要拿出结论，有时没有结论比有结论更有意义。

🔍 实战训练

请同学们围绕"有用的工具"为幼儿园大班儿童设计主题活动，主题活动应包含三个子活动，具体要求如下。

（1）写出主题活动的目标。

（2）根据活动内容及幼儿年龄特征选择适合的科学活动类型，写出每个子活动的具体活动方案，包括活动名称、目标、准备和活动过程、活动延伸等。

课后习题

一、选择题

1. （　　）是学前儿童了解自然的基本途径，是其认识客观世界的重要方法。
  A. 观察　　　　　B. 讨论　　　　　　C. 实验　　　　　　D. 游戏

2. 在观察类科学活动中，选择的观察对象要具有（　　）。
  A. 新颖性与独特性　　　　　　　　B. 大众化与普遍性
  C. 生动性与具象性　　　　　　　　D. 典型性和代表性

3. 下列选项中不属于幼儿园常用的观察方法的是（　　）。
  A. 比较观察法　　　　　　　　　　B. 感官观察法
  C. 图形观察法　　　　　　　　　　D. 顺序观察法

4. 学前儿童实验类科学活动的核心目标是（　　）。
  A. 培养动手能力和动脑能力　　　　B. 培养科学好奇心和科学探究能力
  C. 培养观察能力和表达能力　　　　D. 培养科学兴趣和解决问题的能力

5. 下列选项不属于游戏类科学活动设计原则的是（　　）。
  A. 趣味性原则　　B. 科学性原则　　C. 统一性原则　　D. 发展性原则

二、判断题

1. 组织实验类科学活动时，教师需提供充足、多样的活动材料，以保证学前儿童能反复操作。（　　）

2. 在制作类科学活动中，教师提供的制作的原材料最好是成品。（　　）

3. 在制作类科学活动中，制作的材料应是统一的、单一的，以便于学前儿童操作。（　　）

4. 游戏类科学活动的内容和过程一定要生动、有趣、简单易行，没有任何难度，这样才能提升活动的价值和对学前儿童的吸引力。（　　）

5. 资料搜集是学前儿童交流讨论、建构知识的前提和基础。（　　）

三、简答题

1. 简述学前儿童实验类科学活动的组织指导要点。
2. 简述学前儿童制作类科学活动的设计原则。
3. 简述学前儿童游戏类科学活动的组织指导要点。

05

第五章
学前儿童数学教育活动

知识目标

➢ 了解学前儿童数学教育的特点与价值。
➢ 掌握学前儿童数学教育活动的目标。
➢ 掌握学前儿童数学教育活动的内容与方法。

能力目标

➢ 能够根据学前儿童的需要设计集合、统计概念方面的数学活动。
➢ 能够根据学前儿童的需要设计数、量、形概念方面的数学活动。
➢ 能够根据学前儿童的需要设计时间、空间概念方面的数学活动。
➢ 能够根据活动教案有效组织学前儿童进行数学教育活动。

素养目标

➢ 提高数学教学素养，拓宽数学教育与研究的视野，增强专业认同感。
➢ 增强基于数据表现现实问题的意识，积累依据数据探索事物本质规律的经验。
➢ 善于从数学的视角发现问题、分析问题，并解决问题。

数学是研究现实世界的空间形式和数量关系的一门科学，它源于生活，但高于生活。数学在人们的生活中无处不在，不易被察觉却时时刻刻在无形中影响着人们的生活，例如，先刷牙再吃饭——顺序问题，整理书包——分类问题，父母的衣服比孩子的衣服大很多——对比问题，商场中每件商品的价格不同——对应问题等。学前儿童只有掌握了基本的数学知识，才能更好地认识生活中事物之间的联系，培养思维能力和解决问题的能力，并为未来的学习和职业发展打下坚实的基础。

第一节　学前儿童数学教育活动概述

引导案例

幼儿园中一班的程老师今天穿了一件"奇怪"的衣服，衣服上印有很多数字。子蒙注意到了，跑过来跟程老师说："老师，老师，你今天的衣服好特别啊，有很多数字。"程老师向子蒙竖起了大拇指，并表扬道："哇，你太厉害了，观察得真仔细。"其他小朋友们也围过来看。

于是，程老师说："今天我想考考大家，你们有没有注意到在生活中都有哪些东西上面有数字呢？"洛洛说："我知道，钟表上有。""还有电视遥控器。""尺子。""温度计。""手机。"……小朋友们踊跃回答着。

佳依突然大声说："老师，老师，还有救护车上有120的数字。"程老师向她投来赞许的目光，说道："佳依真是火眼金睛，观察能力很强。"又有其他小朋友想到消防车119、警车110以及各路公交车及公交站牌等。

程老师说："今天我要带小朋友们畅游数字王国。"她拿出0~9数字卡片，说道："大家都认识这些数字吗？我们先来听一首好听的儿歌。"

"1 像铅笔细又长，2 像小鸭水上漂，3 像耳朵听声音，4 像小旗迎风飘，5 像秤钩来买菜，6 像哨子吹一吹，7 像镰刀割青草，8 像麻花拧一拧，9 像勺子来盛饭，0 像鸡蛋做蛋糕。"

程老师说："小朋友们，快快坐上我的小汽车出发了。"（播放音乐《小汽车》）整个活动小朋友们的兴致都很高，教育活动的效果也很好，不仅激发了孩子们对数字的兴趣，培养了他们积极关注身边事物的情感态度，还培养了他们的观察力，他们通过发现生活中的数字，知道数学无处不在。

《纲要》为幼儿园课程改革指明了方向，学前教育课程需要生活化，课程要追随学前儿童的生活和经验，使学前儿童从生活和游戏中感受事物的数量关系并体验到数学的重要和有趣，体会数学与人类社会的密切联系，体会数学的价值，增进对数学的理解和应用数学的信心。对学前阶段的数学启蒙教育而言，其首要任务是培养学前儿童对数学的兴趣和探究欲。

一、学前儿童数学教育的特点与价值

学前儿童数学教育活动是以教学论的一般原理为依据，运用学前教育学、心理学的理论和原则，研究学前儿童学习数学的认知特点、规律和方法，引导学前儿童在生活中感知事物的数量关系、空间关系和时间关系等，培养学前儿童学习数学的兴趣，发展学前儿童数学能力的一种教育活动。

《纲要》提出了关于学前儿童数学教育的内容与要求："引导幼儿对周围环境中的数、量、形、时间和空间等现象产生兴趣，建构初步的数概念，并学习用简单的数学方法解决生活和游戏中某些简单的问题。"

（一）学前儿童数学教育的特点

现代学前儿童数学教育蕴含着丰富的新观念、新思想，主要特点如下。

1. 对周围事物的数、量、形、时间和空间等感兴趣，喜欢参加数学活动和游戏

在学前儿童数学教育中，教师要注意引发学前儿童对数学的兴趣、激发他们的好奇心和求知欲，这些因素都是他们学习数学的内部动力。学前儿童对事物的数、量、形、时间和空间等现象产生了兴趣，能够为数学教育提供最佳的情绪背景，在积极探索活动中也可以逐渐培养起学前儿童对数学学习的积极情感。有了积极性与主动性，他们才可能观察、感知到周围环境中事物的数、量、形、时间和空间现象，从而获得有关数学概念的感性经验。

2. 感受周围事物的数量关系，获得感性经验，体验到数学的重要和有趣

学前儿童数学教育与其他年龄段的数学教育有着根本的不同。学前儿童获得的数学知识是经验性的、具体的知识，建构的是初级的数学概念，这种概念是学前儿童在与环境的交互作用中获得的，是在具体的实际经验中归纳出来的，是建立在表象水平上的概念。

数学知识需要让学前儿童在与环境的充分交互作用中学习和掌握。学前儿童在感受数量关系、获得数学感性经验的过程中，体验到数学的重要和有趣。这说明学前儿童在建构数学知识的过程中，也同时产生对数学的兴趣，形成对数学的情感和态度。

3. 学习用简单的数学方法解决问题，并用恰当的方式表达探索过程和结果

《纲要》提出了"学习用简单的数学方法解决生活和游戏中某些简单的问题"，"能用适当的方式表达、交流探索的过程和结果"的要求和目标，因此，教师在学前儿童数学教育中要重视学前儿童认知能力的发展，尤其是思维能力的发展。

数学以其自身知识的抽象性和逻辑性对学前儿童的认知能力特别是思维能力的发展有着特殊的价值。学前儿童在构建一些粗浅的数学概念的过程中，需要对所操作的材料、环境中的有关数、量、形、时间、空间等数学关系进行充分观察，再进行比较、分析、综合、抽象和概括，才可能将有关的数学概念的本质属性从具体事物中抽象出来，这一过程对发展学前儿童各种心理过程的有意性、自觉性十分重要，对促进学前儿童观察力、注意力、记忆力、想象力，尤其是思维能力的发展有着十分积极的作用。

学习解决问题的过程，需要学前儿童对已经掌握的知识、经验和方法再次思考和重新组合，从中找出能解决问题的方法。问题一旦解决了，学前儿童的能力也会随之提高。学习用数学方法解决问题一方面加深了他们对有关数量概念的理解，另一方面在一定程度上促进了他们思维抽象能力和推理能力的发展。

学前儿童能用适当方式表达其操作、探索的过程和结果，这实质上是学前儿童将其在数学操作和探索活动中的感受、体验外化和具体化。此过程不仅巩固、加深了学前儿童对数学现象、数量关系的感受和体验，也使其认识能力再次得到提高。同时，学前儿童之间在交流中互相学习，这不仅促进了认识能力的发展，还促进了自主性、创造力、想象力的发展。

4. 会正确使用数学活动材料，能按规则进行活动，养成良好的学习习惯

学前儿童是通过与各种有关的数学活动材料发生相互作用而对其中蕴含的数学关系有所感受和认识的。学前儿童只有掌握了有关的操作技能后，才可能正确地使用数学活动材料，才可能获得对有关数学关系的感知和认识。良好的学习习惯对学前儿童的学习有着重要的意义。

学前儿童的数学学习主要是通过学前儿童的操作活动进行的，涉及学前儿童很多的行为习惯，因此在数学教育活动中培养学前儿童良好的学习习惯具有更重要的意义。

（二）学前儿童数学教育的价值

学前儿童数学教育的价值主要体现在两个方面：一方面，只有让学前儿童掌握一些简单的数学知识，他们才具有了解和认识世界的工具，具有清楚感知和正确认识周围事物的能力，才能更好地与他人交往，清楚地表达自己的思想，解决生活中的实际问题；另一方面，数学特有的精确性、抽象性、逻辑性可以帮助学前儿童概括地认识生活中的各种事物及它们之间的关系，使学前儿童获得一种思维方式，即运用数学的方法来解决实际问题，这能促使学前儿童的思维和智力得到更快的发展，为他们进一步学习知识打下良好的基础。

二、学前儿童数学教育的目标

学前儿童数学教育的目标包含 3 个层次，即学前儿童数学教育的总目标、年龄段目标和活动目标。3 个层次的目标随着层次的递减，概括性减弱，可操作性增强。

（一）学前儿童数学教育总目标

学前儿童数学教育总目标如表 5-1 所示。

表 5-1 学前儿童数学教育总目标

项目	总目标
认知目标	①引导学前儿童在与环境相互作用的过程中，获得有关数、量、形、时间和空间的感性经验，使他们逐步形成一些初步的数学概念； ②引导学前儿童学习用简单的数学方法解决生活和游戏中某些简单的问题，发展学前儿童初步的逻辑思维能力，以及能用适当的方式表达、交流操作和探索问题的过程和结果的能力

续表

项目	总目标
情感目标	①激发学前儿童认识探索周围环境中的数量、形状、时间和空间等的兴趣，使他们愿意并喜欢参加数学活动； ②初步培养学前儿童在生活和游戏中的合作、交流意识
能力目标	①培养学前儿童观察、思考和解决数学问题的能力，有独立自主选择数学活动内容和检验数学活动结果的能力； ②培养学前儿童正确使用数学技能和使用数学活动材料的技能； ③引导学前儿童按规则进行活动，养成良好的学习习惯

（二）学前儿童数学教育年龄段目标

《指南》依据幼儿园大班、中班、小班学前儿童的身心发展特点制定了不同年龄段的阶段性发展目标，对不同年龄段学前儿童应该获得哪些经验做了较为详细的界定。学前儿童数学教育的年龄段目标较总目标更具体，更具操作性，体现了学前儿童发展阶段性和连续性的统一。

从学前儿童初步感知生活中的数学有用和有趣，感知和理解数、量及数量关系，感知形状与空间的关系3个方面制定的具体的年龄段目标如表5-2所示。

表5-2　学前儿童数学教育年龄段目标

项目	小班	中班	大班
初步感知生活中的数学有用和有趣	①感知和发现周围物体的形状是多种多样的，对不同的形状感兴趣； ②体验和发现生活中很多地方都用到数	①在指导下，感知和体会有些事物可以用形状来描述； ②在指导下，感知和体会有些事物可以用数来描述，对环境中各种数字的含义有进一步探究的兴趣	①能发现事物简单的排列规律，并尝试创造新的排列规律； ②能发现生活中许多问题都可以用数学的方法来解决，体验解决问题的乐趣
感知和理解数、量及数量关系	①能感知和区分物体的大小、多少、高矮、长短等量方面的特点，并能用相应的词语表示； ②能手口一致地点数5以内的物体，并能说出总数，能按数取物； ③能通过一一对应的方法比较两组物体的多少； ④能用数词描述事物或动作	①能感知和区分物体的粗细、厚薄、轻重等量方面的特点，并能用相应的词语进行描述； ②能通过数数比较两组物体的多少； ③能通过实际操作理解数与数之间的关系； ④会用数词描述事物的排列顺序和位置	①初步理解量的相对性； ②借助实际情境和操作（如合并或拿取）理解"加"和"减"的实际意义； ③能通过实物操作或其他方法进行10以内的加减运算； ④用简单的记录表、统计图等表示简单的数量关系
感知形状与空间的关系	①能注意物体较明显的形状特征并能用语言进行描述； ②能感知物体基本的空间位置与方位，理解"上下""前后""里外"等方位词	①能感知物体的形体结构特征，画出或拼搭出该物体的造型； ②能感知和发现常见几何图形的基本特征，并能进行分类； ③能使用"上下""前后""里外""中间"等方位词描述物体的位置和运动方向	①能用常见的几何图形有创意地拼搭和画出物体的造型； ②能按语言指示或根据简单示意图正确取放物品； ③能辨别自己的左右

（三）学前儿童数学教育活动目标

教师在设计学前儿童数学教育活动目标时，应注意以下几个方面。

1. 目标的全面性

儿童的发展是一个整体，教师在制定数学教育活动目标时，要关注领域之间、目标之间的相互渗透和整合；同时，要关注学前儿童知识与技能、情感态度与价值观的协调发展，不能只注重数学学科知识的传授。

2. 目标的发展性

一方面，教师在设计数学教育活动目标时，要立足于学前儿童的发展，教育目标要符合学前儿童身心发展水平；另一方面，教育应该走在发展前面，教育活动应该在符合学前儿童现有水平的基础上设置一定的难度，给予他们发展的空间，让他们获得新的经验。

3. 目标的针对性

在制定数学教育活动目标时，尽量小而准，切忌空洞、抽象。数学教育活动目标应具体、可操作，因为教育活动目标是教育评价的基础。教育活动目标应体现本次活动的重点内容及期望达到的效果，并且只能适用于本次活动。如果目标过于宽泛，也适用于其他活动，就会缺乏针对性，无法成为教育评价的依据。

4. 目标的统一性

在制定数学教育活动目标时，可以从教师的角度出发，也可以从学前儿童的角度出发，但是表述的行为主体要统一。如果在制定知识目标时把学前儿童当作行为主体，在制定能力目标时又把教师当作行为主体，这样混乱的表述是不可取的。

三、学前儿童数学教育的内容

由于数学知识具有抽象性和逻辑性的特点，学前儿童数学教育的内容应当是一个相互联系的知识体系。学前儿童数学概念建立的每一步都以前一步为基础，数学知识之间存在着严密的逻辑关系。由于学前儿童对数的理解是一个渐进、变化和主动建构的过程，它依赖于感性经验，并在社会性交往过程中得到发展。因此，学前儿童对数的理解显然需要一个较长时间的自由探索和主动学习的过程，他们借助实物或动作来建构抽象的数与数之间的关系。

学前儿童数学教育的内容覆盖面很广，其结构如图 5-1 所示。

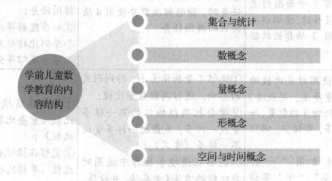

图 5-1　学前儿童数学教育的内容结构

选择学前儿童数学教育内容，既要符合我国对学前儿童教育提出的全面发展要求，又要考虑到学前儿童对数字概念认知发展的特点和规律以及数学学科本身的特点，因此，教师要科学、合理地选择并安排学前儿童数学教育内容。

下面详细介绍学前儿童数学教育的各部分内容与不同年龄段学前儿童应习得的关键经验。

（一）集合与统计

集合是现代数学的一个基本概念，整个数学都建立在集合的基础上。集合的概念最早是由德国著名数学家康托尔提出来的，即把若干确定的、有区别的（不论具体的，还是抽象的）事物合并起来，看作一个整体，就称为一个集合，其中各事物称为该集合的元素。现代集合的定义是由一个或多个确定的元素构成的整体。

集合是学前儿童理解数学的起点。有关集合概念的教育活动不仅应作为学前儿童数学教育的重要内容之一，还应贯穿于整个学前期数学教育的全过程，为学前儿童建立初步数概念及加减运算积累感性经验。

感知集合是学前儿童计数、理解数的基础，有助于学前儿童发现事物的共同属性，抽象出数概念，理解数的组成和加减运算。感知集合的对应关系，有利于学前儿童深入理解数量关系。

集合与统计的教育内容包括分类、认识整体与部分的关系、比较物体数量的关系、简单统计与图表记录等。不同年龄段学前儿童应尽习得的集合与统计方面的关键经验如表5-3所示。

表5-3　学前儿童数学教育中集合与统计的关键经验

项目	小班	中班	大班
分类	①探索物体的特征，学习并讲述物体的异同；②能根据一种外部特征（如形状、大小等）给物体分类，即一元分类；③学习并初步理解相同与不同的概念	①能按照功能给生活中常见物体分类；②能按照物体的数量对物体进行分类；③能根据两种外部特征给物体分类，即二元分类；④学习并理解"分成""分开""合起来"等词语	①能根据两种或两种以上的特征给物体分类，即二元分类或多元分类；②能根据自己的想法给物体分类并说明理由；③具备初步的类别概念，以此给常见物体分类
认识整体与部分的关系	①能够区分"1"和"许多"，在情境和操作中初步了解3以内总数和部分数的关系；②运用常见平面图形进行拼摆任务时，能够解决需要使用3块拼板的拼图任务	①能够在情境和操作中初步了解5以内总数和部分数的关系；②运用常见平面图形进行拼摆任务时，能够解决需要使用4块拼板的拼图任务	①能够在情境和操作中初步理解10以内总数与部分数的关系，理解10以内各数的分解与组成情况；②运用常见平面图形进行拼摆任务时，能够解决需要使用5块拼板的拼图任务；③初步理解等分的含义，能够将一个外形比较规则的实物或几何图形二等分或四等分
比较物体数量的关系	①尝试使用对应比较的方法（重叠法、并放法）比较两组物体的数量，知道哪组多，哪组少，哪组一样多②能够使用"一样多""多""少"等词语表示两组的比较结果	①能够不受物体大小、排列形式的影响，进行两组数量比较；②学会把两组物体的不一样多变成一样多，或者把一样多变成不一样多（变式）；③能够在情境和操作中运用对应比较的方法（重叠法、并放法、连线法）	①能够在情境和操作中进行对应比较（重叠比较、并放比较、连线比较）；②能够在情境和操作中进行非对应比较（单排比较与双排比较）
简单统计与图表记录		尝试通过图画、图表、数字等方式进行记录	能围绕某一问题运用计数、测量等方法初步收集数据，汇总、比较和报告自己的发现

（二）数概念

数概念是指对数的理解和运用，它是学前儿童数学教育中比较基础的内容，也是学前儿童认知能力和思维能力发展研究的重要内容，是学前儿童积累数学感性经验遇到的首要问题。学前儿童数概念的建构是一个长期而复杂的过程，也是一个连续发展的阶段性过程。

数概念的教育内容包括计数（口头数数→按物点数→说出总数→顺数和倒数）、按数取物、按群计数、数的守恒、认识数序、认识相邻数、认识序数、认识单双数、数的组成与分解、10 以内数的加减运算，10 以内数的认读与书写等。

不同年龄段学前儿童应尽习得的数概念方面的关键经验如表 5-4 所示。

表 5-4　学前儿童数概念方面的关键经验

项目	小班	中班	大班
基数	①熟悉 10 以内各数的顺序，能正确地唱数到 10；②能手口一致地点数 5 个以内的物体，并能按数取物；③能通过一一对应的方法比较两组物体的多少	①能正确唱数到 20，并能从任意数开始顺数、倒数；②正确点数 10 以内的实物，并能说出总数，能按数取物；③开始不受空间排列形式和物品大小等因素的影响，正确判断 10 以内物品的数量，初步感知 10 以内数的守恒；④能用数词描述简单事物或动作	①能在唱数的基础上，初步了解个位、十位上的数表示的数量是不同的，初步感知数位的含义；②初步尝试按群计数，体验不同的计数方法；③能通过实际操作理解 10 以内单数和双数的概念，以及 10 以内相邻数的概念
序数	—	①从不同方向（从左到右、从右到左、从上到下、从下到上、从前到后、从后到前）确认 10 以内物体的排列次序；②理解序数的含义，会用序数词描述 10 以内物体的排列顺序和位置	①能够同时考虑两个方向，确认物体的排列次序；②能够发现和理解生活中常见的应用序数的情况
数字与数字符号	感知与体验生活中的数字	①在指导下，感知和体会有些事物可以用数来描述，对生活中各种数字的含义有进一步探究的兴趣；②认读 1～10 的阿拉伯数字，能用数字正确表示 10 以内物体的数量	①能认读 0，理解 0 的实际意义；②能够正确书写 10 以内的阿拉伯数字，书写姿势正确，在生活和游戏中乐于使用数字，感受到数字有用；③在指导下对生活中简单的数学符号感兴趣；④了解"+、-、=、>、<"的含义，能够运用这些符号表示简单的数量关系
加减运算	能够在情境和操作中初步感知数量多少的变化	①能够在情境和操作中初步感知"加"的含义，尝试将两组物体合并在一起，再通过点数逐一计算出得数；②能够在情境和操作中感知和理解"减"的含义，尝试将要减去的物体拿走，再逐一点数，计算出得数	①能够在情境和操作中理解"加"和"减"的实际意义；②能够通过实物操作等方法进行 10 以内的加减运算；③能够运用加减解决生活和游戏中遇到的简单问题

（三）量概念

量是指客观世界中，物体或现象具有的可以通过定性区别或定量测定等方法加以认识的属性。任何具体事物都有量方面的特征，量可以分为连续量和不连续量两种。连续量也叫"相关量"，表示物体的属性，如长度、面积、容积等；不连续量也叫"分离量"，表示物体集合元素的多少。

量概念的教育内容包括：量的比较，比较大小、长短、粗细、高矮、厚薄、宽窄、轻重、容积等量的差异；量的排序；量的守恒；自然测量，能利用自然物作为量具测定物体的长短、高矮、宽窄等。

不同年龄段学前儿童应尽习得的量概念方面的关键经验如表5-5所示。

表5-5　学前儿童量概念方面的关键经验

项目	小班	中班	大班
长度	①能感知和区分物体大小、高矮等量方面的特点，用相应的词汇表示； ②能比较有明显差异的两个物体，判断物体长短、高矮； ③能从3个大小或者长短不同的物体中，找出并说出哪个最大（最长）、哪个最小（最短）	①能感知并区分物体的粗细、厚薄等量方面的特点，能用"细、厚、薄、高、矮"等词汇对物体特征进行描述； ②能够在五六个不同大小/高矮/长短/粗细/厚薄的物体中，找出等量物体； ③能够按照物体量的差异进行大小/高矮/长短/粗细/厚薄的正逆排序	①初步理解长短、高矮、粗细、厚薄、宽窄等量的相对性； ②感知物体长度的守恒； ③能够以某个物体为单位进行长度的测量和比较
重量	初步感知物体的重量特征，理解"轻""重"的含义	能够感知和区分物体的重量特征，并能用相应的词语表示	①初步理解重量的相对性； ②感知物体重量的守恒； ③初步理解物体重量与体积之间的不对应关系； ④能够结合实际情境体验用地秤、天平等常见工具测量重量
容积	能在情境和操作中初步感知数量多少的变化	能在情境和实际操作中感知和区分物体的容积特征，能初步描述物体的容积	①初步感知液体容积守恒现象； ②能在成人引导下，运用目测、自然测量等方式比较两个物体的容积大小

（四）形概念

几何图形是指点、线、面以及它们的集合，其中同一平面内的点、线、面构成的图形叫平面图形，它是在同一平面内的图形，只有长度和宽度，没有厚度或高度；空间中点、线、面构成的图形叫立体图形，它是由面围成的封闭图形组成的，有长度、宽度和高度。几何形体是人们用来确定物体形状、大小的标准形式，在日常生活中有着十分重要的作用。

形概念的教育内容包括：常见的平面图形，圆形、正方形、三角形、长方形、半圆形、椭圆形、梯形；常见的立体图形，正方体、长方体、球体、圆柱体；图形之间的简单关系。

不同年龄段学前儿童应尽习得的形概念方面的关键经验如表5-6所示。

表5-6　学前儿童形概念方面的关键经验

项目	小班	中班	大班
物体的形状	①初步感知物体形状，知道物体形状是多种多样的，对不同形状感兴趣； ②能用自己的语言尝试描述不同物体比较明显的形状特征	①能够在教师引导下尝试用形状来描述物体； ②初步感知物体的结构特征，尝试画出或拼搭出该物体的造型	①能够区分并说出自己身体上的左和右； ②能够区分且说出以身体为中心的左边和右边的物体
常见的平面图形	①初步认识圆形、正方形、三角形； ②在教师的引导下，能注意周围环境中物体的形状和数量	①初步认识圆形、正方形、三角形，正确说出图形名称； ②能够在周围环境中寻找和图形相似的物体	①初步认识长方形、椭圆形和梯形等常见的平面图形； ②感知图形之间的简单关系，如正方形可以变成两个长方形或者两个三角形

项目	小班	中班	大班
常见的立体图形	—	正确认识正方体、长方体、圆柱体，并说出名称	①能在教师引导下建构形体，感知立体与平面图形之间的关系；②认识几种常见的立体图形（正方体、长方体、球体、圆柱体）；③能够区分平面图形和立体图形，并按照图形特征进行分类

（五）时间与空间概念

时间是物质的永恒运动变化过程的持续性和顺序性的表现，包括时刻和时段两个概念。任何客观物质都要经过一个持续发展的过程。例如，物体从空中落到地面上，花儿的开与谢，太阳的升与落，人的生与死等，这些物质运动过程的持续性都是物质的时间属性。时间还指两个时刻间的距离或指某一时刻。

时间概念的教育内容包括：区分早晨、晚上、白天、黑夜、昨天、今天、明天、星期、年月日的名称及顺序；认识时钟，长针、短针及其功用，认识整点和半点。

空间是一个比较抽象的概念，学前阶段空间概念的发展主要是指空间知觉的发展。在认知心理学家看来，空间知觉的含义非常广泛，不仅包括对方向定位的知觉（空间方位），还包括对距离的知觉、对图形辨认的知觉等。

空间概念的教育内容包括：空间方位，如上、下、前、后、左、右、里、外、远、近等；空间运动方向，向前、向后、向左、向右、向上、向下等。

不同年龄段学前儿童应尽习得的时间与空间概念方面的关键经验如表5-7所示。

表5-7 学前儿童时间与空间概念方面的年龄段目标

项目	小班	中班	大班
时间	①理解早晨、晚上、白天、黑夜的含义；②能够运用早晨、晚上、白天、黑夜等词语说一句话	①理解昨天、今天、明天的含义，能正确运用这些词汇；②初步认知时钟，会看整点、半点	①感知和体会借助某种方法或工具可以记录时间的长短，如沙漏、时钟等；②能够看时钟确定时间，能按钟点说出一天的主要活动；③初步认知日历，了解年、月、日、四季、星期的名称及顺序；④感受时间的不可逆性，有初步的珍惜时间意识
空间（分自身为中心和客体为中心）	初步理解基本的方位词，能够说出以自身为中心的上下方位，包括自己身体部位的上下位置，能够找出在自己上面的物体、在自己下面的物体	①理解昨天、今天、明天的含义，能正确运用这些词汇；②能够按照指定方向，如向上、向下、向前、向后运动	①能够区分并说出自己身体上的左和右；②能够区分并且说出以自身为中心的左边和右边的物体
	初步感知并判断两个物体之间明显的上下关系，说出什么在什么的上面，什么在什么的下面	①区分并说出物体与物体之间的上下、前后位置关系；②能够使用上下、前后、中间、旁边等方位词描述物体的位置和运动方向	①能够辨别物体与物体之间的左右关系；②能够按照语言知识或者根据简单的示意图正确取放物品

四、学前儿童数学教育活动的方法

学前儿童数学教育活动的方法是为了完成教育目标而采用的工作方法，包括教与学的方法，两者是密切相关的。显然，学前儿童数学概念的形成不可能脱离其实际生活和与周围环境的相互作用。但是，如果没有教师的指导，学前儿童就很难主动去观察周围环境中的数、量、形的关系，更难以将周围环境中的数、量、形的关系直接转化为数学概念，更不能自觉地用数学方法解决自己遇到的问题，从而很难体验到数学的重要性和趣味性。

学前儿童数学教育活动的方法主要有以下几种。

（一）演示讲解法

演示讲解法是指教师在结合直观教育的基础上通过口头讲解，将抽象的数学概念具体呈现出来的教学方法。与传统的讲解法不同，结合演示的讲解法就是边讲解边演示，因为学前儿童以获得直接经验为主，理解抽象的概念有困难，但是单纯演示又不能体现数学教育目标，所以演示要结合教师用口头语言进行讲解。

教师应坚持《幼儿园工作规程》要求的让学前儿童得到和谐发展的精神和数学教育发展学前儿童思维的宗旨，结合数学知识的特点，有选择、有针对性地运用演示讲解法。演示讲解法并不是知识的灌输，而是以学前儿童为主体，通过教师适宜的演示方式和简洁生动的解释说明，把抽象的数学知识具体形象地呈现在学前儿童面前的一种教学方法。

演示讲解法是一种边讲解边演示的教学方法，教师在运用这种方法时需要注意以下事项。

（1）突出内容重点。学前儿童以无意注意为主，长时间枯燥的讲解会让他们分散注意力，所以演示讲解法的内容必须围绕活动目标要求开展，突出重点，尽量避免无关内容分散学前儿童的注意力。

（2）语言简洁精练。教师在讲解时，要将抽象的概念具体化，结合学前儿童的生活经验，使用简单明了、形象生动、通俗易懂的口头语言进行讲解。

（3）实物、教具直观。教师要充分运用实物、教具等来营造情景氛围，激发学前儿童的好奇心和学习兴趣。选择的教具应该具有针对性，应根据教学目标和内容来选择，不宜使用太新奇的物品，避免分散学前儿童的注意力。教师要注意边讲解边演示，演示动作干净利落，语速适中，重点强调关键词和知识点。

（4）尊重学习主体。学前儿童是学习的主体，教师在进行演示讲解的过程中应尊重学前儿童的主体地位，保持师幼互动，尽可能创设机会让学前儿童多感官参与，体验演示过程，调动学前儿童的思维积极性。

（二）操作法

操作法就是由学前儿童自己动手操作材料，在与材料相互作用的过程中进行探索和学习，从而获得有关数学的感性经验、知识和技能的方法。例如，让学前儿童亲手拨动玩具钟表上的长针、短针，使其获得整点、半点的时间概念。操作法是学前儿童学习数学的一种非常重要的基本方法，适用于幼儿园各班级。

操作法的理论依据是皮亚杰的思维结构发展"内化"说，即外部动作"内化"为思维结构的理论。学前儿童学习数学知识时，首先要从实际操作开始，在操作和积极探究的过程中促进自身思维活动的发展，将直接感知转为表象，进而构建初步的数学概念。

1. 操作法的基本类型

教师在组织数学教育活动时，常采用的操作法主要有以下几种类型。

（1）验证性操作法。教师先讲解、演示与归纳，然后让学前儿童通过实物或图片进行操作验证而获得数学知识的一种活动方法，其目的是使学前儿童进一步理解与巩固已学知识，使知识内化。

（2）探索性操作法。教师围绕某个数学问题，让学前儿童通过对材料进行摆弄、操作、尝试与探究，在动手的基础上发现规律的一种活动方法，其目的是充分发挥学前儿童学习的主动性，提高他们探索问题的能力。

（3）创造性操作法。教师提供某一材料，让学前儿童自己设计出具有多种选择性结果的一种活动方法，其目的是让学前儿童充分发挥想象力，多角度思考问题，培养创造能力。

2. 操作活动的组织形式

数学操作活动的基本组织形式包括集体操作形式、分组操作形式和个别操作形式 3 种。

（1）集体操作形式：以教学班为单位，按照同一教学内容，使用同一操作材料，采用同一操作方式，在同一时间内进行操作的组织形式。

（2）分组操作形式：以教学小组为单位，各小组按照教学内容层次的不同，使用不同的材料，采用不同的操作方式，在同一时间内进行轮换操作的组织形式。

（3）个别操作形式：学前儿童根据各自的喜好，自由选择操作材料、合作伙伴和操作方式，且不受时间限制的组织形式。

3. 运用操作法的注意事项

教师在运用操作法时，应注意以下事项。

（1）优化设计方案。教师在设计活动方案时，要兼顾数学活动目标和操作活动目标来预设活动过程，例如，在操作活动的每个环节应该完成哪些任务，预想学前儿童会到遇到哪些困难，该如何向他们提供帮助以及提供怎样的帮助，如何引导他们完成任务。教师要将数学的核心经验融入操作活动，让学前儿童通过动手操作、自我思考和自我探索以及教师的归纳总结，明确核心的知识经验，掌握数学知识的概念。

（2）提高材料的利用率。教师应该为学前儿童的操作活动创设适宜的环境，提供必要的条件，在这个过程中，蕴含着丰富数学经验的材料尤为重要。

① 教师要为学前儿童提供合适且充分的操作材料。每个主题活动都有目标，教师要紧紧围绕主题活动的目标和遵循数学知识内部的逻辑来为学前儿童提供操作材料。

② 教师提供的材料要紧紧围绕主题活动的内容，将教学意图和教学目标融入材料，充分挖掘材料的用途，使这些材料能够实现多项目标，发挥最大的功效，从而使学前儿童获得多方面的发展。

③ 教师提供的材料要能引发学前儿童的兴趣。教师要充分考虑学前儿童与操作材料的相互作用，鼓励学前儿童积极主动地发现、寻找与探索数学的奥妙。在教学过程中，教师要创设学前儿童与材料相互作用的环境，让学前儿童自己探究，同时防止他们漫无目的地摆弄材料。

④ 教师提供的材料要有层次性，要能满足不同发展水平的学前儿童的操作需要。材料的来源要生活化，要一物多用，且保证安全、卫生。

（3）提高指导的有效性。在操作活动中，教师应注意观察，给予学前儿童充分的时间以及空间，同时提供适时的指导与帮助。教师应该根据不同学前儿童的特点选择恰当的方式，有针对性地进行指导。例如，对行为习惯较差的学前儿童，教师应注重培养其常规操作习惯，指定其完成收发材料和定期整理材料的工作。

教师在指导过程也要注意语言简明精练、具有启发性，便于学前儿童理解和记忆。教师指导的有效性关键在于因材施教，由于学前儿童的个体差异性，教师应努力做到在集体教育活动中对不同学前儿童采取适合的指导方式。这样不仅能让他们获得相关数学知识，还能针对学前儿童的性格特点促进其健康成长，达到更高水准的教育目的。

（三）游戏法

游戏法是指使学前儿童数学教育活动游戏化的一种教学方法。因为游戏是学前儿童尤为喜爱的活动方式，所以教师采用游戏法进行数学教育，不仅可以激发学前儿童学习的兴趣，还可以促进他们智力的发展，从而使他们有效地获得数学经验。

1. 游戏的类型

游戏的类型主要有以下几种。

（1）操作性数学游戏。操作性数学游戏主要是指学前儿童通过对玩具或实物材料的操作获得相关数学知识的一种游戏，它也有一定的游戏规则。这种方法适用于幼儿园全年龄段学前儿童。

（2）情节性数学游戏。情节性数学游戏是指教师根据学前儿童的兴趣与需要预设教学目标，结合数学教育内容预设一个模拟情境，让学前儿童在故事情境中用数学知识解决问题，从而获得相关技能和思维能力的发展。情节性数学游戏有一定的情节、内容和角色，能够使学前儿童身临其境，引起他们的共鸣，比较适合小班学前儿童。

（3）竞赛性数学游戏。竞赛性数学游戏是指带有一定竞赛性质的数学游戏。中班、大班学前儿童开始注意游戏的结果，他们有较强的胜负欲，比较适合参与竞赛性数学游戏。这类游戏在很大程度上能够调动学前儿童积极性，有助于学前儿童巩固所学知识，发展思维的敏捷性和灵活性。

（4）运动性数学游戏。运动性数学游戏是指将数学概念或知识蕴含于体育活动中的游戏。例如，小班学前儿童感知形成集合概念，可以玩"占圈"的体育性游戏；大班学前儿童学习数的组成，可以通过掷飞镖、投沙包等运动性数学游戏记录不同数量的投掷结果，根据对投掷结果的归纳学习数的组成。这类游戏既满足了学前儿童好动的天性，又渗透了数学的初步概念。

（5）多感官参与的数学游戏。多感官参与的数学游戏主要是指学前儿童通过视觉、听觉、味觉、嗅觉、触觉的感官功能，感知与数、量、空间等相关的数学概念的一种游戏。此方法适用于各年龄段学前儿童，多感官参与可以帮助学前儿童全面感知实物的特征，获得关于实物清晰的表象，为后续比较、排序、测量等数学经验的学习奠定基础。

（6）智力游戏。智力游戏主要是指通过有趣的数学题目提高学前儿童认知、综合分析、逆向思维、发散思维、迁移思维以及运用数理逻辑思维解决问题的能力的一种游戏。这种方法能够极大地调动学前儿童的主动性，激发学前儿童积极思考，培养学前儿童的思维品质。

2. 运用游戏法需要注意的问题

教师在运用游戏法时需注意以下问题。

（1）游戏情节要有利于学前儿童学习与巩固所学的数学知识，促进其智力发展。

（2）游戏要充分调动学前儿童的各种感官，如视觉、听觉、触觉、运动觉、语言等。

（3）各年龄段的学前儿童都可以使用游戏法，但随着学前儿童年龄的增大，教师可以适当减少游戏环节。

（四）观察比较法

比较是思维的过程，是通过感官观察、感受认识物体特性，对物体之间某些属性建立关系的过程。观察比较法是指学前儿童在教师的引导下对两个或两个以上的物体进行分析与比较，感知并找出它们在数、量、形等方面的异同点的一种方法。比较法被广泛运用于数学教育各内容和各年龄段中，是幼儿园进行数学教育的重要方法之一。例如，认识两个图形的大小，儿童需要通过观察对图形进行比较，从大小这一属性把这两个图形联系起来做出判断。

1. 观察比较法的类型

按照不同的分类标准，观察比较法可以分为不同的类型。

（1）按照比较的性质，可以分为简单的比较和复杂的比较。简单的比较是指对两个（组）物体的数或量的比较；复杂的比较是指对两个（组）以上物体的数或量的比较，复杂的比较是以简单的比较为基础的。

（2）按照比较的排列形式，可以分为对应比较和非对应比较。

① 对应比较是把两个（组）物体一一对应加以比较，又可细分为重叠式、并放式与连线式。

重叠式：将一个物体重叠在另一个物体上，形成两个物体之间一一对应的关系，从而进行数或量的比较。

并放式：把一组物体并放在另一组物体的下面，形成两组物体之间一一对应的关系，进行数或量的比较。

连线式：将图片上画的物体和有关的物体、形状或数字等用线联系起来进行比较。

② 非对应比较。非对应比较又分为单排比较、双排比较与不同形式的比较。

单排比较：将物体摆成一排或一行进行比较。

双排比较：将物体摆成双排进行比较。

不同形式的比较：将一组物体做不同形式的排列，进行数量上的比较。

2. 运用观察比较法需要注意的问题

教师在运用观察比较法时，需要注意如下的问题。

（1）教师要通过自己的语言引起学前儿童的注意，并指导他们进行观察和比较。

（2）观察和比较可以使学前儿童对物体在数、量、形等方面的相同点和不同点有清楚的感知，同时可以促进他们观察力和思维能力的发展。

（3）在运用观察比较法时，所比较的两个物体（或两个以上的物体）之间要确实具有一定的联系，这样才可以进行比较，且要在同一标准下进行比较。

（五）启发探索法

启发探索法是教师通过启发性的提问，引导学前儿童运用已有经验，通过积极思考、主动探索，将外在表象进行内化的一种思维过程。启发探索法可以最大限度地调动学前儿童学习的积极性，引导学前儿童积极思考，获得相应的经验。

教师使用启发探索法进行数学教育活动时，应注意以下事项。

（1）抓住时机，适时启发。学前儿童以获得直接经验为主，教师要创设一定的环境，让学前儿童动手操作。在探究过程中，学前儿童发现问题、尝试解决问题需要一个过程，教师作为观察者、引导者，要给予学前儿童试错的机会，放手让他们去发现、探索、思考，学会等待、观察，不要在学前儿童遇到困难时马上进行干预，急于告诉他们答案，而应在适当的时机给予点拨，在关键处启发他们。

（2）归纳总结，交流表达。在活动结束环节，教师应组织学前儿童回顾分享自己的操作过程，让学前儿童尝试总结自己的操作经验，与同伴进行分享；同时，教师可以结合画图、记录表等多种展示形式，鼓励儿童记录探究的过程以及探究的结果。

（3）关注过程，及时给予支持与肯定。一方面，学前儿童发展具有个体差异性，教师要因材施教，不要用同一标准要求所有学前儿童；另一方面，教师不要只关注数学活动的结果，以结果为唯一的评价指标，还应该关注过程，关注学前儿童在解决问题时积极的探究行为。

（4）善于提问，循循善诱。启发探索法适用于各年龄段，教师要充分了解学前儿童的已有经验，运用提问的方法帮助学前儿童克服困难，进行探究。例如，"你发现了什么""你是怎么知道的""还有不同的发现吗"等。当学前儿童在探究过程中遇到困难时，教师应该提出具有一定针对性的问题，帮助学前儿童聚焦问题并尝试解决，例如，"现在少了一个正方形，有什么图形可以变成正方形呢？"

（六）统计法

统计法指通过观察、测验、调查、实验，把得到的大量数据材料进行统计分类，以对研究的事物做出数量分析的方法。在学前儿童数学教育活动中，常用的统计法有以下4种。

1. 统计表

把在日常生活中得到的相互关联的数据按照一定的要求进行整理与归类，并按照一定的顺序排列起来制成的表格称为统计表。例如，让每位学前儿童选择一种自己喜欢的颜色，然后用表格进行统计，根据表格就可以知道喜欢各种颜色的人数。

2. 统计图

统计的数据还可以制成统计图，它比统计表更形象、具体，能让人一目了然，印象深刻。学前儿童数学教育活动中常用的统计图是象形统计图。象形统计图就是将统计资料用各种事物的形象（如长短、高低、大小、特征等）来绘制的统计图。我们可以用它来表明所研究对象在数量上的变化及其对比关系。

3. 估计

估计就是对事物的数量或大小进行有根据的推测。例如，教师引导学前儿童先估计谁最高、谁最矮，然后验证究竟谁最高、谁最矮。由于学前儿童年龄较小，一般不能比较准确地估计，但这并不重要，重要的是帮助他们学会合理推测，使推测值逐步接近准确值，以提高他们的估计能力。

4. 记录

记录就是把观察、测量、调查、实验等结果记录下来，然后进行比较与分析。教师要培养学前儿童搜集、保存和展示信息的能力，并且让他们学习不同的记录方法，如涂颜色、画点、记数字或绘画；也可以用各种色块或标签记录任何有规律的日常活动，例如，让学前儿童在每次课上发言后在自己的书上贴一个卡通标签。

以统计图表的形式记录信息是数量的直观展示手段，也是学前儿童感兴趣的方式。在学前儿童数学教育中，教师要培养学前儿童粗浅地处理信息的能力，使学前儿童了解用统计的方法可以计数、测量、分类、比较、寻找规律等，这有利于他们积累经验，发展智力，掌握学习科学的方法和技能。

学前儿童在进行探究性学习后，一般都有一种表达出来的潜力和倾向，而统计正是梳理、表达与交流头脑中的信息的重要工具。同时，运用图表形式的统计方法可以把搜集的信息进行分类与排序，这有利于学前儿童一目了然地感知事物之间的数量关系，并对认知对象加以概括和区别，在具体的和抽象的概念之间建立联系，推断所搜集信息的意义。

第二节　学前儿童数学教育活动指导

引导案例

　　幼儿园大一班的夏老师今天给大家带来了一个神奇的百宝盒，小朋友们都非常好奇。夏老师说："这个百宝盒里边装着很神秘的东西，每个人都离不开它，大家猜一猜它是什么？"小朋友们的目光都聚集在百宝盒上，夏老师说："来，我们大家一起喊口令，咕噜咕噜，变变变。"

夏老师从盒子里拿出来一个可爱的小猪存钱罐，她一边摇动着存钱罐，一边说："我们听听里边装着什么？"小朋友们踊跃地说："钱""硬币""一块钱"……

夏老师从存钱罐中摇出 1 元硬币，然后说："老师现在把 1 元硬币变大，变变变。夏老师今天教大家认识钱币……"（出示硬币正反面的打印图）

夏老师教大家认识了人民币的单位元、角、分，并且将元、角、分和 10 以内的数字对应起来，引导幼儿了解各面值人民币之间的关系，学会进行简单的换算。之后，又开展了"购物"游戏，让幼儿初步体会人民币在社会生活、商品交换中的作用，感受"元"是人民币单位中最常用的主要单位，初步了解简单的货币文化，树立财商理念，并知道爱护人民币。

对学前儿童来说，数学就是用数量化的手段来描述客观事物，强调逻辑性和精确性的知识，数学和日常生活中的一切事物息息相关。数学是学前儿童解决日常问题的有效根据，学前儿童可以用数数、加减运算等数学方法解决游戏和日常生活中的简单问题。学前儿童数学教育既能满足学前儿童生活的需要，又能满足他们认识周围世界的需要。

学习数学中集合与统计概念、10 以内数概念及加减运算教育活动的设计组织指导，有助于教师掌握一定的数学教育活动设计方法和指导技巧，更好地对学前儿童进行数学教育。

一、集合、统计概念活动设计组织指导

学前儿童数概念的发生起始于对集合的笼统感知。笼统感知是指学前儿童对集合的感知是泛化的、不精确的，只有经过有目的的教育和指导后，学前儿童对集合的感知才能逐渐清晰，并为学习数概念、计数及加减运算做好准备。

（一）集合概念教育活动

学前儿童的感知集合教育是指学前儿童能在经验的层面上对事物进行的一种概括和归纳。也就是说，教师在不教给学前儿童集合术语的前提下，让他们感知集合及其元素，学会用对应的方法比较集合中元素的数量，并将有关集合、子集及其关系的一些思想渗透到整个学前儿童数学教育的内容和方法中。

向学前儿童进行感知集合的教育，目的是在学前儿童数学教育中注意渗透集合的思想，为学前儿童学习计数和形成数概念等做好准备，同时也为数学概念和逻辑概念的初步形成提供、积累感性经验。

感知集合概念的主要内容包括分类、排序、区分"1"和"许多"、比较两组物体的多少。

1. 分类

分类即按物体的颜色、大小、形状、用途、数量等不同的特征进行区分。可以按一个特征分，再逐步按两个或两个以上的特征分。

分类教育的目的主要是使学前儿童体验事物的共同属性，初步形成集合概念。体验事物的共同属性是学前儿童学习集合的基本要求，也是形成类概念的基础。学前儿童眼中的共同属性包括两种含义：一种是指"大小和形状都一样"，另一种是指事物的某一属性或特征（如颜色、形状、大小等）相同。学前儿童能在经验层面上对事物进行一种概括和归纳，初步形成集合概念。

分类教育一般是按照由易到难、由简到繁的原则，围绕分类活动的教育目标进行，同时要结合已学的有关数、量、形等方面的知识。

教师在分类教育活动中的指导与建议如下。

（1）引导学前儿童按照物体的名称、用途、数量等特征进行分类。教师在引导小班学前儿童进行分类时，首先要引导他们学会从一堆物体中找出名称相同的物体。例如，教师可以给小班学前儿童提供一些同样颜色、同样大小的物体，让他们找出名称相同的物体，然后逐步教他们排除物体的颜色、大小等干扰，把名称相同的物体找出来并放在一起。

（2）在日常生活中进行分类练习活动。分类教育要融入学前儿童的日常生活。例如，在吃饭时，饭前分餐具，让学前儿童分发杯、盘、碗、筷，饭后再让他们根据杯、盘、碗、筷的不同用途分别将其归类；对家庭成员进行分类，让学前儿童按照男女、老幼、高矮、胖瘦等不同特征区分家庭成员，然后数出各类家庭成员的数目；对桌上摆放的东西进行分类，让学前儿童按吃的、用的、玩的等不同用途进行分类，并数一数每一类的数量。

2. 排序

排序是指依据物体的特征（如颜色、大小、长短、粗细、高矮、先后、多少等）差异，按照一定的规则或次序进行排列。排序建立在对物体进行比较的基础上，需要学前儿童具有一定的判断推理能力。对于学前儿童来说，排序要比对物体进行分类的难度大一些。

教师要引导学前儿童发现排列规律，需遵循由简单到复杂、由明显到隐藏、由少数到多数的原则。排序对学前儿童学习数学知识和发展智力有着积极的意义和作用。

教师在排序教育活动中的指导与建议如下。

（1）引导小班学前儿童按照物体的大小、长短进行排序。教师在引导小班学前儿童对大小差别较明显的物体进行排序时，可以和比较物体大小的教学结合起来，开始引导他们从3个物体中找出最大的和最小的，然后让他们进行排序。

例如，教师出示3个大小明显不同的红皮球，引导学前儿童观察比较，指出最大的和最小的，然后指导他们进行从大到小的排序，学会之后再逐渐增加难度，再出示3个颜色不同、大小不同的皮球，让他们进行大小排序。

教师在引导小班学前儿童对长短差别较明显的物体进行排序时，可以和比较物体长短的教学结合起来，开始引导他们从3个物体中找出最长的和最短的，然后让他们进行排序。教师教学时，要注意让小班学前儿童学会把物体的一端对齐，以便准确地区别物体的长短。

（2）引导中班学前儿童按照物体的高矮、粗细、厚薄进行排序。教师在引导中班学前儿童按照物体的高矮等特征进行排序时，可以和比较物体高矮的教学结合进行。教师在引导中班学前儿童按照物体的高矮进行排序时，可以让他们把一组物体按照从矮到高或从高到矮的顺序进行排列。

例如，教师出示5棵高矮不同的树教具，引导中班学前儿童从矮到高进行排序，并让他们数一数。采用类似的方法，教师引导中班学前儿童按照物体的粗细、厚薄进行排序。

（3）引导大班学前儿童按照物体的宽窄进行排序。教师在引导大班学前儿童按照物体的宽窄进行排序时，可以和比较物体宽窄的教学结合进行。教师要鼓励大班学前儿童完成多种有关宽窄排序的活动，并大胆讲述操作过程和操作结果。

教师要引导大班学前儿童不受物体的颜色、形状、材料的干扰，进行宽窄的排序，并在引导的过程中强化大班学前儿童对序列中物体的相对性和可变性的体验。

（4）引导学前儿童按物体的特定规律排序。指导大班学前儿童去发现物体的排列规律并按这一特定规律排序，对发展学前儿童智力、初步培养学前儿童的探索精神有一定的作用。

例如，教师指导学前儿童排队时按一个女孩一个男孩再一个女孩再一个男孩的顺序进行，然后让其他小朋友按这一规律往下排；或按两个苹果一个香蕉这样的规律往下为其他的苹果、香蕉排序。

3. 区分"1"和"许多"

"1"是自然数的基本单位，"许多"是含有两个以上元素的集合。区分"1"和"许多"，了解它们的关系，目的是学前儿童学习数概念之前，使他们初步认识一组物体（集合）是由单个物体（元素）组成，初步形成集合的概念。为后面学习点数、了解计数的结果做准备。

区分"1"和"许多"的教育内容主要包括：教会学前儿童运用各种感官感知"1"和"许多"，例如，利用视觉区别一个物体和许多个物体，利用听觉区分一次声响和许多次声响，利用触觉感知一个物体和许多个物体等；使学前儿童了解"1"（元素）和"许多"（集合）之间的关系，即任何"许多"都是由"1"组成的；让学前儿童学会在日常生活中运用"1"和"许多"以及常用的数量词。

设计组织区分"1"和"许多"的教育活动，主要是为了培养学前儿童的观察力、注意力和初步的归类能力。

在"1"和"许多"的教育活动中，教师的指导与建议如下。

（1）用观察比较法教学前儿童认识"1"和"许多"。教师利用实物或教具，引导学前儿童边观察（或摆弄）边比较：什么物体是一个？什么物体有许多？初步理解"1"和"许多"都是代表事物的数量。教具可以选择同类的，也可以选择不同类的。

（2）组织学前儿童进行分合操作，从中感知"1"和"许多"的关系。教师指导学前儿童把许多物体（集合）分成一个一个的物体（元素），再把一个一个的物体（元素）组成许多物体（集合），让学前儿童在分合的实践中感知集合与元素的关系。分合操作活动按由易到难进行，先是将同颜色（或同形状）的物体进行操作，然后过渡到不同颜色（或不同形状、不同大小）的物体进行操作，使学前儿童认识到物体可以按形状、大小、颜色等分类，逐步扩大对集合范围的感知，培养分类能力。教具应选择同类教具。

（3）教会学前儿童运用各种感官感知"1"和"许多"。教师可以引导学前儿童运用视觉、听觉、触觉等多种感官对"1"和"许多"进行感知。

（4）引导学前儿童在周围环境中寻找"一个物体"和"许多物体"。教师有目的、有意识地引导学前儿童使用寻找法，帮助学前儿童把注意力放到对周围环境中的各种物体进行数量分析上来。寻找活动主要有3种方式：一是在准备好的环境中寻找，二是在自然环境中寻找，三是教学前儿童运用记忆表象寻找。

4. 比较两组物体的多少

比较两组物体的多少，目的是让学前儿童掌握求同和分类的技能。求同和分类的技能包括两个方面，一是通过外部求同达到的运算技能，二是通过心理活动达到的运算技能。通过外部求同，将有共同属性的物体经过位移归放在一起，其意义在于方便二次寻找和发现它们。通过心理活动的求同，不需要移动物体，就能把具有共同属性的事物看成同类，这是学前儿童形成概念的基础。

比较两组物体多少的教学目标主要包括：学会用重叠对应比较和并放对应比较的方法正确地判断两组物体哪组多、哪组少或一样多，懂得"一样多""不一样多""多些""少些""多一个""少一个"等的含义，发展初步的分析比较能力。

在比较两组物体多少的教育活动中，教师要注意按照从易到难、从简单到稍复杂的顺序来安排活动。

（1）引导学前儿童进行重叠对应比较。重叠对应比较，就是将一个集合中的元素逐一重叠在另一个集合相应的元素上，从"一样多"过渡到"多些""少些"。

（2）引导学前儿童进行并放对应比较。并放对应比较，就是将一个集合中的元素，按上下或左右方向，对应并放在另一个集合元素的附近，从"一样多"过渡到"多些""少些"，同样是从有情节过渡到无情节的形式。并放时必须注意放的距离。

（3）鼓励学前儿童选用自己喜欢的方法进行比较。教师引导学前儿童选用自己喜欢的方法来比较两组物体，可以重叠对应比较或并放对应比较，也可以和不同特征的物体分类教学结合进行。

以上几种方法都可以采用游戏的形式进行，教师要重视培养学前儿童的动手操作能力，并注意引导他们在日常生活中进行练习。

（二）统计概念教育活动

在学前期适当开展简单的统计概念教育活动，使学前儿童体验到数学与日常生活的密切联系。用统计方法解决实际问题的过程，可以有效促进学前儿童思维能力的发展。

统计概念教育活动中的相关概念如下。

- 随机事件。随机事件是指在一定条件下，可能发生，也可能不发生的事件，具有不可预测性。
- 总体。在统计中，人们把要考察的对象（某特征）的全体称为"总体"，其中的每一个考察对象叫做这个总体的一个个体。
- 统计。统计一般是通过从总体中随机抽取的样本中获得的信息来推测总体性质的方法，即通过大量数据的收集、整理、计算、分析，得出对总体性质的解释、表达和推断的方法。
- 数据。数据是信息的表现形式。数据是指学前儿童针对统计问题收集到的对象，这种对象可以表现为事实或数字形式。

1. 学前儿童统计概念教育活动的基本内容

学前儿童统计概念教育活动的基本内容如下。

（1）小班学前儿童：感知有两种可能结果的随机现象，初步体验"不确定"；按一个标准分类整理、进行简单的量的比较，学习实物表征。

（2）中班学前儿童：感知随机结果的多样性；将物品分成多类，并分类计数、比较，学习用图片或数字表征统计结果。

（3）大班学前儿童：知道随机现象有哪些可能的结果，能关注各种可能的结果；对数据进行分类整理，学习用数字、图表等方式表征统计结果，根据统计结果做出简单的判断。

2. 学前儿童认识统计概念的年龄特点

小班学前儿童能感知"不确定性"，但对随机结果的数量是模糊的；中班学前儿童能感知数量较少的随机结果；大班学前儿童对随机结果数量的认识有所增加。

学前儿童认识统计概念的年龄特点如下。

（1）小班学前儿童对集合的界限感知比较模糊，对分类的界限把握不准确。他们能在教师的指导下将某类物品从其他物品中分离出来，一般能对5以内的物体进行较准确的统计，并说出总数。而表征数据方式主要是实物或图片，不能通过数据分析做出统计决策。

（2）中班学前儿童对集合界限的感知较清晰，能够对6组以内的物体按数量排序指出最多（少）的组。他们能在教师的引导下学习使用分类标记，但通常不能利用数据来推断。

（3）大班学前儿童在不断积累观察、收集、分类、计数、比较、判断等经验的过程中，为统计思维的形成与发展奠定了基础。此阶段的学前儿童逐步学会用图表分析和解决问题。他们能将物体按某一特征分类，然后用适当的方式表征，并对各类命名，准确比较各类的量。

3. 学前儿童认识统计概念的发展特点

学前儿童对随机现象的认识是从有意确定到有意不确定的。对随机现象不可预测性的认知是在反复试错中积累起来的经验。随着认识能力的发展和生活经验的不断丰富，学前儿童逐渐有了"不确定"的意识。

学前儿童统计能力的发展是在反复进行的分类、计数、排序等活动中获得的，其统计数据的表征能力呈现出递进的 4 个阶段。

（1）图画型。完全用图画的方式如实显示不同类型事物及其数量，即用图画的数量表示实物数量。

（2）数字型。用计数结果的数字表示将事物分成几类、每类的数量，即用每个数字表示一类的数量。

（3）图文结合型。采用图画与文字结合的方式表征数据，即用图画表示类别，用数字表示每类的数量。

（4）初级图表型。用圆圈、直线、方格等形式划分事物类别，用数字、图画等方式表示各类的数量。

4. 学前儿童统计概念教育活动指导

教师在设计与组织统计概念教育活动时，一定要结合学前儿童的年龄特点、发展水平和生活经验，以学前儿童为活动主体，创设生动的情境，调动他们参加活动的积极性和主动性。此类活动通常采用游戏的方式进行，游戏结果的随机性是游戏有趣且有吸引力的关键。

（1）在游戏中，感知随机现象的不可预测性和数学的趣味性。

感知随机现象的活动可以是专门的数学教育活动，也可以是其他活动中渗透的游戏活动。在游戏活动中，教师要引导学前儿童感知随机现象。例如，开展"指鼻子""抢椅子"等游戏，让学前儿童体会随机现象的偶然性和随机性结果的多样性。又如，经常出现在活动环节中的决定两人输赢的方法"猜拳游戏——石头、剪刀、布"。

生活中许多竞赛类活动的结果都具有随机性，值得引导学前儿童体验、观察和发现。需要注意的是，感知随机现象的游戏必须联系学前儿童的生活实际和感知水平；随机现象中包含的基本事件不宜太多；注重游戏的趣味性，它是吸引学前儿童的重要原则，可以在游戏中设计适当的口诀或顺口溜，提高游戏的趣味性。

（2）在操作活动中，学习统计的方法，体会数学的有用。

在学前教育中，教师要注意引导学前儿童学习统计的方法，体会数学的有用。操作活动包括专门的统计活动和在其他活动中渗透的统计活动。

① 专门的统计活动。专门的统计活动是指教师根据学前儿童的发展目标，精心设计并有计划、有组织开展的统计教育活动。学前儿童统计教育活动的设计要结合学前儿童的实际生活经验和认知水平，并且以学前儿童为中心，让他们成为活动的主体。

统计活动的一般步骤为选取随机样本、分类整理数据、分析数据得出推断。

• 选取随机样本。要想通过统计方法得出对某事物的合理推断，需要科学采集样本，并进行准确的分析。例如，"秋天来了，幼儿园里的落叶是黄叶多，还是绿叶多？"教师组织开展捡树叶活动，为了保证样本的代表性，应让学前儿童随意捡取。

• 分类整理数据。原始数据往往是凌乱的，只有把数据按需求进行分类整理，才能更清晰地为推断结果提供依据。例如，教师让学前儿童把捡来的树叶按颜色分为黄、绿两类，在指导学前儿童分类时，教师应注意分类标准的一致性，即用同一标准对所有数据进行分类。

• 分析数据得出推断。通过数据现象推断事物的本质特征，是统计的主要任务。例如，将每位小朋友捡来的树叶分类得出数据后进行比较，就可以知道幼儿园里的落叶中是否黄叶更多。

统计有很多作用，可以使人们及时得到各种信息，例如，要想解决"娃娃超市"里什么东西卖得好的问题，就可以组织学前儿童开展统计活动，让他们用自己的智慧得出正确答案。

在指导学前儿童开展统计活动时，教师还应适当地使用分类标志、统计图表等数据表征手段，组织学前儿童开展交流，分享统计经验，帮助他们提高统计表征能力。

②　其他活动中渗透的统计活动。将统计活动渗透到日常生活中，教师和家长可以即兴组织，例如，分类整理学具、玩具等。将统计活动渗透到游戏中，例如，在跳绳游戏中，谁跳绳最多，谁跳绳最少等。还可以将统计活动渗透到幼儿园区角中，例如，通过统计，判断哪个区角最受学前儿童欢迎。统计活动还可渗透到其他主题活动中，例如，体育活动中的成绩排名、语言活动中的角色选择的随机性等。

🔍 实战训练

　　请同学们为幼儿园大班儿童围绕集合、统计概念设计一则找规律的数学教育活动教案，例如，找不同、找相同、找对称等活动，活动题目自拟，要求活动目标具体、明确，活动过程清晰、完整，活动内容与学前儿童生活密切联系，生动有趣，且能够吸引学前儿童参与的兴趣。

二、数概念及运算能力活动设计组织指导

　　引导学前儿童感知事物的数量及其关系，建构初步的数概念，培养其运算能力，是学前儿童数学教育的主要内容。同时，数概念的形成和发展也是学前儿童思维发展的一个重要组成部分。

（一）数概念教育活动

　　学前儿童数概念的建构不是短期内能够实现的，它既是一个长期且复杂的过程，又是一个连续的发展过程。

1. 学前儿童数概念的发展特点

　　学前儿童数概念的发展过程可以分为若干阶段，各个阶段之间既有区别又有联系，主要包括学前儿童计数能力的发展、对数序的认识、对数的守恒的掌握，以及对数的组成的掌握等方面。

（1）学前儿童计数能力的发展

　　计数是一种有目的、有手段、有结果的活动。要想知道一个集合中元素的个数，就要进行计数。计数就是把集合中的元素与自然数列建立起一一对应的关系。

　　学前儿童计数能力的发展过程如下。

　　①　口头数数。3~4 岁的学前儿童一般能从 1 数到 10，没有形成数词与实物间的对应联系，他们还不能理解数的实际意义。在这个阶段，他们一般只会从"1"开始，按顺序往下数，不会从中间的任意一个数开始数，更不会倒着数。5 岁以后的部分学前儿童能从中间任意一个数接着往下数，但一般还不会正确进位，常出现错误，会从头再数。口头数数只是一种机械的记忆，学前儿童的这种数数实际上是一种"唱数"。

　　②　按物点数。在口头数数的基础上，学前儿童能将数字与客观事物的数量联系起来，建立数与物之间一对一的联系，点数时做到手口一致。学前儿童在按物点数时，常常会出现手口不一的现象。

　　③　说出总数。学前儿童按物点数后，能够说出所数物体的总数。能够说出总数是学前儿童计数能力发展的关键，这表明学前儿童能够运用数目并理解数目的实际意义。

　　④　按数取物。按照一定的数目拿出同样多的物体，这是对数概念的实际运用。按数取物要求学前儿童首先能够记住要求取物的数目，然后按照数目取出相应的物体。

　　（2）学前儿童对数序的认识

　　数序即自然数的顺序，每个数在自然数列中的顺序都是按照后面的一个自然数比前面的一个

自然数多"1"的顺序排列的。也就是说，数序指每个自然数在自然数列中的位置，以及与相邻两个数之间的大小关系。

① 学前儿童计数能力的发展为其学习数序、形成数列概念做了最初的准备。学前儿童学习按数点物，也是按照数序来点数物体的，为数序的学习积累了最初的感性经验。

② 认识数序，即能够按序的观念排列 10 以内的自然数列。学前儿童要能比较 10 以内数的多少，理解 10 以内数与数之间的等差关系，即能够把握每一个数同其前后两个数之间的关系。

③ 对数的序列的认识，包括对序数的认识。学前儿童理解和掌握数的序数含义的时间一般比较晚，因为这要求他们能够一一对应地点数物体，有给物体或数目排序的经验，还要掌握数的顺序。据研究表明，学前儿童最初分不清基数和序数，两者经常混淆。

（3）学前儿童对数的守恒的掌握

数的守恒是指学前儿童能够不受物体的大小、形状、排列形式的影响，正确判断 10 以内物体的数量。学前儿童对数的守恒的掌握既标志着学前儿童数概念发展的水平，又是其思维过程结果的一种表现。3 岁半以前的学前儿童很少能理解数的守恒，4 岁以后理解数的守恒的人数逐渐增加，6 岁以后大多数儿童能够基本掌握数的守恒。

（4）学前儿童对数的组成的认识

数的组成包括数的分解与组合，所以也称作数的分合，是指一个数（总数）可以分成几个部分数，几个部分数又可以组合成一个数（总数）。学前儿童学习数的组成只是学习将一个数分成两个部分数，理解总数与部分数之间的分合关系。

学前儿童认识数的组成对其发展有着重要的意义。学习数的组成有助于学前儿童对组成中蕴含的数量关系的感知和理解。认识数的组成是理解加减运算的基础。学习数的组成能促进学前儿童思维能力的发展。

2. 学前儿童数概念发展的阶段

学前儿童数概念的发展不仅有一定的连续性，还表现出一定的阶段性。也就是说，在儿童数概念发展的某一阶段一般都具有普遍的、共同的区别于其他阶段的质的特点。学前儿童数概念的发展阶段和学前儿童年龄大体相呼应，但不完全一致。

心理学家根据各地对学前儿童数概念发展的研究结果，将 3～6 岁学前儿童数概念的发展大体分为 3 个阶段。

（1）对数量的感知阶段（3 岁左右）

此阶段表现出的特点如下。

① 对多少的笼统感知，对明显的多少的差别能够区分；对不明显的差别，只说"这个多，那个少""两个合起来才多"等。

② 会唱数，但范围一般不超过 10。

③ 逐步学会口手协调地小范围（1～5）点数（数实物），但点数后说不出物体的总数，个别儿童能做到伸出同样多的手指来比画。

（2）数词和物体数量间建立联系的阶段（4～5 岁）

此阶段表现出的特点如下。

① 点数后能说出物体总数，即有了最初的数群（集）的概念，末期开始出现数的守恒现象。

② 学前儿童在这个阶段的前期，能分辨多少、一样多，到中期能认识第几、前后顺序。

③ 能按数取物。

④ 逐步认识数与数之间的关系（如有了数序的观念，能比较数目多少，能应用实物进行数的分解与组合）。

⑤ 末期开始能做简单的实物运算。

（3）数的运算初期阶段（5～6岁）

此阶段表现出的特点如下。

① 对10以内的数大多数学前儿童能保持守恒。

② 计数能力发展较快，大多数学前儿童从表象运算向抽象数字运算过渡。

③ 序数概念、计数概念和运算能力的各个方面都有不同程度的扩大和加深。

这是发展的一般趋势。由于发展的不平衡，学前儿童数概念形成中的个别差异也是很大的。文化教育对儿童数概念和运算能力的发展也有重要影响。从一般的发展趋势看，5～6岁阶段是学前儿童数概念发展的转折点（或明显的飞跃期）。此时学前儿童的计数能力，对基数、序数的掌握及运算能力都呈现飞跃上升的趋势。

3. 学前儿童数概念教育活动指导

学前儿童虽然还没有建立数的概念，但他们对身边的数量感知已经在有意无意中萌发了。例如，他们知道自己有两只眼睛、两只耳朵、一个鼻子、一张嘴等。教师在设计数概念相关教育活动时，应注意以下要点。

（1）引导学前儿童感知数学的有用和有趣

教师应注意将数学与学前儿童的日常生活紧密结合起来设计组织教育活动。

① 引导学前儿童感知和体会生活中很多地方都用到数，关注周围与自己生活密切相关的数的信息，体会数可以代表不同的意义。例如，天气预报中表示气温的数代表冷热状况，钟表上的数表明时间的早晚，门牌号代表地理位置，商品包装上的日期代表生产日期或限用日期等。鼓励学前儿童尝试使用数的信息进行一些简单的推理，例如，今天是周五，那么明天就是周六，不用上幼儿园。

② 引导学前儿童观察发现有一定排列规律的事物，体会其中的排列特点与规律，并尝试自己创造出新的排列与规律。例如，不同颜色间隔排列的地板砖、商品货架上的商品陈列等。然后进一步引导学前儿童体会生活中有很多事物是有一定顺序和规律的，如一天分白天和黑夜，一周有7天，一年有四季等。

③ 鼓励学前儿童发现并尝试解决生活中需要用到数学的问题。例如，拍球、跳绳、跳远等，可以通过数数、测量等方法确定名次。

（2）引导学前儿童理解数、量及数量关系

有许多学前儿童可以唱数数字，但不理解数字代表的意义。教师在设计教育活动时，要将数目与数字紧密联系在一起。

① 引导学前儿童理解数概念。利用生活和游戏中的实际情境，组织学前儿童手口一致地点数物体，或按数取物，得出物体的总数。帮助学前儿童理解物体的数量不会因排列方式、空间位置的不同而发生变化。

② 体验数字与物体数量的关系，并认读数字。体验数字与物体数量的关系是设法将抽象的数字与实际事物数量联系起来，帮助学前儿童认识数字的活动。例如，一把勺子、两根筷子、3个碗、4口人等。在认读数字时，教师可以采用形象化的方式帮助学前儿童记住字形，例如，可以一边唱数字歌，一边配相应的动作教他们熟悉字形。

③ 认识基数与序数。体验数字表示的基数意义，并学会用数字来表征数量。基数是用来表示集合中元素数量的数，序数是用来表示序列中元素的排列次序的数。例如，数苹果时，数到最后一个苹果是5，这个5既可以代表总共有5个苹果，又可以表示数到最后的那个是第5个苹果。

④ 理解数与数之间的关系。数的顺序与数字的顺序，从根本上说，是与"多1"的概念联系

在一起。数字 5 比数字 4 多了 1，每一个数都是前面的数添上一个"1"形成的。

⑤ 比较多少。结合日常生活，指导学前儿童学习通过对应或数数的方式比较物体的多少。鼓励学前儿童在一对一配对的过程中发现两组物体的多少，例如，一个碗配一把勺，通过一一对应排列，发现哪个东西多，哪个东西少。

（二）运算能力教育活动

10 以内数的加减运算，在学前儿童日常生活和游戏中经常遇到。学前儿童初步接触了数概念之后，教师就可以组织他们开展 10 以内数的加减运算活动了。

1. 学前儿童 10 以内加减运算的教育目标与要求

学习 10 以内加减运算活动一般是在幼儿园大班进行的，其活动目标与要求如下。

（1）初步理解并掌握 10 以内数的加法和减法的含义，认识加号、减号和等号。

（2）初步掌握应用题的结构，能用模仿和描述的方法学习自编简单的口述应用题。

（3）有初步分析问题的能力，尝试解答生活和游戏中简单的加减运算应用题。

2. 学前儿童 10 以内加减运算的教育内容

10 以内数的加减运算可分为 3 部分内容，即实物加减、口述应用题和列式运算。

（1）实物加减。实物加减是指通过操作实物或其他直观材料进行加减运算。例如，在桌子上有两支铅笔，教师又放上 3 支，问桌上一共有几支铅笔。实物加减离不开实物、实物模型等学前儿童能够触摸到的直观材料，也离不开对实物的操作。进行实物加减可以帮助学前儿童理解加法和减法的含义。

（2）口述应用题。口述应用题是指用语言讲述日常生活或图片中包含一定数量关系的实际问题。情节和数量关系是构成应用题的两个必要条件。应用题要结合一定情节，在数量关系中给出已知条件，提出要解答的问题。有了情节，数量关系就不是完全抽象存在的，而是寓于应用情境之中的。借助情节，学前儿童可以依托已经积累的日常生活经验来理解数量关系。

例如，一支自动铅笔 2 元钱，一个笔记本 4 元钱，买这两样东西需要多少钱？

（3）列式运算。列式运算是指直接用数字、数学符号列出算式进行的运算，属于概念水平的运算。大班学前儿童学习列式运算主要涉及理解"+""-""="等数学符号的含义、10 以内加减法、"看图列式"等内容。其中，"看图列式"是指根据图中的画面情节列出一道或多道算式，它以学前儿童的观察能力为基础，有利于学前儿童理解数与数之间的关系。

3. 学前儿童 10 以内加减运算教育活动指导

学习 10 以内的加减运算，目的是让学前儿童初步理解加法、减法的含义，会解答简单的加减应用题，感知和体验加减互逆关系，发展可逆性思维。

教师在设计组织此类活动时，应注意以下要点。

（1）根据学前儿童的发展水平进行教学安排

根据学前儿童学习加减法的特点和目标要求，教师可以将 10 以内加减运算的教育活动分为两个阶段。第一个阶段是学习 5 以内的加减运算，第二个阶段是学习 10 以内的加减运算。

在具体安排时，可以先学加法，再学减法。在学习加法时，可以从数的组成开始，自然过渡到加法运算。结合数的分解可以帮助学前儿童学习和理解减法的意义。在教学过程中，教师还可以结合数的组成及算式，帮助学前儿童感知加法的交换律，即交换两个加数的位置，它们的和不变。

（2）创设情境引导学前儿童体验加减运算的含义

教师可以以生活和游戏中的实例引导学前儿童感知加减运算的含义。例如，结合生活实际创设问题情境，给你 10 元钱，买一辆玩具汽车需要 8 元，售货员需要找给你多少钱？

　　教师也可以结合应用题帮助学前儿童理解加减运算的含义。例如，盒子里有 3 块积木，教师又放进去 2 块，将它们合在一起，那么盒子里一共有几块积木？教师边讲解边演示，让学前儿童感知和理解合并的过程，从而帮助他们理解加法的含义。

　　教师还可以考虑学前儿童已有认读加减法算式题的经验和能看懂简单图画的认知水平，采用看图片找算式的方法，建立具体事物与抽象的算式之间的联系，促进学前儿童对加减法的理解。例如，树上有 4 只小鸟，又飞来了 3 只小鸟，问现在树上有几只小鸟？图片旁有 4 个算式：$2+2=4$，$2+1=3$，$4+3=7$，$4+5=9$。请学前儿童为图片找朋友。

　　在此类活动中，教师应注意引导学前儿童做比较，发现不同的图片找到的算式是相同的，反之，同一个算式既可以说明一张图片的事情，又可以表示不同的事情。在活动中，注意引导学前儿童进行归纳、总结，提升对加减法意义的理解。

　　（3）引导学前儿童尝试列加减法算式

　　在这个过程中，教师需要通过数字、符号记录加减运算的过程和结果，使学前儿童理解算式的含义。在学前儿童初步理解和掌握实物的加减运算后，教师可以引导他们把实物的数量用数字表示，把数量增加或减少的过程用运算符号表示，并用等号与结果连接。例如，你有 3 颗糖，吃了一颗后，你还有几颗糖？列出减法算式为 $3-1=2$。

　　（4）指导学前儿童学习自编应用题

　　教师应引导学前儿童自编应用题，以帮助他们理解生活中简单的数量关系。学前儿童学习自编应用题的重点是掌握应用题的结构，难点是根据已知两个条件提出一个问题，因此在设计和组织此类活动时，教师可通过示范的方式，来引导学前儿童比较疑问句和陈述句的区别。教师也可以引导学前儿童自己仔细看图，然后编题。

　　总之，教师在设计组织加减运算活动时应注意：首先，从解决现实问题出发，设计与学前儿童生活关系紧密的情境，引导学前儿童运用数学解决问题的方法，使学前儿童体验到数学有用；其次，在活动中注意数字运算与实物运算相结合，用具体的实物帮助学前儿童理解数学算式；最后，注意采用多种形式引导学前儿童学习加减运算，将数学活动适当渗透到其他教育活动中。

三、量概念活动设计组织指导

　　学前儿童认识的量一般包括大小、长短、粗细、高矮、宽窄、厚薄、轻重、远近等。物体量的测量结果通常用数来表示，即数量。教师应注意教学前儿童弄清量的基本概念和基本特征，这样才能正确地选择教具，正确地做出示范和讲解。

（一）学前儿童认识物体量的特点

　　物体的量是物体固有的特性，是客观存在的。物体常见的量是我们通过感官可以直接感知到的。儿童从出生起就感知并积累了大量的有关物体量的感性经验。但由于幼儿语言能力的发展晚于感知觉能力的发展，因此幼儿常常不能用恰当的词来表示物体的量。

　　一般来讲，各年龄段学前儿童认识物体的量有不同的特点。

　　小班学前儿童只能对大小、长短差别明显的物体加以辨别，随年龄增加才能对差异不明显的量进行区分。他们在感知和区分量的特性时，对量概念的理解常常绝对化。

　　中班学前儿童感知物体量的能力得到进一步的发展，他们不仅能区别差别明显的物体，而且开始区分差别不太明显的物体。他们能对不同大小的物体做出区分和排列，能从一组物体中找出相同大小的物体，比较出一样大的物体，但他们在判断物体的大小、长短时会受到物体的位置和形状变化的影响，还没有形成量的守恒概念。

大班学前儿童对量感知的精确性进一步发展，他们能准确熟练地感知物体的量并且能用语言准确地表述物体的量，他们认识到物体的量是相对的、可以测量的，并掌握了简单的测量方法。这个阶段学前儿童开始形成量的守恒概念，逐步理解物体序列间的各种关系。

（二）学前儿童量概念活动设计组织指导

教师在设计组织学前儿童有关量概念数学教育活动时，应注意以下几点。

1. 讲解演示

物体常见的量一般都是人们通过感官可以直接观察到的，因此，在教学前儿童认识物体量时，教师可以引导他们通过视觉、触摸、运动等多种方式感知比较物体量的特征。

活动设计的基本步骤如下：先通过两个物体的比较，认识和区别物体的某个量，在此过程中教师可以示范并告诉学前儿童相应的量词，然后通过3个以上物体的比较，认识量的相对性。

在活动实施过程中，教师教学前儿童使用不同的测量法去测量。对可以通过感官观察比较的物体的量，引导学前儿童通过目测或感觉来判断物体的量，例如，一个西瓜和一个苹果的重量，学前儿童可以通过观察它们的大小或拿起来感觉一下，从而比较出轻重。教师可以引导学前儿童用自然物对物体的某一量进行测量，例如，用电子秤称物体的重量，用尺子测量物体的长度。

教师在示范测量长度时需注意以下几点。

（1）如何开始测量：测量工具的一端与被测量的物体的一端对齐。

（2）如何做测量标记：每次测量时在测量工具的一端做个记号。

（3）如何移动测量工具：测量工具要做水平方向移动。

（4）如何统计测量的结果：测量完后记录测量的标记有多少。

2. 操作活动

教师在指导学前儿童通过目测或动手比较物体的量时，应注意，提供的材料要条件单一，例如，比较粗细时，选择的柱状物体长度相同，粗细不同，这样便于学前儿童进行比较。教师演示时要注意物体的摆放位置。例如：比较长短时最好选择条状物体并呈水平方向放置，让学前儿童意识到长短指物体水平方向上两端的距离；比较高矮时应选择有一定体积的物体并呈垂直方向放置，使学前儿童意识到高矮指物体垂直方向上两端的距离。操作完后要求学前儿童讲述操作的过程和结果。

在学前儿童的操作活动中，教师要注意对关键要素的检查。学习自然测量也可以让学前儿童自己先动手操作，针对他们测量中出现的矛盾和问题，教师进行示范讲解，这样学前儿童的理解会更深刻。

3. 寻找活动

教师可以引导学前儿童在周围环境中寻找并比较哪些物体大或哪些物体小，学前儿童可以先在教师预先准备好的环境中寻找，然后在自然环境中寻找，最后教师可以让学前儿童通过回忆，回想熟悉的物体量的相对情况。

四、形概念活动设计组织指导

数、量、形是幼儿园数学教育的重要内容，而且数与形是密切联系在一起的。认识几何形体不仅能够帮助学前儿童更好地认识客观世界，还能发展他们的观察、比较、归纳、概括、空间知觉能力和空间想象力等。

（一）学前儿童认识几何形体的特点

几何形体是对客观物体形状的抽象和概括，是人们用来确定物体形状的标准形式，具有普遍性和典型性。学前儿童认识几何形体的特点如下。

1. 经常混淆物体与形体

数学意义上的几何形体是对物体形状的高度抽象和概括的结果，而学前儿童在生活中看到的是具有各种形状的实物而非抽象的形体，他们能直呼物体的名称，而非数学意义上的几何形体的名称。学前儿童对物体比较熟悉，而对几何形体比较陌生，所以他们在认识几何形体时，常常出现用物体名称代替形体名称的情况。例如，学前儿童把圆形称作"皮球""太阳"等，把正方形称作"桌子"等。

教师在教学前儿童认识几何形体时，要注意引导他们观察比较物体的形状，并告诉他们几何形体的名称，帮助他们从物体的形状中抽象概括出几何形体。

2. 混淆平面图形与几何形体

人们生活中存在的各种形状的物体都是几何形体。学前儿童对物体的认识是整体的，而数学教育活动中对形体的认识是先学习平面图形，再学习几何形体。

学前儿童在认识平面图形时，当教师引导他们寻找周围环境中什么样的物体具有什么形状时，他们常常是以体代面。例如，在寻找长方形时，学前儿童会说图书、电视机等。对此，教师要注意引导学前儿童观察两者的差异。

3. 对几何形体的认识与其生活经验密切相关

学前儿童容易认识并记住生活中常见物体的形状，但对比较少见的物体的形状认识起来会比较困难。因此，教师教学前儿童认识平面图形的顺序为圆形→正方形→三角形→长方形→椭圆形→梯形，教学前儿童认识几何形体的顺序为球体→正方体→长方体→圆柱体。

4. 没有形成形体守恒的观念

学前儿童对形体的认识会受到几何形体的大小和摆放位置的影响。在教他们认识几何形体时，教师要强化他们对形体特征的认识，并注意对他们进行形体守恒和面积守恒的训练，帮助他们形成形体守恒和面积守恒的观念。

（二）学前儿童形概念活动设计组织指导

教师在设计组织学前儿童有关形概念数学教育活动时，需掌握以下几点。

1. 观察比较

生活中存在各种形状的物体，而物体都是几何形体，平面只是几何形体的一部分。为了使学前儿童分清平面与几何形体，教师可以选择接近平面图形的物体作为教具。例如，图书的封面可以看作是长方形，圆桌的桌面可以看作是圆形等。

在指导学前儿童进行观察比较时，教师应注意观察的基本步骤。

（1）观察两三个实物，找出它们的相同与不同。

（2）观察图形与实物，找出其相同点。

（3）告诉学前儿童这种图形的名称。

（4）详细讲解图形的特点。

2. 演示讲解

教师可以通过演示讲解，突出图形的基本特征，引导学前儿童认识图形，并掌握图形的基本特征。教师采用演示讲解法的基本步骤如下。

（1）出示两三个某种图形，告诉学前儿童图形的名称。

（2）认识图形的边、角，并数一数有几个。

（3）总结图形的特点。

（4）寻找周围的环境中哪些物体是某种形状或指出某种物体的某个部分是什么形状。

3. 比较性操作

为学前儿童提供有共同特征的不同图形，例如，正方形与长方形、圆形与椭圆形、长方形与梯形，让学前儿童观察比较，找出它们的相同点和不同点，教会学前儿童如何区分这些相似的图形。此方法适合在幼儿园中班使用。

中班学前儿童已经认识了圆形、正方形、三角形，在此基础上认识长方形、椭圆形、梯形时可以用比较性操作的方法。例如，认识长方形时为每位学前儿童准备一个正方形和一个长方形（注意两种图形最好颜色不同，正方形的边长与长方形的短边一样长），引导学前儿童进行比较，先看看它们有什么地方相同，有什么地方不同，这样突出长方形的特征，可以加深学前儿童的记忆。

4. 操作型活动

操作型活动是幼儿园经常采用的教学方法，也是教学前儿童认识几何形体的主要方法。教学前儿童认识图形的操作型活动主要有以下几种。

（1）按名称取图形

学前儿童根据教师的口头指令，取出相应的平面图形。例如，认识三角形时，教师可提前准备好各种各样的三角形及一些其他图形，根据学前儿童接受程度的不同，设置活动的不同难度：首先是最简单的同样形状、同样大小、同样颜色的三角形；其次是同样形状，但大小、颜色不同的三角形；最后是不同颜色、不同大小、不同形状的三角形。

教师让学前儿童从多个图形中找出三角形，并引导学前儿童在观察比较的基础上说出三角形的特点，即不管图形的颜色、大小、位置、形状如何，只要它有三条边、三个角，它就是三角形。

（2）拼合图形

教师将一个完整的图形分成2~3个部分，打乱位置后，要求学前儿童根据各个部分的特点，重新拼合成一个完整的图形。此类活动可以有效地促进学前儿童逻辑思维能力及动手操作能力的发展。

（3）给图形分类

教师为学前儿童准备几种不同颜色、不同大小、不同形状的图形，请学前儿童将形状相同的图形放进有此标识的盒子里。通过这样的操作，教师可以了解学前儿童能否排除颜色、大小的干扰，正确地认识形状的特征。

（4）拼图活动

教师为学前儿童准备几种平面图形，请学前儿童用给出的一种或几种图形拼出动物、植物或其他物体的形状并粘贴在作业纸上，并数数用了几种图形，以及每种图形用了多少个。这种活动将数形结合，能有效提升学前儿童的想象力和创造力。

（5）画、撕、涂色、连线、盖图形印章

画、撕图形活动，即学前儿童先在作业纸上画出平面图形，然后让他们用钝头针沿平面图形的边刺上齿孔，再沿齿孔撕下平面图形并粘贴在作业纸上。此活动不仅有助于学前儿童掌握平面图形的特点，还可以发展学前儿童手部的精细动作，训练他们的手眼协调能力。教师还根据学前儿童的发展水平，为他们提供图形模具，让他们比着画，例如，凹画或凸画，或用铅笔和尺子在纸上画出图形。

为图形涂色就是教师为学前儿童准备的作业纸上已经画好了几种不同的图形，请学前儿童在指定的图形上涂上颜色。图形连线就是让学前儿童将同类型的图形用线连起来。教师还可以为学前儿童提供印章和印泥，让他们按要求在作业纸上印出各种图形。

画图形、撕图形、为图形涂色、图形连线、盖图形印章等活动方式都是为了让学前儿童加深对图形特征的印象，进一步掌握图形的基本特征。

（6）制作几何形体

教师可以为学前儿童提供各种形体的印模和橡皮泥，让他们自己动手做出不同的几何形体。教师还可以为学前儿童提供不同的平面图形，引导学前儿童拼出几何形体。例如，用6块一样大的正方形橡皮泥做成正方体，用6块长方形橡皮泥拼出长方体等。

（7）穿、绷、绣图形

穿图形就是让学前儿童用胶线或丝带等在打好孔的布上穿出各种图形。绷图形就是让学前儿童在钉子板上用橡皮筋绷出常见的平面图形。绣图形是让学前儿童用塑料纱窗布、细毛线、秃头针等绣出平面图形。此类活动不仅加深了学前儿童的图形知识，还锻炼了他们的手眼协调能力。

5. 游戏型活动

游戏是学前儿童特别喜欢的活动，在形体教学中教师可以设计大量的游戏活动，让学前儿童在玩中学，玩中记。

例如，游戏型活动"赶小猪"设计如下。

目标：感受几何形体的不同，培养主动学习探究的精神。

准备：正方体、长方体、球体、圆柱体小猪若干，小羽毛球拍若干；教师在操场上预先画出几个圈，标注出猪圈。

玩法：教师请幼儿当小饲养员，把不同形体的小猪赶到有标记的猪圈中。游戏结束后，请幼儿说说，哪些小猪容易赶？哪些小猪不容易赶？为什么？

又如，游戏型活动"我要过河"设计如下。

目标：复习平面图形，了解图形的基本特征，培养幼儿对活动的兴趣。

准备：在户外活动场上画上两条线表示小河，小河中画上一些平面图形。

玩法：幼儿听教师的口令，必须按教师的要求踩着某种形状的石头才能安全过河，否则就会掉进河里，取消游戏资格。

6. 观察寻找活动

请学前儿童认真观察周围环境，从中寻找具有某种形状的物体或指出某种物体的某个部分是什么形状。教师可以指导学前儿童，寻找活动可以由近及远地进行。学前儿童可以先从自己身边找，在家里找，在幼儿园找，最后可以通过回忆，在记忆中寻找物体的形状。

五、空间、时间概念活动设计组织指导

空间概念是客观物质的存在形式，由长度、宽度、高度表现出来。任何物质都存在于一定的空间中，并且和周围事物存在着空间上的相互联系。空间范畴一般包含诸多语义内容，如距离、面积、位置、位移、形状、途径、方向等，学前儿童学习空间概念的关键经验主要涉及形状、位置和方向等。

时间是物质存在的基本形式之一，也是人类生活中非常普遍的现象。时间是物质存在的"持续"属性，时间是由过去、现在和未来构成的持续不断的系统。理解时间概念有助于学前儿童更好地适应生活，养成良好的生活与学习习惯。

（一）学前儿童空间概念教育活动

客观世界中的任何一个物体都在一定的空间中占有一定的位置，并且与周围的物体存在着相互的位置关系。空间方位是指对物体空间位置的辨别和物体之间的相互关系的了解，也称空间定向。

物体在空间中的定向分 3 种情况，即主体对周围客体的相对位置、周围客体对主体的相对位置及各个客体之间的相对位置。客体在空间中的位置一般用上下、前后、左右等词汇描述。

1.　学前儿童认识空间方位的特点

学前儿童认识空间方位的特点具体表现如下。

（1）先上下，再前后、左右

学前儿童在掌握空间方位的过程中，最早掌握垂直方向上的上下，然后是水平方向上的前后和左右。这是由学前儿童身体的垂直位置决定的，不管他们身体的位置怎样移动，他们上下方位的位置是不会改变的，所以学前儿童容易认识并掌握上下方位。

前后、左右的方位具有方向性和可变性，它们会随学前儿童身体位置的变化而变化。例如，向后转后，原来的前面就会变成后面，而原来的左面也会变成右面。因此，前后、左右方位的辨别较上下方位的辨别要更难些。前后方位的辨别可以以学前儿童面部方向为基准，因此他们对前后方位的辨别较左右方位的辨别要容易些。

一般来说，3～4 岁的学前儿童只能辨认自身的上下、前后，他们以自身为中心确定物体的上下、前后。

（2）从以自身为中心到以客体为中心

辨别空间方位有两种参照体系：一种是以自身为中心来判断客体相对于主体的空间位置关系，另一种是以客体为中心来判断客体与客体之间的空间位置关系。

学前儿童在辨别空间方位的过程中，经历了从以自身为中心到以客体为中心的定向过程。他们首先以自己的躯干为中心来确定自己身体各部位的方位，在此基础上再以自身为中心来确定周围客体的空间方位，最后从客体出发确定与其他客体之间的相互位置关系。在以客体为中心确定左右时，学前儿童要站在客体的位置上才能确定。

5～6 岁的学前儿童只能以自身为中心区别左右，不能以客体为中心区别左右。

（3）学前儿童辨别空间方位的区域逐渐扩大

学前儿童辨认空间方位的区域是随着年龄的增长而不断扩展的。开始时，他们辨别空间方位的区域是有限的，只能辨认眼前、近距离的物体，而对那些距离较远的物体的位置则难以做出正确的判断。

随着学前儿童年龄的增长，5 岁以上的学前儿童不仅可以辨别离自己近的物体的方位，还可以辨别离自己较远的物体的方位，甚至可以判断物体的运动方向。

2.　学前儿童空间方位概念发展的年龄特点

学前儿童空间方位概念发展的年龄特点如下。

（1）3～4 岁：这个年龄段的学前儿童一般已经能够通过视觉来判断物体的位置，基本上能较好地区分上下的空间位置，在对前后方位的辨认中，他们则表现出一定的局限性。

（2）4～5 岁：这个年龄段的学前儿童在空间方位的进步表现在区分前后区域的面积有所扩大，沿着某一方向的距离有所增加，已经能够对离自身稍远的客体的方位进行正确的判定。此外，他们开始以自身为中心判定左右的空间方位。

（3）5～6 岁：这个年龄段的学前儿童一般会把空间分成两个区域，或左或右，或前或后，或上或下，还能把区域延伸为空间方向。同时，这个年龄段的学前儿童能够确切地标出空间位置的中间点，这表明他们已经能够正确理解和判定空间的方向。

3.　学前儿童空间概念活动设计组织指导

教师设计组织学前儿童空间概念活动时，需注意以下几点。

（1）充分利用学前儿童的身体和身体的动作，帮助学前儿童理解空间方位词的意义。学前儿童最初认识空间方位是以自己的身体为出发点，并在实际的动作中试验、理解自己与物体之间、物体与物体之间的空间关系。学前儿童对自己身体有关部位的意识和直接的自我感知可以帮助他们理解"上下""前后""左右"等方位词的意义。

学前儿童通过移动物体或自身躯体的运动，可以在实际行动中探索空间关系。例如，首先让学前儿童认识头在上、脚在下、脸在前、背在后等；其次让学前儿童对自身或物体施加向前、向后、向左、向右等趋向性的运动，从而进一步探索和理解空间方位词表征的空间方位关系。

学前儿童探索周围环境的过程就是发展空间意识的过程。他们表征方位的特征一般是动作先于语言。因此，教师在教学过程中必须遵循"感知辨识→按指令动作→语言表征"的流程。学会用正确的语言去描述和表征，可以帮助学前儿童在辨识的基础上对其加以运用。学前儿童学会用语言描述这些概念、正确地理解和运用方位词是认识空间方位关系的前提。

（2）利用学前儿童的实际生活情境和经验，让学前儿童从中体验和理解空间方位关系。

在日常生活中，学前儿童随时随处都能接触到空间关系，例如，上下楼梯、排队、吃饭时左右手的使用、日常用具的摆放、搭积木等。学前儿童的空间经验是在其生活和游戏中不断丰富和发展的。

教师在教学中应充分利用实际生活情境，让学前儿童在日常生活中体验和理解空间方位关系。例如，让学前儿童观察生活情境中事物之间的空间关系，或者让学前儿童在生活情境中拿取和放置某些物品，从而体验和理解空间方位词。教师要注意利用与空间关系有关的游戏丰富和拓展学前儿童的经验，例如，组织"捉迷藏""寻宝"等游戏活动，让学前儿童在游戏中体验空间方位关系。

（3）鼓励学前儿童观察、比较、预测、寻找和描述事物的空间关系，形成向客体中心的转移。学前儿童对空间概念的理解不仅依靠教师的讲解，更重要的是来自对物体之间关系的主动探索和体验，是他们在实际的观察、比较、预测、寻找和描述过程中，不断解决认知冲突，学会从他人的角度去思考问题的结果。

因此，在活动过程中，教师要尽可能为学前儿童提供这样的机会，并鼓励学前儿童大胆预测，并通过具体的操作验证自己的预测。这样学前儿童就会在一系列具体的观察、比较等操作活动中不断解决认知冲突，逐渐完成向客体中心的转移。

4. 学前儿童空间概念教育活动教学方法

在有关空间概念教育活动中，教师常用的教学方法如下。

（1）以自身为中心认识上下、前后、左右

学前儿童对空间方位的认识是从对自己身体各部分的方位认识开始的，教师在教其认识空间方位时，可以先让他们认识自己身体各部分的位置关系。

（2）以客体为中心认识上下、前后、左右

学前儿童认识了以自身为中心的上下、前后、左右之后，教师可以教他们认识以客体为中心的上下、前后、左右。在学前儿童认识以客体为中心的上下、前后、左右时，教师可以先进行讲解示范，告诉他们某个物体的上下、前后、左右方位，还可以让他们站到物体的位置去感知。

（3）操作活动

在学前儿童初步认识了以自身为中心或以客体为中心的上下、前后、左右以后，教师可以通过操作活动使他们进一步认识空间方位。在操作活动中，教师可以要求学前儿童按指令将某种物体放到指定的位置，或让他们将某物体随意放在一个位置后，让他们说出该物体放在什么地方；或引导他们做一些关于方位的趣味练习，如巩固他们对左右的认识，圈出图中正确的选项，如图 5-2 所示。

圈出左边的小马

圈出右边的小鸭

圈出左边的小猪

圈出右边的小兔

圈出右边的狮子

蝴蝶左边是谁？

蜗牛右边是谁？

老虎右边是谁？

狐狸的左边是谁？

谁在中间？

鳄鱼的左边是谁？

猫头鹰的左边是谁？

骆驼的左边是谁？

图 5-2　关于方位的趣味练习

（4）游戏活动

常见的认识物体空间方位的游戏有许多。例如："指鼻子、眼睛"游戏，教师发出指示，学前儿童按要求指出自己身体的相关部位；"摸耳朵"游戏，教师发出指令，让学前儿童用自己的左手摸自己的右耳，用自己的右手摸自己的右耳等。

还有教师训练学前儿童掌握上下前后左右的游戏，如"好玩的椅子"游戏，学前儿童根据教师的指令做不同的动作，如站在椅子前面、后面、左边、右边、上面等，如图 5-3 所示。

图 5-3　"好玩的椅子"游戏

学前儿童认识空间方位，从某种意义上来说就是认识地点，认识环境。因此，教师可以有意识地引导学前儿童认识幼儿园，让他们认识某个建筑设施在幼儿园的位置或与其他建筑物的空间位置关系等。

（二）学前儿童时间概念教育活动

时间是物质运动变化过程的持续性和顺序性的反映，是一种可以测量的连续量，是数学学习的范畴。在学前阶段，教师要引导学前儿童认识时间，并培养他们的时间观念。

学前儿童时间概念的特点可以从时间概念发展的过程和年龄特点两个方面进行研究。

1. 学前儿童时间概念发展的过程

（1）学前儿童对时间顺序的认知是由近及远、由短周期到长周期的。他们最先认识的是一日之内 3 个较大的时间单位，即早晨、中午、晚上；然后认识一周的时间顺序，如星期一、星期二、星期三等；最后是对一年内季节的认识，如春、夏、秋、冬。

（2）学前儿童先认识时序的固定性，然后认识时序的相对性。学前儿童对时序的认知经过 4 个连续发展的阶段。

① 不能对有关时间的刺激物归类。

② 能在知觉水平上做出分类。

③ 能把某一固定的时序与具体生活事件联系起来，并用故事的形式正确叙述先后发生的连续事件。

④ 能够摆脱具体的、直观的生活内容，把时间关系抽象概括出来，真正形成时间概念。

（3）学前儿童对时序的理解是以自身的生活经验为参照物的。学前儿童通常使用直观思维和感官去认知、理解事物，而由于时间没有直观性，学前儿童对于时间的感知只能依靠自己的实际生活经验，越是年龄小的儿童，对于时间的感知和具体活动的联系越密切。因此，日常活动、作息制度及日月升降都是学前儿童感知时间的重要参照物。

（4）学前儿童时间词语的发展和对时序的认知是由不统一到统一的过程。在学前儿童的言语中，表示时间的词语出现得较晚，并且使用的频率较低。他们常会使用表示时间顺序和不确定时间的词语，如"先""后""有一天"等。即便他们使用确定的时间词语，也不一定理解其真正的含义，例如，"昨天"他们会理解为泛指过去。随着时间的推移，学前儿童这种时间词语和时序认知会逐渐统一。

2. 学前儿童时间概念发展的年龄特点

学前儿童时间概念发展的年龄特点如下。

（1）3～4 岁的学前儿童能够掌握一些初步的时间概念，能够认识一天的主要组成部分，如早晨、晚上、白天、黑夜等，但这些时间概念必须与熟悉的生活和事件联系在一起。

（2）4～5 岁的学前儿童能够较好地理解早晨、上午、中午、下午、晚上、白天、黑夜等时间概念，能够区别今天、明天、昨天，能够初步掌握整点和半点。

（3）5～6 岁的学前儿童能够较好地理解和掌握星期、月、年，掌握一星期有七天及每天的名称；知道一个月约有 30 天，知道一年有 12 个月，一年有春、夏、秋、冬四个季节；能够看时钟确定时间；能够理解 24 小时计时法，建立时间更迭的观念。

3. 学前儿童时间概念活动设计组织指导

学前儿童不容易掌握时间概念，教师在设计组织此类活动时应注意以下几点。

（1）在日常生活中引导学前儿童感知和理解时间概念。生活经验是学前儿童感知和理解时间概念的基础。在日常生活中教师应利用各种各样的机会引导学前儿童接触感知时间，逐步积累有关时间关系的经验。例如，早晨 8 点上幼儿园，下午 5 点离园。因而，教师在设计教育活动时，应将时间概念与学前儿童日常生活背景相联系，借助学前儿童对生活经验的回忆和认识帮助他们理解时间概念。

教学过程就是要唤起学前儿童的生活经验，让抽象的时间概念与直观的生活事件建立联系。教师应通过日常生活中与时间密切相关的事件，帮助学前儿童建构起时间概念的经验性架构。教师可以引导学前儿童主动观察有规律的日常生活，例如，幼儿园一日活动，入园→早餐→早操→集体活动→午餐→午休→集体活动→离园等，帮助学前儿童理解时间的先后关系，感知时间概念。

（2）以日常活动为支撑帮助学前儿童理解时间概念。时间具有抽象性，教师可以通过"具体的活动"将时间具体化，帮助学前儿童建立理解时间概念的支撑点。例如，利用日程表、日历、时钟等强化学前儿童对时间的认知。为了使学前儿童理解以天、月为单位的时间延续，教师可以通过节日计时、生日计时等强化学前儿童对时间的认知。

教师可以在活动室的日历上把当月学前儿童熟悉的节日和学前儿童的生日标注出来，请学前儿童说一说本月有哪些特殊的日子，几月几日是星期几，到这一天还有几天时间等。此外，教师还可以设计一些具体的活动，例如，5分钟整理书包活动、10分钟阅读活动、4小时参观活动等，让学前儿童体验分钟、小时的长短。

（3）在游戏中引导学前儿童认识时间。学前儿童认识时间的活动多种多样，游戏是让学前儿童充分认识时间的有效途径之一。教师可以通过一些游戏、教具将抽象的时间具体化，让学前儿童在游戏中获得时间经验。例如，沙漏中沙子的流动就可以形象地演示时间的流逝。

教师可以带学前儿童做一些时钟游戏，例如，12个孩子扮演12个数字并围成圈，3个孩子扮演时针、分针和秒针，通过他们的位置引导其他孩子报出时间。让学前儿童了解时间概念和时钟的构成及运行。

⚙ **实战训练**

请同学们为幼儿园中班儿童围绕认识空间方位设计一则科学教育活动教案，活动题目自拟，要求活动目标具体、明确，活动过程清晰、完整，活动内容与学前儿童生活密切联系，生动有趣，且能激发学前儿童参与的兴趣。

第三节 学前儿童数学教育活动案例

引导案例

幼儿园中一班的程老师在"娃娃家"投放了许多新玩具，有毛绒小熊、白雪公主、小汽车、机器人、火箭等，这些玩具有的放在桌子上，有的放在桌子下，有的放在椅子上，有的放在椅子下，有的放在床上，有的放在床下……程老师跟小朋友们说："请大家排好队，轮流选取自己喜爱的玩具吧。"

晨晨从椅子的下面拿出来一辆玩具车，程老师问晨晨："晨晨，你的玩具车是从哪儿拿的？"晨晨回身甩手一指，说："就那儿，娃娃家"。程老师又问："娃娃家什么地方？"晨晨回答："在地上。"教师想引导晨晨认识椅子上和椅子下的空间位置，于是重新问道："是从椅子的什么地方拿的？"晨晨这才说出："是从椅子下面拿的。"

教师又问其他小朋友们。洛洛说："我是在床上拿的毛绒玩具。"子蒙说："我是从桌子上拿的机器人。"佳依说："我是在床底下拿的乐高玩具火箭。"……小朋友们很开心，从不同地方找到了自己喜欢的玩具，并认识了上下的空间位置，同时还锻炼了语言表达能力。

为了让小朋友们认识空间方位，程老师创设了真实的情境，通过引导提问，让小朋友们准确判断空间方位的坐标。在活动过程中，提问非常关键，教师在引导小朋友们用语言表达空间方位时，要提供判别方位的立足点（即参照物）。

学前儿童的数学概念来自他们和客观事物的互动及和客观事物的协调，他们的思维发展特点是先具体后抽象，先直觉后行动，处于具体形象思维的阶段。学前教育阶段发展儿童的数学心智，能激发他们对数学的学习兴趣，自然过渡到小学阶段的数学训练，以避免他们对数学产生恐惧感。

一、小班数学活动案例"有趣的数字"

活动目标

（1）感受数字的丰富变化，体验数字给生活带来的方便与有趣。

（2）复习9以内的数字、数数，并区分6与9。

活动准备

（1）几何图形组合画3幅。

（2）幼儿每人一份数字卡片。

（3）白色纸条、浆糊、记号笔。

活动过程

（1）看图编电话号码。

① 我们将要去春游了，我想邀请小动物一起去，请大家想想办法，用什么方法通知它们？（幼儿泛讲）

教师：大家积极开动脑筋，想出了这么多办法，真不错，那么，用什么方法最好呢？

② 打电话要查电话号码，我们来查一查动物家的电话。教师分别出示几何图形组合画（小猴、小熊、小兔）。

教师：这是小猴家的电话。（幼儿观察发现，小猴家只有图形，没有号码）

③ 引导幼儿看图数数、编号码。（人手一份操作用具。可以用数字卡片贴号码，也可用笔写号码）

④ 请各组派代表在黑板上贴数字。集体念号码：58346998（小猴），58349663（小熊），58273448（小兔）。验证号码的正确性，教师拨打电话。

（2）感知数字的丰富变化。

① 思考：这些号码都由8个数字组成，为什么每个电话号码都是不一样的？（数字排列的顺序不同）

② 观察：这3个电话号码中有哪些异同点？（相同点是3个电话号码都有5、8、3、4几个数字，都是以58开头的，不同点是小猴家的电话号码与小熊家的电话号码中有6、9，小兔家电话号码没有这两个数字，有2、7）

③ 区分6和9。

教师：我也常把6和9搞错，请你们帮助我记住它。（让幼儿说出6的圆圈在下面，9的圆圈在上面）。

（3）交流所收集的电话号码，增强幼儿有关电话号码方面的知识。

① 请幼儿大声地读自己家的电话号码。了解电话号码是多位数的。

② 你知道的电话是几位数的？（请幼儿根据自己的生活经验讲述。手机号码是11位的；有些客服的电话是5位数的，如10086；有些特殊电话是3位数的，如110）

（4）给小动物编电话号码。

① 有许多小动物家还没有电话，我们用数字来帮它们编个电话号码吧。提示：可以用数字卡号贴号码，也可以用笔写号码。可以请几位幼儿来念他们所编的号码。

② 教师观察后提出新的要求。提示幼儿是否每个数字都用了，数数编的电话号码是几位数的。

活动延伸

把给小动物编的电话号码做成电话簿。

活动评析

此次数学活动与现实生活紧密相关，环节清楚，环环紧扣、层层递进，设计的问题也具有有效性，能开动幼儿脑筋，促进幼儿发展。在活动中幼儿愿意在丰富多彩的现实生活中自由创造，积累经验。教师要多给幼儿创设适宜的情境，让他们自己去体验，去感知，去寻找答案。

二、中班数学活动案例"图形分类"

活动目标

（1）激发探究图形奥秘的兴趣。

（2）培养初步的观察、判断、分类的能力。

（3）巩固对图形的认识，按照图形的两种特征分类。

（4）发展目测力、判断力。

（5）培养边操作边讲述的习惯。

活动准备

（1）不同颜色、形状的图形娃娃卡片。

（2）不同图形拼成的图画3幅。

（3）"火车"、不同颜色的盆子。

（4）《找朋友》音乐。

活动过程

（1）导入。

① 音乐游戏《找朋友》。

放音乐，教师带领幼儿进入活动室。教师引导幼儿做各种舞蹈动作，进行找朋友音乐游戏。

② 想象与讨论。

教师：刚才，大家都找到了自己的好朋友，玩得真开心，我也非常开心，因为我知道，你们非常讲文明、讲礼貌，而且喜欢认识很多的朋友。今天，我给大家带来了好多新的朋友，你们想不想和它们一起玩？（引导幼儿想象是什么样的新朋友，并讨论、回答）

教师小结：你们都想和新朋友一起玩，真好！这些新的朋友也很想和你们玩，它们已经等不及了，坐着飞机往我们这儿来了。看，它们的降落伞飞下来了。大家快来找个自己喜欢的好朋友。

教师从高处撒下图形娃娃卡片。

（2）认识图形娃娃的颜色、形状。

教师：好了，大家都找到了自己喜欢的图形娃娃做好朋友。现在，我有几个问题要考考你们。你们找到的图形娃娃是什么颜色的？你们还见过这种颜色的哪些东西？

教师小结：我们的图形娃娃有3种颜色：红色、蓝色、黄色。

教师：你们找到的图形娃娃是什么形状的？你们还见过这种形状的哪些东西？

教师小结：图形娃娃有圆形的、椭圆形的、三角形的、正方形的、长方形的、梯形的。你们喜欢和图形娃娃一起玩吗？现在，你们要带着图形娃娃乘火车，一块去游玩。

① 游戏：火车游玩。

教师：看，那边有一列火车，火车有7个不同形状的车厢，请大家上车时不要坐错了车厢，请进入和你们图形娃娃一样形状的车厢。

教师：咔嚓—咔嚓—咔嚓，大家注意了，火车开动了。要去游玩了，你们高兴吗？

教师：呜呜，上海火车站到了。（教师出示图画）你们看，这里有一幅美丽的图画。启发幼儿说出图中物体是由哪些图形组成的。

教师：火车又要出发了。呜呜，北京火车站到了。（教师出示图画）快看呀，这里也有一幅美丽的图画呢！启发幼儿说出图中有几个长方形、几个三角形。

教师小结：你们说得真好。我们的火车又要出发了，咔嚓—咔嚓—咔嚓。我们又回到教室了。请下车了，注意安全。刚才，图形娃娃和我们一起快乐地旅游，玩得很开心。可是，有的图形娃娃脸脏了，有的图形娃娃手脏了，该怎么办呢？（启发幼儿回答）

② 游戏：给图形娃娃洗澡。

教师：我们来帮图形娃娃洗洗澡，洗澡的时候，图形娃娃喜欢到和自己一样颜色的盆子里，请找到和图形娃娃一样颜色的盆子。

教师启发幼儿怎样洗，或者说儿歌。

③ 游戏：好朋友一起蹲下来。

教师：图形娃娃又干净又漂亮了，它们想和我们一起做"好朋友一起蹲下来"的游戏。

播放音乐，按照教师口令做游戏。

（3）活动结束。

活动评析

"图形分类"是要求幼儿按形状、颜色特征进行图形分类与排队的一次活动，为了更好地吸引幼儿的注意力，提高他们参与活动的兴趣，根据中班幼儿的年龄特点，用帮图形娃娃排队的情景激发幼儿的兴趣，使幼儿在轻松、愉悦的气氛中学习，激发了幼儿的探索欲望。在组织形式上，教师采用集体活动、游戏活动、小组操作。这些图形是幼儿平时经常接触的图形，是幼儿比较熟悉的，这次活动进一步巩固了幼儿对图形特征的认识。

三、大班数学活动案例"认识时钟"

活动目标

（1）了解时钟的结构及时针、分针的运行规律及它们之间的关系，学会看整点。

（2）通过操作和游戏，培养探究、合作的学习意识和能力。

（3）培养珍惜时间、遵守时间的良好习惯。

（4）培养观察力、判断力及动手操作能力。

（5）激发学习兴趣，体验数学活动的快乐。

活动准备

（1）实物时钟1个。

（2）每人一个自制小时钟。

（3）1～12的数字头饰。

活动过程

（1）导入课题，认识钟表。

① 幼儿听音乐做拍手游戏。

② 用谜语形式导入活动，使幼儿了解钟表的名称，引起幼儿参与活动兴趣。谜面："会说没有嘴，会走没有腿，它会告诉你：什么时候起，什么时候睡。"（谜底：钟表）

③ 简单认识钟面。通过观察活动认识时针、分针以及它们之间的不同，认识钟面上 12 个数字以及数字的排列位置。提问：

- 每只钟面上都有什么？（出示 1 个时钟，幼儿找出钟面上的两根指针和 1～12 的数字）

- 比比看，两根指针有什么不一样？它们的名称叫什么？（有两根指针，黑色长针是分针，黑色短针是分针）

- 分针跑一圈，时针走几个数字？指针是顺时针还逆时针运转？（分针跑一圈，时针走一个数字，指针是顺时针运转）

④ 钟面上的数字排列位置是怎样的？（认识典型的几个数字位置 12、3、6、9）

（2）由时针、分针赛跑，引导幼儿感知时针、分针的运转规律。

教师：今天，时针和分针要进行跑步比赛，现在它们都在数字 12 的起跑线上了。你们猜猜谁会赢呢？好，比赛开始了。（教师操作时钟）

提问：时针和分针谁跑得快？（分针）

议论：分针和时针跑的时候，它们之间有什么秘密呢？

教师小结：分钟走一圈，时钟走一格，这就是 1 小时。

（3）自主探究，学认整点。

出现表示 1 点、2 点、3 点的钟面时，教师依次提问："这是几点？为什么？你是怎么知道的？"引导幼儿通过观察、推理找规律，知道表示整点时，分针指 12，时针指着几就是几点整。在认识 1 点、2 点、3 点后，教师又让孩子们认识了 8 点、10 点、12 点。小朋友们在认识整点时都说得非常好，特别是在认识 12 点时，有小朋友说出了两根针是重叠在一起的，都指着 12，所以就是 12 点。

之后，教师让孩子自己动手操作，拨一拨指针，进一步认识时间。教师以游戏方式引导幼儿操作练习，例如，听教师口令，教师说出时间 2 点，幼儿快速拨出钟面上的指针。

（4）全体练习。

教师出示自制小时钟，让幼儿自己拨出下列作息时间，并比一比谁拨得又对又快：早上 7 点起床，8 点去幼儿园，中午 11 点吃饭，下午 5 点离园，晚上 9 点睡觉。

（5）教师归纳。

时钟和手表都是计时工具，它可以告诉人们，现在是什么时间了，应该干什么事情了；它可以帮助人们形成良好的生活习惯，钟表是人类的好朋友。小朋友认识了钟表，可以按时起床，按时上幼儿园。教师可以根据钟表上的时间按时上课，按时做游戏，按时让小朋友们吃午饭，钟表的用处可大啦。

（6）表演游戏。

方法：12 名幼儿自由选择 1～12 的数字头饰，按顺序拉手站成圆圈，表示一个大表盘，再请两名幼儿分别扮演时针和分针，在圈内随着音乐转圈，音乐停止时，两针要指向教师事先要求的时间，其他幼儿当裁判看看是否正确。游戏反复进行，最后结束活动。

活动评析

时钟人们生活中常见的日常生活用品，对学前儿童来说，认识钟表，加强时间观念，懂得爱惜时间是很有必要的。游戏是幼儿喜欢的活动，让幼儿在游戏中学习，能充分调动他们的积极性。教师以游戏作引导，以掌握概念为目标，以幼儿实践操作为途径，让幼儿在动手和观察过程中认识时钟的结构、运行规律和整点，同时又渗透了时间观念教育，将原本枯燥的数学活动变得生动有趣，而且引导幼儿体验到数学来源于生活，又应用于生活。幼儿在探究过程中寻找规律，在实践中感受数学的价值，理解并体会到数学就在身边，对数学产生亲切感。

在感性经验的支撑下建立起时钟的直观模型，这符合幼儿的思维特点，提高了幼儿独立获取知识的能力。以比赛的形式进行练习充分调动了幼儿的竞争意识，同时更好地激发了幼儿学习看时钟及关注时间的兴趣。

四、大班数学活动案例"猜猜左右手"

活动目标

（1）尝试正确区分左手和右手，在游戏中培养观察力和辨别能力。

（2）体验与同伴共同游戏的快乐。

（3）引发学习兴趣。

（4）培养比较和判断的能力。

活动准备

PPT手势图片、纸板箱7只。

活动过程

（1）游戏：说说左和右。

① 关键提问：小朋友们，你们找找自己身上，有哪些地方是分左和右的？

指导要点：鼓励幼儿表达完整。

② 热身游戏《我说你做》。

指导要点：关注幼儿对左右的分辨经验提升，要求听清楚指令，分清左右，做对动作。

（2）游戏：看图猜左右手。

游戏规则一：当我点出一张手势图片时，你要仔细看了，这个手势是用左手做的还是用右手做的，如果你觉得是左手，就站到左边的蓝线上，如果你觉得是右手，就站到右边的红线上。

游戏规则二：当我说开始，你才能走，5，4，3，2，1，数到1时必须站好了，站在中间的就算输了。教师用关键词再帮助幼儿重新确认游戏规则。

指导要点：让幼儿感受是手心向外还是手背；鼓励没有成功的幼儿不泄气，再接再厉。

（3）游戏：隔箱猜左右手。

关键提问：这个是什么呢？这个箱子是干什么的呢？

教师介绍游戏的玩法。

指导要点：教师巡回观察幼儿两两游戏的情况，关注在上一轮游戏中没有成功的幼儿。

活动评析

学前儿童年龄小，逻辑思维尚未发展，本次活动教师为幼儿创设了一个可操作丰富材料的环境，幼儿能独立地操作材料，并大胆地表达自己的想法。幼儿的自主性、选择性、独立性得到了充分的体现。这一系列的游戏活动锻炼了幼儿的动手动脑能力，进一步巩固了空间左右的知识，达到了活动目标的要求。这是一次寓教于乐、生动、有趣的数学活动，幼儿在宽松、自由的氛围中区分左右。本活动通过3个小游戏的形式，让幼儿主动探索，正确区分左右手及相应的左右关系。

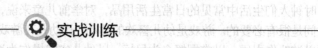

实战训练

请同学们为幼儿园小班儿童围绕"认识昨天、今天、明天"时间概念设计一则教育活动教案，要求活动目标具体、明确，活动过程清楚、详细，活动评析针对性强，活动步骤完整。

课后习题

一、选择题

1. 对学前阶段的数学启蒙教育而言，其首要任务是（   ）。

A. 发展学前儿童初步的逻辑思维能力和解决问题的能力

B. 培养学前儿童对数学的兴趣和探究欲

C. 创设适于学前儿童学习数学的环境

D. 促进学前儿童对数学知识和概念的理解

2. 初步感知 10 以内数的守恒属于（   ）年龄段教学内容。

A. 大班　　　　B. 小班　　　　　　C. 中班　　　　　　D. 幼儿园所有班级

3. 能根据两种外部特征给物体分类，这属于（   ）年龄段教学内容。

A. 大班　　　　B. 小班　　　　　　C. 中班　　　　　　D. 幼儿园所有班级

4. 幼儿将 5 朵花分别插进 5 个花瓶里，发现花和花瓶的数量一样多，他采用的方法是
（   ）。

A. 并放比较法　B. 重叠比较法　　C. 双排比较法　　D. 连线比较法

5. 中班、大班学前儿童开始注意游戏的结果，他们有较强的胜负欲，比较适合参与
（   ）数学游戏。

A. 操作性　　　B. 情节性　　　　　C. 运动性　　　　　D. 竞赛性

二、判断题

1. 中班幼儿认识时间的教学内容是"理解早晨、晚上、白天、黑夜的含义"。（   ）

2. 大班学前儿童只能以自身为中心区别左右，不能以客体为中心区别左右。（   ）

3. 演示讲解法是指教师在结合直观教育的基础上通过口头讲解，将抽象的数学概念具
体呈现出来的教学方法。（   ）

4. 教师要引导学前儿童发现排列规律，需遵循由简单到复杂、由隐藏到明显、由少数
到多数的原则。（   ）

5. 学前儿童最早认识和掌握的空间方位是前后，然后是上下和左右。（   ）

三、简答题

1. 简述学前儿童数学教育活动的方法。

2. 简述学前儿童数概念教育活动的指导要点。

3. 简述学前儿童空间概念教育活动的指导要点。

第六章
学前儿童区域科学教育活动

知识目标

➤ 了解区域科学教育活动的特点与价值。
➤ 掌握自然角、数学角、科学活动区、科学发现室的环境创设与材料选择方法。
➤ 掌握学前儿童不同区域科学教育活动的指导要点。

能力目标

➤ 能够在科学活动的不同区域根据学前儿童的需要选择并投放适宜的活动材料。
➤ 能够科学合理地创设适合学前儿童学习科学的区域环境。
➤ 能够有效组织指导学前儿童不同区域的科学教育活动。
➤ 能够做好科学活动区与科学发现室的日常管理。

素养目标

➤ 热爱学前教育事业，尊重儿童，时刻关注他们的成长需要。
➤ 培养良好的道德品质和行为习惯，做好示范和榜样。
➤ 培养良好的个性心理品质，能及时发现问题并解决问题。

　　区域是学前儿童自由发现和探索的场所，在与科学相关的不同区域，学前儿童可以自主选择活动内容、活动材料、活动方式，按照自己的兴趣，根据学习特点和进程进行科学探索和科学学习。区域科学教育活动给学前儿童提供更加宽松、自由的活动空间，让每位学前儿童都有机会参与尝试科学探究活动。在此类活动中，学前儿童是活动的主体，教师一般不干涉他们的活动，而是负责观察和提供必要的帮助。

第一节　学前儿童区域科学教育活动概述

引导案例

　　甜甜3岁了，到了上幼儿园的年龄，这一天，妈妈带着甜甜来参观小太阳幼儿园。幼儿园的设施非常齐全，园长给妈妈和甜甜当"导游"，详细介绍了园内的情况。

　　园长注重园内空间与自然环境的创设与利用，在园内创设了植物角、动物角，还精心布置了科学活动区、科学发现室，以及户外自由活动区，有积木区、沙水区、美工区和音乐区，这些区域为幼儿自由活动提供了宽松的空间，有助于他们进行科学探究和发现。多种区域的创设有利于幼儿多样化、个性化的发展。

　　经过参观，妈妈觉得这所幼儿园非常重视幼儿的全面发展，特别是科学教育，甜甜也非常喜欢幼儿园的环境，于是欣然选择了这所幼儿园。

　　区域科学教育活动是除集体性教育活动以外，科学教育活动的另一种组织形式。这类活动为学前儿童的探究活动创造了宽松的环境，使每位学前儿童都可以按照自己的需要、兴趣、发展水平和学习方式等自主探索，在活动中感受科学探究的过程与方法，体验发现的乐趣。

一、认识区域科学教育活动

区域活动是指教师从学前儿童的需要、兴趣出发，融合教育目标和各种教育活动的要求，将活动场地划分为不同的区域，如阅读区、表演区、自然角、科学活动区或专门的活动室等，在其中投放各类活动材料，制定相应的活动规则，让学前儿童自由选择活动，在不同的区域通过与材料、环境及同伴的相互作用，进行个性化学习并获得发展的一类教育活动。区域科学教育活动一般是指在自然角、数学角、科学活动区或专门的科学发现室中进行的科学教育活动。

区域科学教育活动不仅支持学前儿童在科学领域内的发展，还对学前儿童综合素质的提高有着显著的作用。尽管区域科学教育活动仍然是由教师发起的，但其设计和实施更多是通过环境的创设和材料的投放而使学前儿童自主学习，大大提升了学前儿童的主体地位。

二、区域科学教育活动的特点

区域科学教育活动是幼儿园不可或缺的一种教育活动形式，它凸显了学前儿童个性化学习的基本特征，具有以下显著特点。

（一）自由探索性

在区域科学教育活动中，学前儿童完全能够按照自己的意愿参加小组或个人的探索活动，自主决定活动的内容和方式。由此可见，区域科学教育活动是一种宽松的共同学习或个人学习的活动，如图 6-1 所示。在区域科学教育活动中学前儿童可以自由支配面前的一切，不用关注教师的态度，其自尊和安全的需要得到了满足。

图 6-1　学前儿童在科学活动区自由活动

（二）自主操作性

区域科学教育活动是将活动的目标和内容以活动材料的方式呈现给学前儿童，然后由他们自主选择材料，自主进行操作、摆弄，不必在意操作的次数与时间等。他们通过对各种材料的操作、摆弄来完成动作的内化，从而获得知识和经验。

（三）教师指导的间接性

在区域科学教育活动中，教师是活动的观察者和间接指导者，教师对学前儿童的指导不是以直接语言和行为的方式进行的，而是通过创设环境和提供材料、以角色的方式介入等给予学前儿童帮助、支持和建议的。

一般来说，教师往往通过创设丰富有趣的环境引发学前儿童的探究兴趣，通过提供有层次的材料推进学前儿童的探究过程，在学前儿童求助时给予适时、适当的帮助。在区域科学教育活动中，教师的指导具有间接性和隐蔽性的特点，不干涉学前儿童的自主探究。

（四）游戏性更强

区域活动本身就具有鲜明的游戏性特点，因此学前儿童自主科学探究活动也具有很强的游戏性。例如，"小猫钓鱼"的活动让学前儿童获得对磁铁性质的认识，搭积木的游戏让学前儿童认识几何形体，培养空间立体感。学前儿童沉浸在科学游戏中，通过充分操作材料，更容易获得内化的知识经验。

（五）教师支持更充分

学前儿童的兴趣点、已有经验和水平、探究的方式方法都有明显的个体差异。与教师组织的集体科学教育活动不同，在区域活动中，教师能够更充分、更细致地观察和了解每位学前儿童的探究兴趣、探究过程和探究特点，有针对性地给予适宜的支持、引导和帮助，推进学前儿童自由探究活动的开展、拓展和深入。

三、区域科学教育活动的价值

区域科学教育活动具有特殊的教育优势，对促进学前儿童的发展具有十分重要的意义。

（一）有利于激发和保持学前儿童的探究兴趣

区域科学教育活动都是学前儿童自主发起、自由选择的活动，他们有着原始的探究兴趣与热情，他们对科学探究活动的学习有着自发性和主动性，所以他们更容易体会到探究活动的乐趣和发现的快乐，更容易获得情感的发展。

（二）有利于学前儿童自主性的发展

只有当学前儿童把自己看成一个能产生思想及支配时间的人、一个能自由行动和解决问题的人，并产生了去发现的需求时，他们才会怀有极高的热情，专心致志地从事某项活动。这将有利于学前儿童获得良好的人格品质和智慧能力，而这也正是学前教育工作者的期望，而区域科学教育活动恰恰具有这样的功能。在区域科学教育活动中，学前儿童学会做自己的主人，懂得珍惜时间，热爱科学，培养责任感、自信心等良好的人格品质，从而促进他们自主性和社会性的发展。

（三）有利于培养学前儿童的学习能力

与集体性的教育活动相比，区域科学教育活动更强调学前儿童的"学"。教师需要转变教育观念，尊重学前儿童的主体地位，从区域科学教育活动的特点出发，把教育的重点放在为学前儿童的自主学习活动创造良好条件的基点上，支持和引导学前儿童根据自己的需要与兴趣，主动建构自己对周围环境的认识与理解，不断地提高自主学习能力。

（四）有利于培养学前儿童的社交与表达能力

在区域科学教育活动中，学前儿童一般以个体或小组活动为主，与教师组织的集体科学教育活动相比，学前儿童有更多的机会与同伴自由交流。这为他们的社会性发展，特别是合作，提供了很好的机会。学前儿童在自由交往中能更好地发展语言和交往技能，树立互助合作的意识。

（五）有利于学前儿童个性的发展

任何知识经验、行为习惯等都必须经过学前儿童自己的思考、体验和不断练习才能成为他们自己的东西。而学前儿童在天资、个性和生活环境等方面存在着较大差异，所以每位学前儿童都有适合自己的学习方法。

学前儿童可以根据自己的经验和水平选择适合自己的科学探究方式和学习进程来开展科学探

究活动。教师要了解并尊重每位学前儿童的个性和学习风格，同时鼓励他们用自己喜欢的方式去学习和发展，促进每位学前儿童个性的发展。

四、活动中教师的作用与学前儿童的表现

在区域科学教育活动中，学前儿童是主体，是主导者，可以根据自己的意愿自发地进行科学探究活动。学前儿童可以自己决定探究什么内容，使用哪些材料和工具，自己选择和确定观察与实验记录的方式方法，以及结果的呈现方式。教师在学前儿童区域科学探究活动中是积极的支持者和细心的观察者，有时也可以是学前儿童科学探究活动的伙伴。

在区域科学教育活动中教师的作用与学前儿童的表现如表 6-1 所示。

表 6-1　区域科学教育活动中教师的作用与学前儿童的表现

教师的作用	学前儿童的表现
① 鼓励学前儿童独立地探究和实验；	① 乐于并能独立地在科学活动区进行活动；
② 创造一种有益于学习的氛围；	② 明白行为是受自己控制的；
③ 引入新的想法、材料和程序；	③ 对发现有积极的感受；
④ 鼓励学前儿童调查研究和创造；	④ 能与其他同伴合作；
⑤ 规范和促进学前儿童调查、提问和解决问题的过程；	⑤ 收集数据和记录活动；
⑥ 示范安全的操作行为；	⑥ 对材料和想法展开探究；
⑦ 提供充足的学习材料、信息和空间；	⑦ 认识到答案不是简单的对和错，而是调查研究的结果；
⑧ 支持具有发展性的适宜活动；	⑧ 互相交流获得的经验
⑨ 评估和评价学前儿童的学习	

五、区域科学教育活动的类型

目前，关于区域科学教育活动的命名和分类还没有统一的规定。根据活动的内容不同，区域科学教育活动可以分为自然角科学教育活动、数学角科学教育活动、科学活动区科学教育活动和科学发现室科学教育活动。

第二节　自然角科学教育活动

引导案例

小太阳幼儿园针对不同年龄段孩子们的理解水平和兴趣爱好分别设置了活动区，在园内创设了自然角。

小班的孩子们喜欢特征明显的动植物，对色彩鲜艳的植物和乖巧可爱的小动物格外喜爱，于是林老师就在自然角摆放了一些漂亮的鲜花和颜色鲜艳的水果，还养殖了小兔子、小乌龟等特征明显且容易辨认的小动物，以便孩子们观察与探究。

中班的孩子们需要一些相似程度低的事物，以发展他们的辨别能力，于是程老师就在自然角放置了丝瓜和黄瓜、青菜和白菜、橘子和橙子、小水果番茄和大枣等形状相似的蔬菜与水果。

对于大班的孩子们，夏老师提供了不同生长阶段的豆芽（豆子、长出小芽、完全发芽），

让孩子们观察植物的生长变化过程，提高他们持续观察和区分同一植物在不同阶段的生长与特征的能力。

孩子们对自然角都特别感兴趣，他们都非常主动、细心地观察动植物的生长与变化，亲自体验喂养动物、浇灌植物的乐趣，在与动植物的不断接触中探究并发现它们的特点与规律。

幼儿园的自然角是为学前儿童提供观察、种植或饲养、记录动植物生长和变化的科学实验区域。建立自然角，为学前儿童的科学观察提供物质环境，开展相关的科学教育活动，可以培养学前儿童爱护花草和动物的态度和情感。

一、自然角科学教育活动概述

自然角可以说是大自然的缩影，让学前儿童认识身边的动植物，激发他们对自然科学的兴趣，培养学前儿童的观察能力和科学的学习态度。

（一）自然角的含义

自然角一般设置在活动室内向阳的角落、走廊等，放置桌子、椅子或设置分层木架等，将一些适于在室内生长和照料的动植物或搜集来的非生物有秩序地摆放在上面，如图6-2所示。

图6-2 幼儿园自然角的布置

（二）自然角的功能

自然角是学前儿童学习科学的一个重要而特殊的场所，主要具有以下功能。

1. 自然角能为幼儿园增添自然美

在自然角中摆放的物品可以集中再现自然界中的某一类事物，如鱼缸、水草、小鱼、植物种子、树叶和粮食；也可以是学前儿童搜集来的各种"宝贝"，如贝壳或卵石等。自然角能给活动室带来大自然的气息，使学前儿童足不出户就能感受到大自然的生机和活力，了解自然界的奥秘。

2. 自然角能使学前儿童萌发探究的欲望

在自然角中，学前儿童不像在集体教学中那样要在教师的统一计划和指导下进行活动，他们随时都有观察、触摸和探索各种物品的机会，还可以对自然角中的物品进行长期、系统的观察。因此，自然角这一富有教育意义的环境为学前儿童提供了观察自然、认识自然与动手实践的广阔空间，能使他们萌发探究的欲望，增强探究的意识，提高探究的能力。

3. 自然角能增强学前儿童对周围事物的责任感

学前儿童每天和自然角中的物品相处，并且可以自由地接触与观察这些物品，在潜移默化中他们会把自然角中种植的植物、饲养的小动物看成自己的小伙伴，从而对它们倍加关注和照顾，它们每个细小的变化都会引起学前儿童的注意，从而培养学前儿童对事物的观察力和关爱自然、保护生命的责任感。

二、自然角的材料特点

自然角是激发学前儿童观察、探究，丰富其自然科学知识的重要场所。教师精心创设的自然角，既可以美化环境，还可以让学前儿童发现大自然的奥妙，让学前儿童从小养成保护环境、关爱动植物的情感，培养他们的责任意识。教师要想创设有趣、多彩的自然角，需要注意以下几点。

（一）材料具有丰富性

教师应在自然角中设置丰富多样的材料，营造出"自然美景"，如图6-3所示，吸引学前儿童的好奇与兴趣。一般幼儿园会在自然角安排以下材料。

图6-3　自然角的各种材料

1. 动物

自然角中养殖的动物主要是学前儿童进行观察的材料，通过科学教育活动使学前儿童养成观察的习惯，学会简单的喂养方法。因此，教师要选择个体小、管理方便、无危险、便于喂养、学前儿童感兴趣，而且便于他们观察的动物，最好随着季节的变化经常更换种类，使学前儿童能够接触到更多的小动物，如鱼、乌龟、小鸟、小蝌蚪等。

2. 植物

自然角中放置的植物应该既可以美化环境、陶冶情操，又是学前儿童喜爱的种类，以适宜盆栽的品种为主，不宜过于高大。教师应该选择颜色鲜艳又美观、生命力顽强、具有较高观赏价值的常见植物，并且确保无毒、无刺，确保学前儿童的人身安全，如水仙、吊兰、石榴、萝卜、葱、蒜，以及各种豆类。

3. 非生物及工具

自然界中除了生物，还有许多非生物，如土、沙子、石头、贝壳、植物的果实、种子、动植物的标本等。此外，教师还应提供一些可供学前儿童在自然角中进行观察和劳动的工具，如放大镜、小喷壶、铲子、扫帚、簸箕等工具。

4. 学习档案

教师还应为学前儿童准备"学习档案"，挂在自然角中，以便他们取放，帮助学前儿童用自己的方式（如图画、符号等）来记录和思考他们在自然角中获得的知识经验，如图6-4所示。

图6-4　自然角中学前儿童的"学习档案"

"学习档案"不仅可以帮助学前儿童学习记录、统计的方法，培养他们的责任感和坚持不懈的精神，还能激励他们不断地进行思考，使他们在事物变化现象与个人知识经验之间建立强有力的联系。

（二）材料满足学前儿童的需要

小班学前儿童观察能力较差，教师为他们提供的观察对象要具有明显的特征，如兔子、乌龟、蜗牛等特征明显的动物，色彩鲜艳的蝴蝶、蜻蜓等标本，常见的苹果、香蕉等水果。

中班学前儿童的观察力、思维能力都有所提高，教师在尽可能保证物品完整性的同时，可以提供一些外观上具有相似之处的物品，并注意其多样性，以发展中班学前儿童求异和求同的思维能力，如各种不同类型的观赏鱼等。

大班学前儿童好奇心强，求知欲旺盛，独自活动能力增强，教师可以提供能够让他们深入研究或细致观察的物品。例如，引导他们观察盆栽，深入探究植物的生长条件和特性；又如小蝌蚪、蚕、蚯蚓等小动物，引导他们对小蝌蚪变青蛙的过程进行长期观察等。

此外，自然角中的物品还应具有广泛性和启蒙性，因为只有浅显易懂、生动有趣，能让学前儿童看得见、摸得着的事物，才能真正对学前儿童起到科学教育的启蒙作用。

（三）材料布置要体现季节性

自然角作为大自然的"缩影"，要能反映季节变化。教师应针对学前儿童发展的实际情况，结合四季的变化，精心制订自然角科学教育计划，发动学前儿童及家长认真选择自然角物品，相对集中地布置材料。

三、自然角科学教育活动指导

在自然角科学教育活动中，教师要善于发现和保护学前儿童的好奇心，充分利用自然和实际生活中的机会，引导学前儿童通过观察、比较和操作等方法来发现问题、分析问题和解决问题，帮助他们不断积累经验，并将经验应用于新的学习活动中，同时形成积极的学习态度。

自然角科学教育活动的指导要点如下。

（一）自然角中物品的摆放要整洁、美观、安全

自然角是幼儿园隐性教育环境的组成部分，因此教师应当分类摆放各种物品，力求做到整洁、美观，教育学前儿童在观察或摆弄物品后将物品放回原处。教师还应注意在自然角中不能放置任何对学前儿童有安全隐患的物品，如有尖锐棱角的铁架、带刺的植物等。

（二）教师的指导方式要符合学前儿童的认知特点

自然角科学教育活动虽然以学前儿童的自由探索和自主操作为主，但教师的指导作用也不容忽视。由于不同年龄段学前儿童的认知特点不同，所以教师指导的侧重点也应该有所不同。

小班学前儿童独立观察能力较差，所以他们在自然角中的观察活动需要在教师的组织下进行，重点是引导他们对自然角中物品的特征进行充分的感知。

中班学前儿童观察能力明显提高，教师可以为他们多设置一些问题，如"小乌龟长什么样子""乌龟是怎样爬行的""乌龟的壳有什么作用"等，以促使他们有目的地进行观察。

大班学前儿童思维活跃，好奇心强，他们需要更多的动手操作和实验机会。因此，教师应为他们创设条件，提供丰富的材料和工具，让他们自由地探究，在积极探究中提高能力，获得自信。

（三）让学前儿童做自然角的日常管理者

要想让自然角成为学前儿童喜欢的活动场所，就必须让他们参与自然角的设计和管理工作。为此，

在布置自然角时，教师可以组织学前儿童进行讨论，并充分听取他们的意见，鼓励他们把自己家里好玩的、好看的物品带到幼儿园，安排他们参与自然角的管理，轮流照料和看管自然角中的物品。

对于面积较小，尤其是室外场地不足的幼儿园，教师更要精心布置和创设自然角这一环境，以保证学前儿童有更多的机会接触大自然。

第三节　数学角科学教育活动

引导案例

　　小太阳幼儿园中一班的小朋友们正在数学角自由活动。洛洛喜欢搭积木，正在专心地搭建着他想象中的城堡。佳依和琳琳在用各种各样的珠子"穿手链"，佳依喜欢红色，她用的都是红色的珠子，而琳琳觉得多种颜色会更好看，穿了几次还是不满意，她想着先画出自己喜欢的手链的样子，然后再操作。于是，她一边想，一边用水彩笔在纸上涂着、画着，最后，她穿出一条非常漂亮的手链，珠子是按红黄绿的规律排列的。她将手链戴在手上，开心极了，非常有成就感。其他小朋友也向她投来羡慕的目光。

　　洛洛的城堡也搭好了，他自豪地说："等我长大了，我要建大大的城堡，邀请所有的老师和小朋友们来玩。"

　　小朋友们在与材料的互相作用中，学会思考问题，寻找解决问题的办法。他们在活动中通过动手动脑，了解了生活中的数学知识，认识了排列规律、几何形体等，发展了逻辑思维能力，为以后的数学学习打下了良好的基础。

　　数学是研究现实世界中数量关系和空间形式的科学，具有很强的抽象性和逻辑性。教师向学前儿童教授数学知识时需重视内容的趣味性和生活性，让他们觉得有趣、有用，这样更能激发他们的探究欲望。数学角是通过构建良好的科学教育环境，让学前儿童自主学习，在轻松的状态下获取数学知识，对其数学能力的发展十分有益。

一、数学角科学教育活动概述

　　数学角是指在幼儿园活动室的一角摆放各种数学材料、玩具、棋类、牌类等供学前儿童自由选择与操作，探索数学奥秘的场所。数学角为学前儿童提供了自由学习的空间，使他们在轻松、愉快的氛围中自由摆弄、操作、玩耍各种数学材料和玩具，自然而然地接受数学知识的熏陶，逐步积累数学经验，进而促进抽象逻辑思维能力的发展。

二、数学角科学教育活动材料的要求

　　数学角是学前儿童自主学习数学知识的重要场所，教师要想充分发挥数学角的作用，需科学、合理地选择数学角的材料，如表6-2所示。

表6-2　数学角的材料

活动类型	材料
分类、排序	不同颜色和形状的瓶盖、弹珠，不同长短和厚薄的围巾、卡片、小棍等
数和数的运算	各种自然物、小型玩具、日常用品、模型、图片、卡片等

续表

活动类型	材料
认识几何形体	三角形、正方形、球体等各种平面图形和立体图形，各式积木、拼图、七巧板等
量与计量	小棍、绳子、弹簧秤、尺子、天平、量杯等
认识时间	时钟、星期表、年历表等
棋类、牌类	跳棋、军棋、五子棋、象棋、围棋等

为了更好地激发学前儿童学习数学的兴趣，促使学前儿童产生探索数学活动的行为，教师要为不同年龄段的学前儿童提供丰富多彩的操作材料。材料不仅种类多样，而且数量充足，以激发学前儿童丰富的思维活动。

教师要根据学前儿童的特征、活动的目的来选择数学角的活动材料。

（一）根据学前儿童的特征选择材料

教师在选择数学角的材料时，要根据学前儿童的年龄特征与其兴趣和需要来选择。

1. 根据学前儿童的年龄特征选择材料

教师在选择材料时应根据学前儿童的年龄特征，不同年龄段的学前儿童所需的数学角的材料是不同的。在认识物体形状时，小班学前儿童的学习目标是认识圆形、正方形和长方形等；中班学前儿童的学习目标是认识梯形和椭圆形等；大班学前儿童的学习目标是认识几种常见的立体图形（如正方体、球体、长方体和圆柱体等）。

2. 根据学前儿童的兴趣和需要选择材料

教师在数学角投放的材料力求多样，带给学前儿童丰富的感官刺激，以激发他们探索数学的欲望和兴趣。多种多样的材料能使枯燥乏味的数学知识富于形象、趣味，教师要根据学前儿童的兴趣和需要，选择大量的材料供他们体验、操作，让他们在与材料的相互作用中，了解数学知识的概念，体验物体的形状、数量、大小，以及它们之间的关系等。在数学角活动中，学前儿童与种类繁多、数量充足的材料发生互动，能够引起他们积极的思维活动，促进他们探索和建构知识体系。

（二）根据活动目标选择材料

教师在数学角投放材料时，首先要了解此次活动的目标，需要通过这些材料让学前儿童达到活动的目标。需要达到什么目标，就要选择什么样的材料。只有将目标作为选择材料的前提，才能使材料在活动中充分地发挥作用。

三、数学角科学教育活动指导

数学角科学教育活动与数学教育活动是相辅相成的。教师要根据本班数学教育的计划和学前儿童在数学活动中的表现，随时投放活动材料，并对学前儿童的探索活动及时给予相应的指导。

（一）及时补充并调整操作材料

学前儿童的数学概念是在与环境材料的相互作用中不断积累而建构的，操作性、探索性是学前儿童学习数学的重要特征。操作活动是学前儿童学习数学的重要且有效的形式，教师要根据数学教育内容及学前儿童在数学活动中的表现，在数学角中及时投放数学操作材料，以满足学前儿童反复摆弄、操作和体验的需要，满足不同发展水平学前儿童的需求，并根据具体活动情况及时调整和补充材料。

（二）使学前儿童明确活动的规则

活动前，教师要向学前儿童明确提出活动的要求和规则，讲清楚材料的使用方法。对于一些需要指导的活动（如棋类、牌类等），教师可以事先通过小组活动的方式向学前儿童介绍清楚。

（三）适时指导学前儿童的活动

在数学角科学教育活动中，教师必须从显性的主导地位适时、适当地退至隐性的引导地位。学前儿童是通过自己的实际操作来进行学习和解决问题的，教师要成为他们背后的观察者与支持者，要真正从观察中获取准确的信息，以便为随时进行指导做好充分的准备。

（四）增进学前儿童之间的相互交流

在数学角科学教育活动中，学前儿童彼此间地位平等，他们可以无拘无束地交流与讨论。在这样的交流互动中，学前儿童既放松，又保持了独立性，这是单纯的教师指导所达不到的。这不仅对学前儿童学习数学具有一定的支持作用，还拓展了他们的学习途径和方法，使其在实践中学会相互协调和帮助。

第四节　科学活动区科学教育活动

引导案例

大一班的夏老师在科学活动区提前投放了很多弹性玩具，如皮球、拉力器、弹力球、弹力圈、松紧带、皮筋等。另外，还有一些无弹性的日常生活用品。夏老师将科学教育活动与孩子们的实际生活紧密联系，利用身边的事物和现象作为孩子们科学探索的内容，创设区域环境，让幼儿接触更多的弹性玩具，吸引他们的兴趣。

孩子们玩得不亦乐乎，子蒙对洛洛说："我的球弹得比你的高。"洛洛不甘示弱，用了更大的劲，将球弹起，说："看吧，我的球弹得也高。"通过玩耍，他们知道了弹力的大小。有的孩子自己摸索着使用皮筋等材料制作弹力小玩具……

孩子们自主探究，通过实验和操作感知弹性的特点，获取有关弹性的科学经验。他们将原来玩"蹦蹦床"的感性经验联系到日常生活中，通过自由交谈，知道了沙发、弹力床垫等都是利用弹力原理制成的，这更激发了他们对科学的学习与探索兴趣。

科学活动区是专门为学前儿童进行科学探究而设立的活动场所，它为培养学前儿童的科学兴趣和创新精神开辟了广阔的天地。在科学活动区中，教师应为学前儿童提供各种科学活动设备和丰富多样的结构性材料，供他们自由选择，自主地进行科学探究活动，这样有助于培养学前儿童的独立性和自信心。科学活动区对学前儿童学习科学起着非常重要的促进作用。

一、科学活动区科学教育活动概述

幼儿园的科学活动区按照用途、场地及管理归属的不同，可以分为班级的科学活动区和全园共用的科学活动区。

班级的科学活动区是指在班级的活动室内划出一定的区域，利用柜子、桌子等构成活动场地，为学前儿童提供操作或制作材料的环境，让他们在此进行操作、试验和探索等活动。全园共用的科学活动区是指幼儿园专门为学前儿童进行科学探究而建立的活动场所，它为培养学前儿童科学兴趣和创新精神开辟了更为广阔的空间。目前，许多幼儿园设有全园共用的、专门的科学活动区。

由于在科学活动区中没有追求结果的压力，学前儿童可以更从容地沉浸于科学探究的过程当中，尽情享受探究过程带来的乐趣，这有利于培养学前儿童对科学活动的兴趣，发展他们的思维能力，提高他们动手操作的能力。

科学活动区的活动形式是由学前儿童自己决定的，学前儿童可以独自探索，也可以和小伙伴共同探索。在这种宽松、和谐的氛围中，学前儿童的个性、合作精神和交往能力都会得到发展。

二、科学活动区的材料选择

下面以班级的科学活动区为例，介绍科学活动区的材料选择。

（一）科学活动区的活动材料分类

教师在科学活动区中投放的材料要有助于提升学前儿童的科学素养，让他们初步了解一些自然科学现象和现代科学技术，激发其动脑思考、动手操作的兴趣。教师在科学活动区中投放的材料应是多种多样的，一般可以分为四大类，如表6-3所示。

表6-3　科学活动区投放材料的分类

类别	适用范围	呈现方式
观察阅读类	无法提供实物让学前儿童操作和实验，但对其又很有必要的科学经验	①模型：如地球仪、地图拼图等。 ②挂图：悬挂或张贴在墙上的有关科学内容的图画，如宇宙飞船升空成功、迷人的海底世界等。 ③图书及视频资料：科学知识类丛书，如《小雨滴去旅行》《藏起来的能量》等；可以让学前儿童听的科普类录音故事和既能听又能看的视频资料
科学玩具类	各种范围	①蕴含一定科学原理的成品玩具：电动玩具、声控玩具、遥控玩具、磁性玩具等。 ②利用废旧物品自制的玩具：如利用薯片盒子、可乐瓶和笔杆制作的天平，利用塑料积木、笔杆和小雪花插片制作的小车等
操作实验类	各种范围	①光：让学前儿童了解光的直射、反射和折射等现象的材料，如平面镜、放大镜、显微镜、万花筒、潜望镜等。 ②热：让学前儿童感知热能的材料，如蜡烛、酒精灯等。 ③电：让学前儿童探索电路的材料，如电池、电线、小灯泡、小电珠、小电扇等。 ④磁：让学前儿童了解磁铁的相吸、相斥现象，由磁力产生的悬浮和摇摆等现象的材料，如磁铁、曲别针等。 ⑤声：让学前儿童体验发声、传声、声控等作用的材料。发声玩具，如风铃、音叉、捏气发声的塑胶小动物等；传声玩具，如电话、传声筒等。 ⑥力：让学前儿童体验重力、浮力、弹力、惯性、力的传动作用等的材料，如沙漏、皮筋、水、斜坡等。 ⑦空气：让学前儿童了解空气的作用和风的形成及作用的材料，如气球、风筝、小风车等。 ⑧水：让学前儿童了解水的特性、水的"三态"变化等现象的材料。 ⑨化学：让学前儿童体验溶解的材料，如糖、盐、果珍、土、沙子、石头、水等；让学前儿童体验材料之间因发生相互作用而产生变化等现象的材料，如去锈、去墨渍、醋泡软蛋壳、醋泡软鱼刺等。 ⑩天文：让学前儿童观察星空、气候变化等现象并做记录的材料，如天文望远镜、观察记录册等

类别	适用范围	呈现方式
制作创造类	适用于有一定动手能力和认知水平的学前儿童	①某种制作所需的特殊材料，如制作风车、风筝、沙漏等的材料。②用于各种制作创造活动的必备通用材料，如安全护目镜、工作裙、罩衣等

（二）选择科学活动区活动材料的注意事项

教师在选择科学活动区的活动材料时，需要注意以下事项。

1. 选择丰富多彩的材料

丰富多彩的材料是学前儿童自主学习的基础，也是他们获取丰富科学经验的物质保证。需要注意材料多样化与同一化的关系，即除了要有丰富多彩的探究内容外，针对某一探究内容还要有丰富多彩的材料作为支持，以满足不同学前儿童对材料的兴趣与需求。

2. 选择多功能性的材料

材料的多功能性为学前儿童的操作提供了更多的可能性，具体表现在材料要有比较大的操作余地，同一种材料要有不同的操作方法，这能让学前儿童自由地采用自己的方式操作、改变与组合材料，从而获得不同的发现。这是学前儿童主动探究、学习的重要前提和基本条件。

3. 选择有层次性的材料

教师要为学前儿童提供符合不同层次需要的材料，以便不同水平的学前儿童能够按照自己的需求进行选择。具体来讲，教师要认真分析每一份材料的难易等级和学前儿童的个体差异，把同一份材料划分成难易不同的若干个等级投放于科学活动区中。分层次投放材料可以有效地发挥材料的引导作用，通过不同层次材料的提示和引导，使具有不同认知和操作水平的学前儿童得到均衡的发展。

4. 选择有序列性的材料

材料的序列性表现在材料应由浅入深，反映学前儿童认知的年龄特点；操作方法应由简到繁，反映学前儿童动作发展的特点；操作时间应由短到长，反映学前儿童注意力的稳定和兴趣的持续特点。

5. 选择有结构性的材料

科学活动区是学前儿童自由探索的活动场所，教师要为学前儿童提供有结构性的材料，以保证活动过程的可探索性。有结构性的材料是指材料在被利用时能够揭示事物之间的某种关系，或者将科学的原理蕴藏在材料和对材料的探索之中。例如，教师为学前儿童提供的有关磁力的材料有磁铁、铁片、木片、塑料、纸片、回形针等，学前儿童通过操作可以发现其中蕴含的多种关系：磁铁能吸住铁片、回形针，却吸不住木片、塑料和纸片；磁铁能在不接触到铁片和回形针的情况下使它们运动；两块磁铁同极相斥、异极相吸等。

科学活动区中提供的材料都应该是结构性的，教师必须研究各种材料的结构及其蕴含的关系，才能有效地引导学前儿童在操作材料时发现这些关系，进而获得各种经验。

6. 及时调整活动材料

教师在投放每一批新材料时，要逐步减少原有的材料，这样既给一部分学前儿童第二次操作的机会，又给一部分学前儿童选择新材料的机会。

7. 确保材料的数量充足

为了保证学前儿童探究活动的顺利开展，科学活动区中应备有足够的活动材料，使参加活动的学前儿童不会因材料不足而影响其操作学习的过程。材料足够并不是要求每种材料的数目都必须与班里学前儿童的人数相等，而是指在探索过程中起关键性作用的材料每人至少一份，起辅助性作用的操作材料每组一份即可。

例如，在探究物体的吸水现象时，如果这项活动可以让六名学前儿童同时进行，那么一盆水足矣，但关键性的材料必须数量充足，能吸水和不能吸水的东西应该各有七八种。

三、科学活动区科学教育活动指导

在科学活动区，教师的干预减少，教师主要是让学前儿童自主科学探究，并密切关注其探究过程，为其提供各种环境和材料上的支持，营造良好的探究氛围。教师在科学活动区科学教育活动中的指导应符合以下要求。

（一）注重学前儿童的学习体验过程

教师在活动过程中，不应单纯要求学前儿童达到某一知识技能目标，而应注重学前儿童的学习体验过程。教师的主要目标是使学前儿童养成乐于学习的态度，因此教师要尊重学前儿童的兴趣、愿望与需求，充分认识其年龄特点和认知特点，让他们按照自己的方式进行学习。

教师要优先考虑学前儿童的情感态度，学前儿童探求知识和解决问题的过程与方法比知识的多少更重要。教师不要强求学前儿童在短时间内通过指导能够掌握某一知识技能，而要尽可能地让学前儿童通过体验性的学习经历一个自我发展的过程。

（二）注重学前儿童的个别化指导

在集体科学教育活动中，教师的语言讲授较多；而在科学活动区科学教育活动中，教师的指导要注重发挥学前儿童的主体性，激发学前儿童内在的学习动机。教师要更多地关注学前儿童的不同需要，在指导方式上要避免集体教学中的讲解法与讨论法，要根据不同学前儿童的不同情况给予有针对性的指导。

（三）注重学前儿童心理环境的创设

满足学前儿童心理上的安全需要是使学前儿童产生认知和理解的基础。如果学前儿童没有一个安全的心理环境，那么主动学习和探究就不可能发生。在科学活动区科学教育活动中，心理环境的创设尤为重要。

教师要创设安全的心理环境，需要做到以下3个方面。

1. 允许学前儿童出错，接纳他们的错误认识

教师要意识到，学前儿童的认识错误只代表着他们当前的认识水平。那些在成人看来是错误的认识，在学前儿童的认知结构和水平上却可能是合理和"正确"的。因此，教师要给予学前儿童出错的机会，并对他们的错误采取宽容和理解的态度。

2. 鼓励和支持学前儿童主动探索，引导他们进一步思考

教师要善于挖掘每位学前儿童探究活动过程和结果的价值，使每位学前儿童在每一次的探究活动中都有所发现，都有成功的体验。尤其是那些从表面看来"失败"的学前儿童，教师更要给予支持和鼓励，并培养他们乐于探究和从不同角度看问题的科学态度和品质。

3. 必要时给予学前儿童适度帮助

学前儿童在科学探究活动中获得的知识应由他们自己通过亲身经历去发现，而不是教师直接告诉他们结果或让他们按照教师给的步骤去做。在活动过程中，教师要保持沉默，认真观察，懂得倾听学前儿童的想法，接纳和听取他们的解释。

总之，营造和谐、安全的心理环境是教师组织指导科学活动区科学教育活动的一项基本要求，它能够发挥"润物细无声"的重要作用。

四、科学活动区科学教育活动案例

大班学前儿童科学教育活动"工具用处大"

活动目标

（1）了解生活中经常接触的一些工具，感知工具与人们的关系。

（2）学习正确使用勺子、筷子、订书机、卷笔刀、扫帚、簸箕等工具。

（3）培养对事物的好奇心，乐于大胆探究和实验。

（4）充分体验"科学就在身边"，产生在生活中发现、探索和交流的兴趣。

（5）激发对科学活动的兴趣。

活动准备

（1）共同收集一些常用的工具，如刷子、起子、勺子、筷子、锤子等。

（2）准备分组活动资料：订书机6个、削笔器3只、卷笔刀若干、扫帚6把、簸箕6把、纸、铅笔若干、起子、锤子、木板、铁钉等。

活动过程

（1）请幼儿说说工具与人们生活的关系。提问幼儿都认识这些工具吗？它们分别有什么用？讨论：人们为什么要发明工具？

（2）播放视频，让幼儿知道不同的工具有不同的操作方法。和幼儿一起看看几种工具，讨论这些工具的正确使用方法，重点了解订书机、削笔器、卷笔刀的正确使用方法。

（3）幼儿分组活动，自由选择工具进行使用。

① 用订书机修补图书或制作图书。

② 练习用削笔器、卷笔刀削铅笔。

③ 练习用扫帚扫地。

④ 练习使用起子，锤子等工具进行木工小制作。

（4）教师观察幼儿自主活动情况，必要时予以帮助指导。

活动评析

幼儿天生具有强烈的好奇心，对周围事物的探索和求知欲望非常强。《纲要》中强调"科学教育应密切联系幼儿的实际生活进行，利用身边的事物与现象作为科学探索的对象"。日常生活中，幼儿已接触很多工具（铅笔、橡皮等），对它们十分感兴趣，但幼儿对工具的认识仅仅是一些感性经验，对工具的具体用途、种类还不是很了解。本次活动让幼儿通过操作、观察等手段，在自主活动中了解一些科学知识。

🔍 实战训练

请同学们去幼儿园进行实际观察，自主选择不同年龄班级，记录和分析学前儿童个体或小组在自然角、数学角、科学活动区或其他区域发生的科学探究活动，根据所学知识分析学前儿童的探究行为和特点，对材料的选择及教师支持的适宜性进行分析与判断，并提出合理化意见或建议。

第五节　科学发现室科学教育活动

引导案例

　　秋天到了，秋高气爽，秋风渐凉，天气干燥。这一天，午休过后，中一班的程老师用木梳给佳依梳头发时，头发被梳子吸了起来。洛洛去牵晨晨的手时，突然感觉疼了一下。他们问程老师："这是怎么回事？"

　　程老师带小朋友们来到科学发现室，说："今天我们要认识静电。"程老师准备了泡沫板、碎纸屑、塑料尺、气球、丝绸、手帕、手套、衣服、头发、毛皮、丝绒、铁梳、木梳等物品。她通过变魔术的方式，用"神奇"的泡沫板吸起碎纸屑，成功地引起了小朋友们的注意。

　　程老师先做示范，用泡沫板在衣服上快速地擦了几下，她边做边说："碎纸屑、碎纸屑起来吧！"孩子们睁大眼睛看着，泡沫板上很快吸满了碎纸屑。小朋友们非常好奇，也都想尝试一下。

　　程老师说："两个物体在一起摩擦就会产生静电，这叫摩擦起电。泡沫板在衣服上来回摩擦产生了静电，所以能把碎纸屑吸上来。"接下来是小朋友们的自由操作时间。

　　小朋友们可以选择喜欢的材料，进行实验操作。子蒙一开始没有做成功，琳琳跟他说："可能是你摩擦的时间太短，你再多摩擦一会儿。"……

　　小朋友们在交流中、合作中实践着，认识了什么是静电，了解了静电的性质。

　　在科学发现室进行的科学教育活动中，教师的"教"主要体现为根据学前儿童的年龄特征和学习需要创设环境和提供材料，学前儿童的"学"主要体现为整个操作活动中的自主探究行为。

一、认识科学发现室

　　科学发现室是指在幼儿园设立的为学前儿童提供各种科学探究材料，用于科学探究的专门场所。为了让学前儿童在宽松、愉快的环境中通过自身的探究主动发现问题，寻找答案，获取广泛的科学经验，激发他们对科学的兴趣，幼儿园应为学前儿童创设一间独特的科学发现室（见图 6-5），提供适宜的工具，并支持他们使用工具进行探究活动，探究物体和材料的物理特性、相互关系和有趣的科学现象。

图 6-5　幼儿园的科学发现室

（一）科学发现室的特点

一个精心设计和安排的科学发现室是学前儿童科学探究和科学发现必不可少的环境与条件。在科学发现室，教师应为学前儿童提供各种丰富的材料，鼓励和支持他们自由发现和自主支配活动和材料。一般来说，班级学前儿童的数量和组织形式决定着科学发现室域的规模和容量。

通常情况下，科学发现室具有以下特点。

（1）材料属于所有学前儿童。每一位学前儿童都可以自由地选择和使用。

（2）材料易于观察和使用。教师应以学前儿童容易接近和可供选择的方式提供充分的材料。材料的放置方式应便于学前儿童观察和拿取。

（3）材料和图书有资源作用。材料和图书起到资源库和图书馆的作用，科学发现室既要有材料支持学前儿童的探究，又要有相应的图书为学前儿童的探究提供参考和支持。

（4）有基本的安全和程序要求。材料和工具的使用有基本的安全要求，以保证每位学前儿童的安全；材料的收放也要有基本的程序，以方便每位学前儿童的拿取和放置。

（5）激发学前儿童探究的兴趣。

（二）科学发现室的材料

科学发现室的主要材料包括3种类别，分别为防护用具或用品，各种观察、实验用的工具和用具，以及可供学前儿童探究的各种材料。在安全的前提下，科学发现室的材料要结实、简单且易于操作。一般来说，科学发现室的主要探究材料包括磁铁、石块、木块、塑料块，各种可以漂浮或下沉的材料，以及用于探究光和影子、斜面和坡度、电路的材料等。

（三）科学发现室的作用

任何科学发现都不是偶然的，其灵感都源于长期的探索与思考。经常认真思考的人才会萌发灵感，并勇于投入实验，往往经过反复实验才获得成功。

科学发现室是学前儿童进行科学探究活动的广阔天地，也是幼儿园开展科学教育的有利场所。通过科学发现室进行科学教育活动，不仅能使学前儿童学到广泛的科学知识和多种科学方法，还能培养他们积极探索的精神，激发他们学习科学的兴趣。

科学发现室对学前儿童学习科学的主要作用如下。

（1）科学发现室的空间较大，材料丰富，学前儿童有充分的选择余地。

（2）科学发现室提供的材料不按年龄段进行区分，适于学前儿童在自己的认知水平上自主选择进行探索。

（3）科学发现室能够使较多的学前儿童集中学习科学，能够保证每位学前儿童都有操作材料的机会，便于形成学习科学的良好氛围。

（四）学前儿童在科学发现室可以获得的关键经验

在科学发现室，学前儿童可以获得的关键经验如下。

（1）材料的物理属性。学前儿童探索、操纵工具和材料，发现材料的各种物理属性。

（2）使用和了解各种工具。学前儿童借助放大镜等工具进行更仔细的观察和更精细的实验，了解各种常见工具的作用和使用方法。

（3）观察与分类。学前儿童用感官探索自然物体和人造物体。在此基础上，学前儿童会根据多种特征对物体进行归类和分类。

（4）组织和交流观察与探究的结果。学前儿童与同伴相互分享，或者与教师分享他们的观察与发现。

（5）测量。学前儿童用标准化和非标准化的工具来测量和量化物体，例如，操作和使用各种类型的天平。

二、科学发现室的创设与组织管理

科学发现室的创设与组织管理非常重要，教师需要做好这两方面的工作。

（一）科学发现室的创设

科学发现室的创设需要遵循以下两项原则。

1. 材料安全，难度层次和使用方法多样

材料的选择要格外注意安全性，必须选择无毒、无害、无不良影响的材料。首先可以考虑自然物和安全的废品，在选取材料时，教师不用按照年龄段安排材料，而是投放不同层次的材料，有单一功能的简单材料，也有多种功能的复杂材料，还有可以用不同的方法使用的同一种材料或不同材料，这样学前儿童可以根据自己的能力和喜好自由选择探究材料。

2. 活动空间宽敞，布局合理

科学发现室需要有足够的空间，这样既可以提供更多摆放材料的地方，又可以使更多的学前儿童在同一时间摆弄不同的操作材料，与同伴产生互动。

同时，科学发现室的布局要考虑到不同类型探究活动区域的合理划分。同类或相近的材料需要归类，并放在相近的地方，这样既便于学前儿童取用，又能够培养其分类与整理意识。

除了充分利用科学发现室的室内空间外，还要注意利用室外空间，一些探究动静比较大或需要借助户外大型器械的探究活动可以在室外进行。将室内空间和室外空间相结合，可以充分发挥它们各自的优势。

（二）科学发现室的组织管理

科学发现室的组织管理主要有以下两种方式。

1. 专职教师负责管理，活动程序简单明确

由于科学发现室是面向全园学前儿童的共享式开放性区域，所以需要配备一名专职教师管理科学发现室的日常事务。在学前儿童进入科学发现室开展探究活动时，专职教师首先需要做的不是干预和要求他们如何进行探究，而是维护和进一步发展其探究的自主性。

在每次活动开始前，教师可以用提问的方式询问学前儿童想做哪些活动，这主要是为了引出他们的想法，教师不予评价和暗示。当更新材料时，教师可以简单地向他们介绍又有哪些新材料入驻科学发现室。当有新的学前儿童加入科学发现室时，教师可以简单地向其说明科学发现室的使用规则。

当学前儿童出现破坏性行为或与其他学前儿童发生冲突时，教师应当及时制止，不偏不倚地对待冲突的双方，客观地分析他们的行为，并从正面表达希望他们去做的事情，坚决制止破坏性行为的发生。

一般来说，如果科学发现室材料充足，学前儿童在探究时就不会发生冲突，所以教师的主要职责还是鼓励他们积极探索，在必要时以简单明了的方式予以支持与引导。

2. 定期整理和更新材料，支持学前儿童自主探究

科学发现室中的材料需要定期整理。在每次活动前后，教师都要清点科学发现室中的材料，察看有无缺损和消耗，根据实际情况及时进行修理和补齐，同时还要动态地把握全园最近开展的科学探究活动，及时更新科学发现室中的活动材料。

此外，教师还要把移位或错位的材料放回原处。为了更有效地管理科学发现室中的材料，教师可以分区域归类摆放，并用学前儿童可以识别的记号进行标注。教师可以在活动前后提醒学前儿童用完材料后归还原处，还可以邀请学前儿童协助管理。

科学发现室中的材料都是为了支持学前儿童自主探究而配备的，所以材料的补充与更新需要根据他们每次探究的结果和近期园内探究主题的变化而进行相应的调整。

课后习题

一、选择题

1. 在区域科学教育活动中，教师的指导具有（　　　）。

    A. 直接性   B. 间接性   C. 主导性   D. 命令性

2. 建立（　　　），能够为学前儿童的科学观察提供物质环境，培养学前儿童爱护花草和动物的态度和情感。

    A. 表演角   B. 数学角   C. 自然角   D. 美术角

3. 自然角中的（　　　）可以帮助学前儿童用自己的方式（如图画、符号等）来记录和思考他们在自然角中获得的知识经验。

    A. 学习档案   B. 植物   C. 动物   D. 工具

4. 棋牌类玩具适于投放幼儿园的（　　　）。

    A. 表演角   B. 阅读角   C. 自然角   D. 数学角

5. 教师在数学角投放材料时，首先要了解此次活动的（　　　），这样才能达到预期的效果。

    A. 活动目标   B. 活动内容   C. 活动过程   D. 活动对象

二、判断题

1. 在区域科学教育活动中，学前儿童以观察活动为主，与教师组织的集体科学教育活动相比，学前儿童有更多的机会与同伴自由交流。（　　　）

2. 在区域科学教育活动中，学前儿童应该明白行为是受自己控制的。（　　　）

3. 在区域科学教育活动中，教师是主体，决定学前儿童探究的内容、选择的材料。（　　　）

4. 为了更好地激发学前儿童学习数学的兴趣，促使学前儿童产生探索数学活动的行为，教师要为不同年龄段的学前儿童提供数量充分、层次单一的操作材料。（　　　）

5. 科学发现室是指在幼儿园设立的为学前儿童提供各种科学探究材料，用于科学探究的专门场所。（　　　）

三、简答题

1. 简述设计组织学前儿童自然角科学教育活动的指导要点。

2. 简述教师选择科学活动区的活动材料的注意事项。

3. 简述幼儿园科学发现室的组织管理方式。

07

第七章
学前儿童科学教育活动资源

知识目标

> ➤ 了解学前儿童科学教育活动资源的含义、类别与特性。
> ➤ 了解社区、家庭科学教育资源的内涵与功能。
> ➤ 掌握学前儿童科学教育活动资源的选择原则与利用方法。

能力目标

> ➤ 能够在幼儿园创设利于开展学前儿童科学教育活动的环境。
> ➤ 能够充分利用社区资源、家庭资源设计学前儿童科学教育活动。
> ➤ 能够有效地组织指导学前儿童在社区、家庭及在大自然中的科学探究活动。

素养目标

> ➤ 培养探索和发现的科学精神，保持对科学的严谨态度。
> ➤ 丰富自身的科学文化知识，能够正确解释各种科学现象和问题。
> ➤ 具备创新和反思能力，不断更新教育观念和方法。

学前儿童科学教育活动资源是学前儿童科学教育活动赖以存在和发展的基础，例如，自然环境、社会资源、科学教材或科普图书等都属于科学教育活动资源。这些资源可以有效地帮助学前儿童了解科学知识，培养科学素养和思维能力，同时也能激发他们对科学的兴趣和好奇心。因此，教师要开发利用这些资源，发挥其最大效用，为学前儿童的学习与发展创造良好的条件。

第一节　学前儿童科学教育活动资源概述

引导案例

思思 5 岁了，平时特别喜欢观察妈妈做饭。周末，思思看到妈妈在厨房忙碌，就进来说："妈妈，我可以帮你吗？"妈妈高兴地说："可以啊，思思长大了，可以帮妈妈干活了。"然后，妈妈告诉思思在水池里把土豆洗干净，再教思思用削皮器来削土豆皮。思思很感兴趣，认真观察妈妈的动作，再模仿妈妈削土豆皮，削好后再用擦丝器将土豆擦成丝。思思学得非常认真，做起来也有模有样。

妈妈借此机会给思思讲解了各种美食制作工具的功能、用法及安全注意事项，并让思思观察、体验，并动手操作。例如，煮蛋器、水果分割器、榨汁机、豆浆机等，这些厨房工具给人们的生活带来了很多便利，妈妈引导思思感受发明创造给人们生活带来的便捷与乐趣。

思思在劳动中了解了这些工具的名称及使用方法，体验到了劳动的喜悦，了解到不同的工具有不同的用途，感受到科技就在身边，进而萌发了对科学探究与科学创作的兴趣。

资源是指一个国家或一定地区内拥有的物力、财力、人力等各种物质要素的总称，一般包括自然资源和社会资源。自然资源包括阳光、空气、水、土地、森林、草原、动物等；社会资源包括人力资源、信息资源，以及经过劳动创造的各种物质财富。在教育领域，资源是指用于教育活动或教学目的的各种物质和非物质的工具或支持。

一、认识学前儿童科学教育活动资源

凡是与学前儿童科学教育有关并能帮助教师实现教育目标，能够帮助学前儿童达到学习目标的一切事物、人及其经验和智慧都可作为学前儿童科学教育活动资源。具体来讲，学前儿童科学教育活动资源包括开展科学教育活动所需的各种玩教具和工作材料，帮助学前儿童学习的各种科学教育资料，以及可供科学教育利用的学前儿童所生活的自然环境和社会环境等。教师利用这些资源帮助学前儿童通过实际操作、观察和体验来学习科学知识和发展科学思维。

（一）学前儿童科学教育活动资源的含义

《教育大辞典》中对教育资源这样解释："教育资源亦称教育条件，通常是指为保证教育活动的正常进行而使用的人力、财力、物力的总和，任何教育活动都需要以一定的资源条件为前提。"由此可见，能够与学前儿童产生积极互动的科学教育条件都是开展学前儿童科学教育活动的重要资源。

学前儿童科学教育活动资源可以直接成为学前儿童科学教育活动的内容，或者成为支持学前儿童科学教育活动进行的物质的和非物质的一切条件。它应当符合两个要求：一是必须能够保证学前儿童科学教育活动的顺利实施；二是必须具有教育性，能够促进学前儿童科学教育目标的实现。

（二）学前儿童科学教育活动资源的类别

学前儿童科学教育活动资源主要有幼儿园资源、社区资源和家庭资源，如表7-1所示。

表7-1　学前儿童科学教育活动资源

类别	具体内容
幼儿园资源	包括科学游戏与玩教具、媒体资源、科学主题角、生活科学活动，以及各种科学活动必备的工具（如科学教材、观察记录本、活动卡片等）
社区资源	包括人力资源、组织资源与自然资源
家庭资源	包括学前儿童的家长及家里的物质资源等

（三）学前儿童科学教育活动资源的特性

学前儿童的科学教育活动资源具有以下特性。

1. 平衡性

学前儿童科学教育活动资源应平衡覆盖科学知识、观察、实践和探索的过程。资源的内容要切合学前儿童的认知特点和兴趣爱好，适合学前儿童年龄段的发展需求。

2. 多样性

学前儿童科学教育活动资源应具备多样性，包括不同形式和不同难度的教育工具，这样有助于激发学前儿童的好奇心和探索欲望。学前儿童可以通过多种方式和多种感官参与到科学教育活动中，如视觉、听觉、触觉、嗅觉等。

3. 参与性

学前儿童科学教育活动资源应具备参与性。学前儿童应能积极参与资源的使用和活动的进行，通过自主操作和实践来发现和理解科学知识。

4. 适应性

学前儿童科学教育活动资源应具备一定的适应性，能够满足不同学前儿童的学习需求。资源的开发应多样化，充分考虑不同学前儿童的发展特点和个体差异。

（四）学前儿童科学教育活动资源的作用

学前儿童科学教育活动资源对学前儿童的学习与教师的教学都具有十分重要的价值，具体体现在以下3个方面。

1. 有助于学前儿童学习活动的发生和发展

学前儿童的学习是在不断地与各种适宜的资源相互作用的过程中进行的，资源对学前儿童的认识具有一定的激发作用，使学前儿童处于积极的探究状态，从而获得对世界的认识。学前儿童科学教育活动资源能使以形象思维为主的学前儿童学习起来更加容易。

2. 有利于学前儿童全面、和谐地发展

学前儿童利用丰富的资源可以自主地与学习内容相互作用，通过操作、观察、欣赏、体验、反思等途径与外界事物产生联系，用自己的感官感受世界，自发地获取知识。在与大自然的接触中，学前儿童可以增加对大自然的认识，增进与大自然的亲近感；在与物质资源的互动中，学前儿童的身体协调能力能够得到一定的发展，同时产生兴趣并得到情绪上的满足。

3. 便于教师提高自身水平，实现教育价值

教师只有选择合适的资源并加以充分利用，才能引导学前儿童进行学习，激发其学习兴趣，发展他们的各种能力。教师是学前儿童学习上最直接、最重要的资源，因此教师要不断地提高自己的业务水平，实现教育价值。教师发现、获取、利用资源的过程也是其学习的过程。

二、幼儿园科学教育资源

《纲要》中指出："环境是重要的教育资源，应通过环境的创设和利用，有效地促进幼儿的发展。"在幼儿园的教育活动中，环境作为一种"隐性课程"，在开发学前儿童智力、促进其个性发展方面越来越受到学前教育工作者的重视。

环境是指个体生存空间中一切人、事、物的总称。幼儿园环境是指幼儿园内学前儿童身心发展所必须具备的一切物质条件和精神条件的总和。学前儿童科学教育活动环境是指为了促进学前儿童科学素养的发展，由学前教育工作者规划并创设的一种具有科学教育价值的环境，包括物质学习环境和心理学习环境。

（一）幼儿园科学教育资源的内容

幼儿园内的科学教育资源种类繁多，内容丰富，主要包括以下几个方面。

1. 科学游戏与玩教具

幼儿园提供与科学相关的益智游戏与玩教具，如拼图游戏、搭积木游戏、实验盒子、物理模型、化学试剂盒等。这些游戏及各种实验材料包既可以帮助学前儿童学习基本的科学知识，又能培养他们的思维能力，引导他们了解一些简单的科学原理。

2. 媒体资源

媒体资源包括各种科学图书及视听资源。科学图书是指适合学前儿童阅读的有关动植物的百科全书等书籍、杂志，以及科学故事、儿歌、谜语类的儿童读物等，帮助学前儿童了解周围的自然环境和科学现象等。视听资源主要是一些与科学相关的视频、音频等，让学前儿童通过视听的

方式学习科学知识，了解科学现象。

3. 科学活动

幼儿园经常组织学前儿童参与科学活动，包括探索自然的活动和生活科学活动。这些活动可以帮助学前儿童通过亲身经验来学习科学知识和技能，如观察昆虫、种植植物、制作风车、制作简易电路、探究物质的性质等。

4. 活动场所

幼儿园为学前儿童科学探究提供的场所主要有自然角、数学角、科学活动区、科学发现室、科学园地等。

（二）幼儿园科学教育活动的环境创设

幼儿园科学教育活动的环境创设包括物质环境创设和心理环境创设两个方面。

1. 物质环境创设

物质环境创设主要是指创建多种形式相结合的科学活动环境，创建与主题内容相符合的活动环境，以及创建富于教育性、创意性的活动环境，如图 7-1 所示。

图 7-1　幼儿园科学活动环境创设

2. 心理环境创设

心理环境创设主要是指创建学前儿童的人际关系及一般的心理氛围等，主要表现在学前儿童与教师、学前儿童之间的相互作用和交往方式等方面。这些方面直接影响学前儿童的认知、情感、社会性及个性的发展。

（1）构建有效的师生互动。《纲要》中指出："关注幼儿在活动中的表现和反应，敏感地察觉他们的需要，及时以适当的方式应答，形成合作探究式的师生互动。"这就要求教师以关怀、接纳、尊重的态度与学前儿童进行交往；耐心倾听，努力理解学前儿童的想法和感受，支持并鼓励他们大胆地进行探索与表达；善于发现学前儿童感兴趣的事物、游戏和偶发性事件中所隐含的教育价值，把握有利时机，积极进行引导。

（2）帮助学前儿童建立友好的同伴关系。教师要为学前儿童与同伴交往创设有利的条件，引导他们合作与交流。

（3）创设安全、自由的心理环境。教师要经常鼓励和表扬学前儿童，对他们持肯定、支持的态度，多接纳、多欣赏他们。

三、社区科学教育资源

社区是学前儿童认识世界的重要场所，其中蕴含着丰富的科学教育资源，能为学前儿童的科学教育提供天然的、富有建设性的支持。目前，幼儿园与社区合作共育的问题越来越受到人们的关注，很多幼儿园正在尝试走入社区，将社区丰富的教育资源作为学前儿童科学教育的有益补充。

（一）社区科学教育资源的内涵

社区是指在一定地理空间内的人群及其社会性活动的总称。从幼儿园自身的角度来看，幼儿园总是处于一定的地域范围即社区之中，因此社区是幼儿园生存和发展的基本环境，是学前教育和管理面临的社会现实。社区及其公众也是幼儿园公共关系的重要客体，社区中有丰富的教育资源。

社区科学教育资源即学前儿童科学教育的社区资源，是指幼儿园所在地区和邻近地区中可以被学前儿童科学教育利用的一切人力、物力、社会环境与自然环境，大致可以分为3类，即人力资源、组织资源和自然资源，如表7-2所示。

表7-2　社区科学教育资源

资源类别	具体内容	作用
人力资源	社区内的管理者、企事业单位人员、各学科专家学者、社会各界的先进人物、拥有专业特长的居民等	幼儿园开发和整合社区科学教育资源的基本力量
组织资源	当地的一些社会组织和机构，如图书馆、博物馆、科技馆、海底世界、植物园、动物园、儿童活动中心等，以及社区里的超市、医院、工厂、养殖场等	为学前儿童科学教育活动提供丰富的素材，拓宽学前儿童的知识面，提高学前儿童科学教育质量
自然资源	当地的名山大川、气候、森林、名胜古迹，郊外的树林、绿地、果园等，可以组织学前儿童去野外游览、去果园采摘果实等	为学前儿童感受、观察提供重要的素材

（二）社区科学教育资源的功能

从学前儿童的学习特点和认知发展水平来看，学前儿童参与真实世界的活动可以激发其兴趣，提高其认知水平。学前儿童的科学教育活动如果能够超越幼儿园的范围，与社会生活紧密联系，与社区的科学活动相结合，将更有效地开拓学前儿童的眼界，帮助学前儿童获取更加丰富的感性经验。同时，学前儿童对感性经验的运用，以及对科学方法的实践，也需要与社会生活相结合。

社区科学教育资源可以弥补学前儿童科学教育资源的不足，对学前儿童科学教育形成有益的补充。社区及社会各方面力量的支持是实现幼儿园发展的重要条件之一。社区能为幼儿园的发展提供人力、物力和财力的支持与帮助，提高幼儿园的教育质量，而学前教育质量的提高也能为社区提供更好的服务，这是一个双向互惠的过程。

四、家庭教育资源

家庭教育资源是学前儿童教育的基础性资源，包括对学前儿童发展造成影响的物质方面和精神方面的所有因素，如家庭文化及成员的职业、经济条件、信息，家长的教育水平及观念，家庭成员和学前儿童之间的沟通与交流，家长对学前儿童的具体指导与教养方式等。

（一）家庭教育资源的内涵

不同学科对家庭教育资源有着各自不同的界定。从教育学的角度来看，家庭教育资源主要是指子女在家庭发生社会化的过程中能够促进其身心健康发展的家庭物质和人文资源，即在家庭教育过程中，一切对学前儿童教育和心理发展产生重要影响的家庭人力、物力、财力和信息资源的总和。其中，人力方面的资源主要包括家长的闲暇时间、职业、兴趣和特长等，物力方面的资源主要包括家庭中的各种经济支持、教育信息支持、环境支持和设备支持等。

家庭教育资源是丰富多彩的，按照学前儿童的活动形式可以分为生活类、运动类、学习类和游戏类等。家庭教育资源的丰富性和复杂性决定了其功能是多种多样的，因此我们可以从不同的角度充分地进行挖掘，利用其各种教育功能。

（二）家庭教育资源的功能

家庭教育资源的功能主要体现在以下几个方面。

1. 家庭是学前教育的重要合作力量

家庭作为教育资源，是学前教育的重要合作力量。家长通过参与学前教育，利用自身的职业特点与便利条件，为幼儿园开展活动提供物质、人力、智力及知识经验的支持，积极配合幼儿园的教育工作。家庭成员的参与为学前儿童教育机构提供了额外的人力资源，延伸了教育机构的范围，为教师和管理者提供了额外的知识和技能。

家长可以为学前教育活动提供各种材料。例如，幼儿园在日常教学中需要一些生活中的材料，这时幼儿园就可以请求家长协助搜集材料，从而使家庭中的一些废旧材料变废为宝，成为幼儿园的教学材料。

2. 家庭能够提供对学前儿童的个别化指导

家庭是学前儿童成长发展的第一个环境，由于家庭对学前儿童的影响最直接，家长与学前儿童的关系最亲密，所以家庭对学前儿童的健康发展起着十分重要的作用。

家长的参与增加了学前教育的人力资源，使学前儿童获得了更多的关注，这使得对学前儿童进行个别化指导成为可能。同时，家长对学前儿童的发展与需求更加了解，对学前儿童个体差异有着更深的体会，这使得家长能够欣赏学前儿童并形成更为灵活的育儿态度。

3. 家长参与学前教育能够提高家长的教育能力

家长参与学前教育有助于发挥他们自身拥有的科学知识的作用，提高他们在学前儿童科学教育中的参与水平。积极引导家长参与学前儿童的科学探究活动，能使家长拥有学前儿童科学启蒙教育的目标意识，同时提高其自身素质。

在幼儿园利用家庭教育资源进行科学教育的活动中，家长会对学前儿童科学教育的价值、目标、内容和方法等获得更深入的理解，从而提高自身的科学教育能力，成为学前儿童探索世界的好伙伴。

第二节　学前儿童科学教育活动资源的选择与利用

引导案例

散发着自然魅力的沙子深受小朋友们的喜爱。在沙池里，小朋友们可以尽情地探索、愉悦地游戏、自由地创作，在亲近自然的玩沙活动中增长知识、发展能力。这一天，幼儿园中班的程老师为小朋友们准备了玩沙的场地、材料与工具。

程老师跟小朋友们说："今天老师要和小朋友们一起来玩沙。"她叮嘱小朋友们："玩沙时要注意安全，不要用手揉眼睛和鼻子，也不要把沙子弄到其他小朋友脸上、身上。如果不小心弄到眼睛里，要赶快告诉老师，记住了吗？"

程老师组织小朋友们，首先找个空地坐下来，先脱鞋，放整齐，后脱袜，藏在鞋里面，再把袖口裤腿卷一卷。程老师引导大家："我们先来看看，沙子是什么样的？踩在上面有什么感觉？踩过后沙地上留下的脚印像什么？"小朋友们说："像路灯""像小船""像小花"……

程老师："小朋友们，我们还可以加上一个手印，看看又像什么呢？"

小朋友们说："像大树""像房子""像梧桐树叶""像远处的大山"……

小朋友们兴致很高，有的堆沙堡，有的做沙画，有的捡石子、玩具，有的用模具做沙模……程老师沉浸在小朋友们的欢声笑语中。

幼儿园的沙池里是细软的天然黄沙，程老师在活动前准备了充分的材料和工具，小朋友们用不同的材料、不同的方法主动探索着，体验着成功的快乐。

大自然中的动植物是学前儿童最容易接触到的，所以动植物可以作为学前儿童科学教育活动的重要资源。学前儿童科学教育活动资源在学前儿童科学教育活动的实施过程中起着重要的支持作用，如何发挥其最大的效用，需要每位教师加以重视，并进行有意识的选择和利用。

一、学前儿童科学教育活动资源的选择原则

学前儿童科学教育活动资源非常丰富，教师在选择时需要遵循以下原则。

（一）能够达到科学教育目标

学前儿童科学教育目标从科学情感、态度和价值观，科学方法和过程，以及如何获得科学知识3个方面做了诠释。每一种教育活动资源达成的教育目标是有所不同的，例如，社会资源更有利于学前儿童科学情感、态度和价值观方面的发展，而材料类资源更有利于学前儿童尝试与体验科学探究的过程。

（二）从学前儿童的需要出发

兴趣是人们力求认识某种活动的倾向，是推动自身行为的一种最实际的内部动力。学前儿童的兴趣因资源本身的吸引力而产生，也可能在活动过程中产生。学前儿童喜欢摆弄和操作物体，其认知能力和经验正是在摆弄和操作的过程中，以及在与环境相互作用的过程中获得发展的。动手操作、发现问题、解决问题能使学前儿童在活动中保持更浓厚的兴趣，并获得情绪上的满足。

（三）与学前儿童的生活联系密切

贴近学前儿童生活的科学教育活动资源不仅为学前儿童获得科学知识与经验提供了前提和可能，还能让他们真正体验到学习内容对自己的意义。学前儿童只有自己知道想要了解和解决的问题，才能积极、主动地去学习和探究，才能发现和感受到周围世界的神奇，并始终保持强烈的好奇心和探究的欲望。

（四）符合学前儿童的发展水平

要充分考虑到学前儿童的个体差异，要让他们在自己原有的水平上获得发展。在选择活动资源时，如何满足学前儿童发展水平的需要，促进他们自主建构知识、发展能力，就显得尤为重要。学前儿童的年龄特征决定了他们对世界的认识是感性的、具体的、形象的，所以实物类的活动资源是最好的选择。

（五）便于就地取材

选择并提供科学教育活动资源时，不仅要为学前儿童营造一个具有丰富资源的学习环境，还要方便他们提取与使用这些资源。只有当他们能够通过随时获取这些资源来解决自己在学习中遇到的问题时，资源的价值才能得到充分发挥。因此，教师在选择科学教育活动资源时，要从本地、本幼儿园的实际情况出发，选择学前儿童周围环境中比较丰富的、在实际生活中容易接触到的现实资源。

（六）保证安全与卫生

学前儿童科学教育活动资源包括公共场所、设施设备、各种工具和材料、有生命的动物和植物等。教师在选用这些资源时，必须保证这些资源具备安全性和卫生性，不会危及学前儿童的安全和健康。

二、学前儿童科学教育活动资源的利用

教师应充分挖掘并综合利用学前儿童科学教育活动资源，为学前儿童的发展创造良好的条件。

（一）幼儿园内资源的利用

幼儿园内的资源包括学前儿童资源、教师资源、物质资源、信息资源，以及偶发性的科学教育活动资源等。

1. 学前儿童资源

学前儿童不仅是教育的对象，也是重要的资源。学前儿童的兴趣、经验和情感，以及他们对同伴间交往与模仿学习的喜爱都是重要的资源，教师必须充分开发和利用这些资源。教师要尽量创造让学前儿童参加探究活动的条件，满足其好奇心，使他们自始至终保持对科学的兴趣和探究欲望，让他们在玩的过程中获取科学知识，体验发现的乐趣。

2. 教师资源

教师具有的生活经验和教育经验都是宝贵的教育资源。教师是学前儿童科学教育活动的支持者、合作者和引导者，所以要善于进行教学反思，不断充实自身，提升自身的价值。

3. 物质资源

物质资源包括科学活动区、教学设备、实验用具、各种操作材料、网络设施，以及幼儿园的环境和其他活动场所、设施等。教师利用这些资源，可以激发学前儿童观察与探究科学的兴趣和好奇心，刺激其学习科学的欲望；也可以设置学前儿童开展科学教育活动的具体情境，让学前儿童成为主动的探究者。

4. 信息资源

信息资源是指在科学教育活动中可以利用的各种信息资料。信息资源的获取主要来自教师用书、儿童读物、电视、音像资料和网络等。许多在生活中学前儿童不能亲身经历的科学现象和事物，可以让学前儿童通过信息资源间接地了解。

在学前儿童的科学教育活动中，学前儿童和教师本身就是信息资源，所以学前儿童与学前儿童之间、学前儿童与教师之间、教师与教师之间要建立稳定的信息交流渠道。教师可以充分利用网络平台，将教育案例、活动反思、教学经验等资源放在平台上形成资源库，从而实现资源共享。

5. 偶发性的科学教育活动资源

闪电、彩虹、龙卷风、蚂蚁搬家等偶发性的科学现象或有趣的情景非常容易引起学前儿童的注意和好奇心，引发学前儿童探究的欲望。对于偶发性的科学教育活动资源，教师要善于观察，及时抓住机会并充分利用，可以通过观察、实验、制作、分享交流等方式组织开展科学教育探究活动，进一步激发学前儿童科学探究的兴趣。

（二）幼儿园、家庭和社区资源的综合利用

开展学前儿童科学教育活动既要重视幼儿园、家庭和社区资源的投入与利用，也要重视幼儿园、家庭和社区资源的综合利用，以提高教育资源的使用效率，发挥最优化的教育资源功能。

三、学前儿童科学教育活动资源的创设与管理

学前儿童科学教育活动要在学前儿童对资源直观感受的基础上开展。学前儿童大部分时间是在幼儿园内活动的，教师应创设适合学前儿童科学教育活动的资源，让他们在与资源的互动中体验探究的过程，积累粗浅的经验，获得初步的探究能力。

（一）种植园地的创设与管理

引导学前儿童爱护动植物，关心周围的环境，亲近大自然，珍惜自然资源，是科学教育的目标之一。种植园地是以小见大、让学前儿童身体力行的最佳场所，种植园地里的各种生物向学前儿童展示了具体、形象的生命，提供了生动、直观的科学教育材料。

1. 种植园地的作用

种植园地既是学前儿童参与科学教育活动的场所，又是他们与大自然和谐共处的场所。种植园地的作用如下。

（1）为学前儿童提供接触与了解大自然的环境，丰富其对大自然的感性认识。种植园地其实就是一个小小的生态园，里面不仅有各种植物，还有蚯蚓、蜗牛、蝴蝶、蚱蜢等小动物，以及动植物生长所需的物质等。在与资源的互动过程中，学前儿童可以感知动植物的基本特征、生长过程和生长条件，见识大自然的丰富与多元，感受大自然的奥妙。

（2）为学前儿童提供科学探究和劳动的场所，并激发其探究的热情，促进其主动学习劳动技能。种植园地蕴含着许多科学探究的机会，学前儿童可以进行预测、观察、实验、记录与表达，从中感受真实的体验，萌发科学探究的欲望，体验发现和探究的快乐。在种植与管理的过程中，学前儿童不仅能学会简单的劳动技能，还能体会劳动者的艰辛，感悟劳动成果的来之不易，由此产生尊重劳动、珍惜劳动成果的积极情感。

（3）锻炼学前儿童坚强的毅力，培养他们对事物的认真态度和参与工作的坚持精神。在种植园地里，学前儿童无论是观察还是探究，持续的时间都较长，因为植物的生长具有周期性，它们的生长过程相对较长，需要学前儿童长期关注和照料，而这一过程对其毅力的锻炼、观察事物的认真态度和坚持精神的培养都具有积极的作用。

2. 种植园地的创设

种植园地的创设是指对种植园的场地和种植园的活动材料的精心准备。

（1）精心规划场地。幼儿园应根据场地条件精心规划种植园地，最好选择活动室阳光充足的边角处，以便学前儿童观察、操作和管理。为了充分利用场地，幼儿园可以根据具体条件将种植园地设计成各种形状，场地较小的幼儿园也可以用盆栽等方式来弥补场地的不足。

（2）提供劳动工具和充足的活动材料。常用的劳动工具包括小铲、小木桶、喷水壶、小锄头等，也可以配备若干尺子（如卷尺和直尺等）、放大镜、玻璃瓶、筷子、小竹竿、小罐子、记录表与空白纸张、笔等用于观察、管理与记录的工具和材料。

3. 种植园地的管理

种植园地的管理主要包括以下 3 个方面。

（1）制定管理制度，各班级轮流管理。种植园地应该有人负责管理，幼儿园可以为各个班级分配管理的时间，可以将各班级分成若干小组，这样可以使学前儿童充分利用游戏和散步的时间轮流进入种植园地，保证每位学前儿童每周都有机会与种植园地亲密接触。

由于种植园地的活动并非一天可以完成，其具有连续性，所以教师要制定日常管理制度，明确需要全班儿童完成的任务、值日生轮流完成的任务和教师亲自完成的任务。学前儿童可参与的活动包括播种、移栽、拔草、松土、浇水、收获等。

（2）选择合适的种植物。由于学前儿童的年龄较小，种植兴趣很难维持，所以教师要选择容易成活、管理方法简单、生长周期短的植物。学前儿童通过观察植物开花结果的过程，可以感受到生命的美丽和收获的喜悦。另外，种植的植物应根据季节、学前儿童观察的需要等条件的变化而变化，以激发学前儿童的好奇心，引起其探究的欲望。

（3）及时修复劳动工具，补充活动材料。教师要随时检查劳动工具，如果发现其损坏，要及时修复，以保证学前儿童的安全。教师要记得把使用完的活动材料归位，并及时补充缺少或损耗的材料，以保证活动能够继续进行。

（二）沙池、水池的创设与管理

沙、水是自然界最易获取的资源，是大自然赐给孩子们的最好的"玩具"，也是学前儿童科学教育活动中很好的教育资源。

1. 玩沙、玩水活动的作用

玩沙、玩水活动可以让学前儿童在利用各种不同的材料及玩沙、玩水的过程中主动发现，大胆探究，积累深浅、干湿、多少、大小、对称等不同的认知经验。玩沙、玩水活动融操作性、艺术性、创造性和自主性于一体，学前儿童可以在游戏过程中进一步促进自身小肌肉的发育，发展创造力、想象力、合作能力和社会交往能力；在协商、谦让、交换的游戏氛围中，学前儿童可以学会分享与合作，尝试开拓与创新，体验成功与挫折，从而提高自身的合作交往能力，促进个性的全面发展。

玩沙、玩水活动的作用具体如下。

（1）在千变万化的玩法中，学前儿童的创造力得到发展。沙、水没有固定的形状，学前儿童可以根据自己的意愿和想象随意玩耍，玩沙、玩水活动本身也没有固定的玩法和必然的结果，这给他们留下了尽情发挥想象力和创造力的空间。有趣的活动能够促使学前儿童创造不同的玩法，其创造意识和创造能力也会逐渐发展。

（2）学前儿童在自由建构中获得情绪上的满足。玩沙、玩水活动会给学前儿童带来无穷的欢乐，给予其极大的满足感和成就感。凉爽、让人惬意的水和滑溜溜的沙能给学前儿童很舒服的感觉，他们可以用自己的方式尽情玩耍，可以在建城堡、挖隧道、搭金字塔、挖宝藏等活动中成为建筑师、发掘者，而这一切均可以让他们获得情绪上的满足。

（3）学前儿童在与沙和水的互动中获得关于沙和水的知识，促进自身感知觉的发展。学前儿童在玩沙、玩水的过程中会发现沙和水的特性，了解沙和水在生活中的作用。沙和水从手中流过，可以给学前儿童带来特别的感官刺激，他们能够感受到沙的粗细、干湿以及水的温度等。学前儿童在快乐的游戏活动中可以获得关于沙和水的知识，锻炼感知觉能力。

2. 沙池、水池的创设

沙池、水池的创设包括场地设置和材料准备两个方面。

（1）场地设置。沙池、水池可以分为室内的和室外的，也可以分为可移动的和固定的。可移动的是沙池盆、沙水箱。固定的沙水池应设在向阳背风处，深0.3～0.5米，要有良好的排水性能，还要有遮盖物；遮盖物应考虑其形状与色彩，注重美观，富有童趣。

（2）材料准备。沙子必须是细软的天然黄沙，要经筛滤除去杂质，不能使用工业沙和石英砂。辅助材料有沙漏、沙铲、小水桶和各种可以用于玩沙、玩水的玩具。

3. 沙池、水池的管理

沙池、水池的管理要注意以下4点。

（1）保证沙子和水的清洁，要定时清洁、换新。

（2）提供必要的清洁设施，玩水要清洁玩水用具，玩沙要准备罩衣、围裙等。

（3）制定使用规则，防止学前儿童在活动或游戏的过程中发生危险。

（4）要想保证活动的正常进行，教师除了要为学前儿童提供必要的物质条件和充分的时间保障外，还要灵活地组织活动。由于户外活动容易受到季节和天气的影响，所以教师可以将室内和室外的活动结合起来。

⚙ 实战训练

请同学们到幼儿园进行实地观察，或者观看一段完整的学前儿童科学活动录像，讨论分析科学教育活动的环境创设、资源支持、材料选择等方面与学前儿童的自主探究和发现方面的适宜性，并提出自己的意见和建议。

（三）幼儿园墙饰的创设与管理

在幼儿园的物质资源中，墙饰是重要组成部分之一。高质量的墙饰能够支持学前儿童的探究活动，激发学前儿童的探究动机，维系活动的开展，使活动走向深入，并取得良好的成效。与学前儿童科学教育相关的墙饰主要包括科学活动的主题墙饰、常规性科学活动的主题墙饰、科学活动区域的背景墙饰等。

1. 科学活动的主题墙饰

科学活动的主题墙饰主要是指与科学探究活动相互呼应的墙饰。它随着学前儿童科学探究活动的发展而发展，与学前儿童具有较高的互动性。

（1）墙饰主题的范围以科学领域的关键经验为主，可以是生成的，也可以是预设的。

（2）墙饰的内容与科学活动相互呼应，浑然一体，并随着活动的产生而产生。

（3）空间上以主墙面为主，有时也可以有小墙面的配合。

（4）墙饰主题应考虑发展性和阶段性，体现出内在的逻辑联系，形成一个渐进的系列。联系可以是横向的，也可以是纵向的，能够体现出学前儿童的学习具有多维度的经验背景，以及立体的由浅入深的层次水平。

（5）墙饰是学前儿童学习活动过程和结果的记录，记录着学前儿童阶段性学习的成果。

（6）墙饰内容及表征形式应有利于学前儿童梳理与提升关键经验，促进教育目标的实现。

（7）采用有价值的收藏方式。在教育活动告一段落后，教师要带领和指导学前儿童将墙饰上的内容按序列和逻辑联系装订成册，投放到相应的科学发现角、自然角或阅读角，供学前儿童阅读与分享，延伸其价值。

2. 常规性科学活动的主题墙饰

在开展科学教育活动中，教师常采用轮流的方式，让学前儿童以值日生的身份参与。与这类活动相呼应的墙饰称为常规性科学活动的主题墙饰。这类墙饰与学前儿童的互动性比较强，内容涉及天气预报和自然角中的动植物管理等。这些墙饰在空间上没有过多的要求，需要的面积不大，与相关物品和材料摆放的位置邻近、适宜是其基本要求。

常规性科学活动的主题墙饰具有以下特征。

（1）主题来源于常规要求、各班具体的环境创设和学习内容。

（2）有基本固定的内容和要求，有一定的发展空间和可能性。例如，天气预报主要包括天气状况（阴晴雨雪）、温度、风力、（周、月、季）气温与天气状况统计、穿衣提醒、温馨提示等栏目，如图7-2所示。

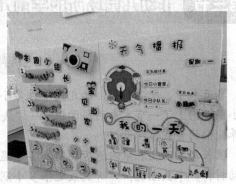

图7-2　学前儿童天气预报科学活动的主题墙饰

（3）学前儿童在内容和要求的范围内自主选择。

（4）墙饰的表征形式应生动形象，符合不同年龄段学前儿童的特点和需求。

3. 科学活动区域的背景墙饰

高质量的、能与学前儿童互动的科学活动区域的背景墙饰能够促进学前儿童的自主探究、学习和有效发展。

创设科学活动区域的背景墙饰时，需要注意以下几点。

（1）与区域的内容、阶段性目标、操作材料等相适宜。

（2）具有一定的美感。

（3）有工作规则、工作程序的提示等。

（4）对学前儿童游戏和学习活动有引发、引导和促进使用，如问题展示与解决办法征集、观察记录等，如图7-3所示。

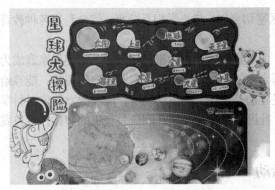

图7-3　学前儿童科学活动区域的背景墙饰

○ **实战训练**

请同学们到幼儿园现场观察一个班级科学活动的主题墙饰、常规性科学活动的主题墙饰和科学活动区域的背景墙饰，将墙饰的内容和呈现方式与学前儿童相关的科学探究活动联系起来，分析各类墙饰的适宜性，并提出改进的建议。

第三节　非幼儿园场所的学前儿童科学教育活动

引导案例

冬天来了，气温骤降，幼儿园中许多小朋友生病请假了。于是，园长联系社区李医生为小朋友们上了一节生动的科学课——"认识病毒"，旨在激发小朋友们的科学探索兴趣，培养他们的自我保护意识。

园长与李医生联系沟通后共同准备了显微镜、录像、图片、细菌标本、病毒示意图等活动材料。李医生说："听说最近很多小朋友生病了，他们感冒、咳嗽、流鼻涕，你们知道人们为什么会生病吗？"小朋友们踊跃回答："缺乏锻炼""不讲究卫生""有病毒，会传染"……

李医生夸赞小朋友们说："你们说的都对，今天我们就来认识病毒。"李医生让小朋友们轮流在显微镜下观察病毒，给小朋友们讲解病毒是什么，有哪些危害。他告诉小朋友们，其实病毒并不可怕，科学能战胜病毒，科学家们本领大，他们研制出了很多抗病毒的药物与抵抗病毒的方法。

李医生告诉大家，科学健康的生活方式也能有效预防病毒。平时要多锻炼身体，开窗通风，不去人员密集的地方，出门戴口罩，讲究卫生勤洗手，不留长指甲，早睡早起。

最后，李医生引导小朋友们用纸笔等材料自主创作预防流感的宣传广告，鼓励小朋友们做健康小卫士，倡导大家爱护自己的身体，同时树立自我保护的意识。

本次活动不仅锻炼了小朋友们动手动脑的能力，还有助于小朋友们培养良好的生活习惯，激发了他们进行科学探索的兴趣。

《纲要》中指出："幼儿园应与家庭、社区密切合作，与小学相互衔接，综合利用各种教育资源，共同为幼儿的发展创造良好的条件。"

家庭是学前儿童出生后生活的第一场所，父母是学前儿童的第一任教师，这使得家庭成为学前儿童接受科学教育的重要场所。社区包含着丰富的人力资源。组织资源和自然资源，能够给学前儿童提供良好的学习环境。此外，大自然是学前儿童热爱的活动场所，能够激发他们对科学产生热情，满足他们的探究欲望。因此，家庭、社区、大自然、幼儿园应是有机的整体，各自发挥其独特的科学教育作用。

一、家庭中的学前儿童科学教育活动

家庭是学前儿童的第一学校，学前儿童的健康成长离不开成功的家庭教育，也离不开家庭与

幼儿园的密切联系和积极配合。因此，在注重资源共享的信息时代，我们只有挖掘与利用家庭中丰富的教育资源，才能更好地增强学前儿童的科学素质，促进其全面发展。

（一）家庭资源对学前儿童科学教育的作用

家庭资源对学前儿童科学教育的作用如下。

1. 家庭是学前儿童科学启蒙的起始地

学前儿童从出生起就开始受到家长潜移默化的影响。父母是子女最亲近的人，父母与子女之间的特殊情感决定了父母对子女的教育是他人不可轻易替代的。家长积极的态度和鼓励是促进学前儿童对科学感兴趣的重要因素。

家长应树立科学的世界观，并且重视利用家庭的优势对学前儿童进行科学启蒙教育。家长对学前儿童科学素质的培养和发展会起到十分重要的作用，家长的教育使学前儿童受益终生。

2. 家庭生活为学前儿童提供丰富的科学素材

家庭中的衣食住行无一例外地为学前儿童提供了丰富的科学素材。家长可以在家中某一固定的地方有序地摆放一些既安全又卫生的物品，让学前儿童尽情地摆弄这些物品，运用这些物品去观察、想象、发现和创造，从而最大限度地满足其好奇心和探索欲。

家长还可以经常带着学前儿童接触大自然，走进树林，来到小溪边，参观动物园、植物园、博物馆、科技馆，激发学前儿童的好奇心与探究的欲望，促使其发现、认识、感知事物的属性和事物之间的联系，以及与人类的关系等。

3. 家庭资源为学前儿童科学教育奠定基础

幼儿园进行科学教育时，会以学前儿童的经验为基础，使学前儿童不断同化或顺应之前所接触的物质世界中的各种自然现象和物体，建立新的科学认知结构。同时，学前儿童也会把在幼儿园中获得的新经验在家庭中进行运用与练习。

幼儿园科学教育内容的选择是有局限性的，如观察星空、月亮的变化等，但在家庭中这些观察就变得轻而易举了。因此，家庭中的科学教育有时是不可替代的，它与幼儿园中的科学教育既紧密联系，又相互补充。

（二）利用家庭资源开展学前儿童科学教育活动指导

教师合理利用家庭资源开展学前儿童科学教育活动，通常涉及两个方面：一方面是充分发挥家长自身人力资源的作用；另一方面是充分利用家庭物质资源，避免资源浪费。

1. 充分发挥家长自身人力资源的作用

家长是非常重要的家庭资源，其一言一行都直接影响着学前儿童的发展。

（1）重视家长潜移默化的影响。家长的思想观念以及对人对事的态度都对学前儿童起着潜移默化的影响。家长应树立科学的教育观，同时应具备一定的科学知识和经验，掌握观察、实验等基本科学方法和技能，并热爱自然，热爱科学，关心周围事物，正确对待生活中的科学现象与问题。此外，家人要经常阅读，讨论学习问题，动手做一些小实验、小制作，在耳濡目染中激发学前儿童对科学的兴趣，使其自然而然地产生探索欲望。

（2）正确对待学前儿童提出的问题。学前儿童对世界充满了好奇，他们对一些新鲜事物，喜欢问为什么，喜欢刨根问底。问题往往是学前儿童探索行为的方向盘，它不仅能够引发学前儿童的探索行为，还能引领他们的探索方向，因此家长要正确对待学前儿童提出的问题。

首先，积极鼓励、认真倾听学前儿童的提问。其次，回答学前儿童的问题要讲究艺术，家长一般可以根据不同问题和当时的具体情况采用不同的处理方法，例如，"用纸折的小船放在水里会怎样？"家长可以鼓励学前儿童自己试一试，通过观察、实践找到答案。当学前儿童提出的问题家长也不清楚时，家长切忌不懂装懂，可以与学前儿童一同查阅资料，寻找正确答案。总之，家长应正面引导和谨慎回答学前儿童提出的问题，满足他们的好奇心，保护他们的探索欲望。

（3）引导学前儿童学会观察。《指南》中提出"有意识地引导幼儿观察周围事物，学习观察的基本方法，培养观察与分类能力"的教育建议。家长应重视引导学前儿童在家庭生活中进行观察，培养良好的观察习惯，丰富科学经验，这有利于他们今后的科学学习。

（4）激发学前儿童的探索行为。《指南》中提出"真诚地接纳、多方面支持和鼓励幼儿的探索行为"的教育建议。家长对学前儿童因好奇而引起的"破坏性"行为应给予充分理解。例如，将电动玩具拆开来一探究竟。对此类行为，家长应给予理解，发展学前儿童的探究兴趣。另外，家长还可以主动提供一些能够激发学前儿童兴趣的游戏材料供其探索。同时，家长也可以适当参与学前儿童的探索活动，给予他们合理的建议或提供技术帮助。

（5）注重学前儿童的探索过程，积累丰富经验。学前儿童在认识和解释自然现象时具有很强的主观性和自我中心化倾向，他们往往从主观愿望出发，赋予万物以灵性，不能客观地解释自然事物和现象。学前儿童经常需要多次尝试和探索，不断排除无关因素，才能正确地理解科学现象。因此，家长在对学前儿童进行科学教育时，要注重学前儿童参与活动的过程，使其在不断的操作中加深印象，积累经验。

（6）注重随机的科学教育与有目的的科学训练有机结合。家庭中的科学教育具有很大的随机性，平日的家务劳动、招待客人、周末外出游玩等都可以渗透科学教育。学前儿童在生活中随时随地会碰到感兴趣的科学现象，需要家长给予解释和帮助。

例如，学前儿童会问"为什么影子会跟着我""为什么灯会亮""电是怎么形成的"等。这种偶发性的科学教育机会随时都会出现，家长要抓住机会，善于利用时机，起到促进学前儿童科学素质发展的作用。同时，家长要积极创造条件，有计划、有目的地对学前儿童进行科学教育。

2. 充分利用家庭物质资源，避免资源浪费

家庭中有很多可以用来对学前儿童进行科学教育的物质资源。例如，家庭饲养的动物和种植的植物、家庭科技藏书、音像资料等。另外，很多父母会为孩子购置大量的图书，充分利用这些资源对学前儿童进行科学教育非常重要。

当然，在家庭物质资源利用过程中，家长要有选择地合理安排。家长应为儿童选择适宜的科普读物，开展亲子阅读，培养学前儿童的科学探索习惯。为了增强学前儿童理解和解决问题的能力，家长可适当引导他们阅读相关的科普书籍，学会使用检索工具。家长与学前儿童共同阅读这些科普书籍，更能激发他们的阅读兴趣，从而培养他们的科学探索习惯与能力。

对学前儿童来说，阅读是宽泛的，不仅是视觉上的，还是听觉上的、触觉上的。因此，帮助学前儿童"阅读"科普知识还包括带他们感受大自然，例如去公园游玩、参观博物馆、看电视影片等，甚至包括选择具有科学探索意义的玩具，如有轮轴的机械玩具、不同尺寸的磁铁、放大镜、棱镜等。这些活动能够大大丰富学前儿童的科学探索经验，促使他们形成良好的科学探索习惯。

（三）利用家庭资源开展学前儿童科学教育活动案例

案例一："蔬菜从哪里来"

设计背景

硕硕一家人正在吃饭，妈妈做了红烧茄子、凉拌黄瓜、芹菜炒肉等菜。硕硕突然问妈妈："茄子真好吃，茄子是从哪里来的？是挂在树上，还是长在地里？"

随着人民生活水平的提高和农业科学技术的发展，对城市中的孩子来说，想认识各种各样的蔬菜并不难。超市中随时可以买到一年四季的新鲜蔬菜。但是，很多孩子并不清楚蔬菜是从哪里来的，也不认识蔬菜植株，更不了解各种蔬菜的生长方式。

针对硕硕的问题，妈妈找来了之前购买的认识蔬菜的图书，和硕硕一块阅读。等到暑假时，妈妈带硕硕来到了农村奶奶家，让硕硕观察蔬菜的真实生长环境。奶奶家的小菜园里有黄瓜、西红柿、茄子、菠菜、芹菜、小葱等蔬菜。

活动目标

（1）知道不同的蔬菜有不同的生长方式。

（2）按照蔬菜的食用部分，对蔬菜进行简单分类。

（3）学会仔细观察、大胆表达，愿意与他人分享自己的体会与心得。

（4）充分体验"科学就在身边"，产生在生活中发现、探索和交流的兴趣。

活动准备

蔬菜图片若干、蔬菜分类统计表等。

活动过程

（1）蔬菜从哪里来？

妈妈提出问题："我们吃的蔬菜都是从哪里来的？"

硕硕说："平时在家咱们都是从超市买来的呀。"

妈妈说："大部分的蔬菜是菜农伯伯从地里种出来，然后运输人员从很远的地方运到城市来的。今天妈妈和你一块来参观奶奶家的小菜园，咱们一起来看看吧。"

（2）观察、体验、记录。

硕硕首先看到了西红柿，说："西红柿有红的，有青的，还有小黄花呢。"爷爷给硕硕讲述了西红柿的生长过程，西红柿一般要经过发芽期、幼苗期、开花期和结果期4个阶段。硕硕很认真地听着、看着……

硕硕对这些蔬菜很感兴趣，每天都去观察它们的生长变化，还做了详细的记录。他不仅享受到了采摘的乐趣，还获得很多关于蔬菜的经验：刚采摘的黄瓜身上布满了小刺，一不小心就会扎到手；圆圆的茄子是长在植物的茎上；芹菜可以撇下茎来吃，过几天还会长出来，很神奇！

活动评析

通过这个暑假对蔬菜的观察了解，硕硕知道了很多蔬菜的生长方式，知道了它们都是从哪里来的。经过观察体验，硕硕不仅对蔬菜有了更加清晰的认知，还培养了自己的科学探索兴趣。

案例二："巧喝豆浆"

设计背景

利用一些生活日常，培养学前儿童的科学探索兴趣。

活动目标

（1）知道堵住吸管的一端，空气会使管子变硬，刺破塑料膜更容易，丰富生活经验。

（2）培养乐于思考、勇于探索的精神。

活动准备

吸管一根，塑料杯密封豆浆一杯。

活动过程

（1）导入。

利用吃早点，引出问题。妈妈提出问题："要用吸管喝到杯里的豆浆，怎样才能顺利刺破杯上的塑料膜呢？"

（2）激发学前儿童尝试解决。

学前儿童可能会用力戳，可能会将吸管戳折，家长可以引导他们尝试用手指堵住吸管的一端，再迅速向塑料膜戳去。

（3）说说感受，加深体验。

让学前儿童说一说怎样刺破塑料膜更容易，进而加深体验。

活动评析

活动通过创设问题情境，引导学前儿童在主动探索的基础上，尝试解决日常生活中的问题，进而丰富自身的科学体验。

二、社区中的学前儿童科学教育活动

学前儿童科学教育需要学前儿童在社会中自由探究、主动发现，因此教师要充分利用那些容易引起学前儿童兴趣的各种社区资源，充分发挥这些资源的教育功能，使社区资源成为学前儿童科学教育的重要补充资源。

（一）社区资源对学前儿童科学教育的作用

社区资源对学前儿童科学教育的作用如下。

1. 利用社区资源进行学前儿童科学教育，是对家庭、幼儿园科学教育的补充

社区资源的作用体现在以下几点。

（1）利用人力资源，提供有力保障。社区中有很多宝贵的人力资源，可以为学前儿童科学教育活动的开展提供有力的保障。幼儿园可以聘请社区中有各种职业专长者，如科技馆、博物馆等机构的工作人员，指导学前儿童进行各种科学教育活动。

（2）利用组织资源，丰富教育内容。社区丰富的组织资源可以极大地丰富学前儿童的科学教育内容。

（3）利用自然资源，丰富活动材料与活动形式。社区能够提供丰富的活动材料，扩展活动形式，让学前儿童在大自然中通过自己的感官去体验、思考，获得丰富的经验。

2. 利用社区资源进行学前儿童科学教育，使学前儿童获得更加广泛的感性经验

《纲要》中提到"利用身边的事物与现象""从生活或媒体中幼儿熟悉的科技成果入手""从身边的小事入手"等要求，这是对学前儿童科学教育生活化要求的具体体现。教师要通过社区中的一些事物向学前儿童展示这个奇妙的世界，可以充分利用社区周边的各种场馆、店铺等资源让学前儿童尽情体验，也可以让学前儿童走进工厂、科技馆等场所参观。

3. 利用社区资源进行学前儿童科学教育，可以促进学前儿童社会交往能力的发展

社区资源是共享的，学前儿童来自不同文化背景的家庭、不同的幼儿园，甚至不同的国家或地区，他们的年龄、性别、个性和发展水平都有所不同。在社区中，他们共同观察、共同操作、相互协作、相互交流，这对其社会交往能力的发展十分有利。

（二）利用社区资源开展学前儿童科学教育活动指导

丰富的社区资源可以大大丰富学前儿童的科学教育内容。教师应合理利用社区资源开展学前儿童科学教育活动。

1. 选择合适的教育资源

教师应根据教育的目标以及学前儿童的年龄特点与需要选择合适的资源。随着经济的发展、社会的进步，社区资源越来越丰富。但目前而言，很多资源并不是专为学前儿童而设立的。因此，在利用社区资源开展活动时教师应有所选择。

选择社区资源时应该考虑活动的目的、内容及学前儿童的年龄特点等因素。例如，如果想让学前儿童认识各种动物，就可以去动物园。如果想让学前儿童观察得更仔细、了解得更确切，就可以去自然博物馆。自然博物馆的标本形态逼真，又是静态的，便于观察。年龄较小的孩子尽量选择附近的活动场所。

2. 制定具体的活动方案

根据内容确定活动地点后，接下来就要考虑一些细节。

（1）时间的确定。根据活动内容，以及场所、天气等方面的具体情况，确定活动时间。

（2）必要的联系。准备工作时间确定后，首先，要提前和相关场所的负责人联系，说明活动的时间、目的、人数以及需要相关人员配合的工作等。例如，参观科技馆或植物园时，需要解说员用通俗易懂的语言为学前儿童做讲解，讲述的内容要符合学前儿童的认知特点与需要。其次，要组织学前儿童做好各种准备，包括相关知识经验的和必要的物质准备，如水杯、衣服、用具等。

（3）路线的选择。前往目的地往往有很多条路线，要提前考察哪条路线最省时、最安全。

（4）活动的步骤。利用社区资源开展活动，需要详细计划活动的每一个步骤，事先安排好活动的每个环节。

总之，学前儿童的科学教育资源非常丰富，幼儿园、家庭、社区三位一体构成了一个完整的资源库。如今学前儿童所面对的社会生活空间日益扩大，社会生活环境日益复杂，而有效地利用社会和生活的大环境作为学前儿童学习探索的课堂，使他们能更好地适应社会生活的发展已成为必然。

（三）利用社区资源开展学前儿童科学教育活动案例

中班科学教育活动"走进社区，我是环保小卫士"

设计背景

垃圾对人类生活和环境危害很大，垃圾的收集与处理直接影响到人们的生存环境。中班学前儿童对垃圾的危害了解得不多，缺乏环保意识，根据日常生活中事物之间的关系进行归类和推理的能力也不足。本次活动通过观看视频、分类操作、捡拾垃圾、欣赏废旧物品做成的工艺品，引导学前儿童了解垃圾给人们生活带来的危害，知道可回收垃圾和不可回收垃圾的特点，鼓励学前儿童学会分类投放垃圾，懂得爱护环境，树立环保意识。

活动目标

（1）简单了解可回收垃圾和不可回收垃圾的特点，知道乱扔垃圾给人们生活带来的危害。

（2）能将垃圾进行简单分类并记录。

（3）愿意做环保小卫士，懂得保护环境的重要性。

（4）发展动手观察力、操作能力，掌握简单的实验记录方法。

（5）体验解决问题的成就感。

活动准备

（1）准备视频资料（整洁、卫生的小区，垃圾遍地的小区），学前儿童生活中常见垃圾的图片，垃圾分类标志图片。

（2）垃圾袋、簸箕、夹子等若干。

活动过程

（1）播放视频"垃圾遍地的小区"，引导学前儿童了解垃圾给人们生活带来的危害。提问：生活在这样的环境里，你会有什么感受？

小结：垃圾破坏我们的生活环境，污染水源和土壤，传播疾病，危害我们的身体健康。

（2）出示生活中常见垃圾的图片，帮助学前儿童认识可回收垃圾。

提问：图片中哪些是可以回收的？哪些是不可以回收的？为什么？

（3）创设"我给垃圾分分类"游戏情境，引导学前儿童按照可回收垃圾和不可回收垃圾进行分类。

① 请学前儿童观察仔细图片，认识可回收垃圾和不可回收垃圾的标志，讨论垃圾分类的方法。

② 请学前儿童操作图片，给垃圾分类，简单记录分类结果。

（4）组织"我是环保小卫士"的实践活动，引导学前儿童感受整洁环境的美好。

① 播放视频（整洁、卫生的小区），引导学前儿童观察整洁的环境，感受整洁的环境带来的方便和舒适，激发学前儿童保护环境的热情。

② 组织学前儿童走进社区，捡拾垃圾，给垃圾分类。

• 给学前儿童提供捡拾垃圾的工具和垃圾袋，带领学前儿童走进社区，帮助清理小区里的各种垃圾，向社区居民宣传不要乱扔垃圾，要保护环境。

• 活动结束回到班级后，提醒学前儿童认真洗手，注意卫生。

活动延伸

（1）指导学前儿童在班级中、家中创设垃圾回收区域，鼓励学前儿童分类投放垃圾，重点引导学前儿童了解废电池含有毒重金属，要单独处理。

（2）指导学前儿童阅读《能干的我》，按要求用线连一连，进行垃圾分类，说说废旧材料制作的创意。

活动评析

一次科学活动的开始，应该来自学前儿童已有的经验；一次科学活动的结束，并不是真正的结束，应使学前儿童有进一步的探索可能，成为获取经验的开始。学前儿童是学习的主人，所以教师想办法创设各种学习环境，给学前儿童自由展现的空间，让学前儿童能够用眼看、用耳听、用嘴说、用脑思考，全身心地投入探究中去，使学前儿童在游戏中、实践中快乐地获得知识，积累经验。

──── ⊙ 实战训练 ────

请同学们认真思考，充分利用家庭、社区资源，设计一则学前儿童科学教育活动教案。要求活动目标明确，有完整的活动过程及活动延伸环节。

三、大自然中的学前儿童科学教育活动

大自然是丰富多彩、千姿百态的，学前儿童可以在大自然中轻松愉快地体验和思考，陶冶情操。具体来说，大自然对学前儿童科学教育活动的作用有以下几个方面。

（一）在大自然中开启学前儿童的科学兴趣

"对周围的事物、现象感兴趣，有好奇心和求知欲"是《纲要》提出的科学教育的目标之一，而生机勃勃、丰富多彩的大自然最能激发学前儿童的兴趣和好奇心。

1. 大自然能够满足学前儿童的好奇心

变化无穷的自然环境为学前儿童提供了丰富、开放的活动场所，可以让他们体验到好奇心得到满足后的惊喜。

2. 大自然能够激发学前儿童的科学兴趣

对科学的兴趣是学前儿童自主学习和发展的动力，如果没有兴趣，学前儿童就会缺乏真正的学习热情和进一步探究的动机。而太阳升落、风雨雷电、四季变换、花开花落等现象都会让学前儿童充满兴趣，学前儿童的头脑中充满了各种各样的疑问，他们对大自然感到好奇，觉得这些现象十分有趣，并产生进一步探究的欲望。可以这样说，大自然为学前儿童打开了探究未知世界的大门，充分满足了他们的好奇心，吸引了他们的注意力，也激发了他们学习和探究的兴趣。

（二）在大自然中获取知识经验

学前儿童在大自然中可以获取以下知识经验。

1. 大自然培养了学前儿童科学感知的能力

陶行知说：“要解放儿童的头脑、双手、嘴、空间和时间，并且给予充分的营养。让他们置身于自然，研究自然，较之于几十平方米的教室，学习的时空更加广阔，手、口也更加自由了，他们就会感到自主、轻松、愉快。”

在整个学前阶段，学前儿童的生活与知识经验都比较贫乏，认知水平较低，思维处于直觉行动思维和具体形象思维阶段。学前儿童需要通过看、摸、听、嗅、尝等直接感知来获得对客观事物的认识，直接感知事物的具体形象是学前儿童思维的重要支柱。

大自然中客观事物的丰富性和变化性能够给予学前儿童的大脑以丰富、良性的刺激，促进其大脑神经细胞功能的开发，使更多的脑细胞处于激活状态。教师通过有意识地引导学前儿童接触大自然、走进大自然，在大自然中开展观察、比较、想象、动手操作等科学活动，为学前儿童创设丰富的感知形象，锻炼其科学感知的能力。

2. 大自然丰富了学前儿童的早期科学经验

早期科学经验是指学前儿童以自身的感官直接接触周围的世界所获取的感性经验。这类经验对学前儿童十分重要，能够帮助他们认识、理解并适应周围的世界，增强学前儿童的自我保护能力。

大自然为学前儿童提供了有关生物、物理、化学、天文、地理、人体等多方面的科学现象，使其与各种事物或自然现象直接接触，相互作用，从而获取广泛的早期科学经验。学前儿童在不断感知、操作自然界客观事物的过程中，学会了主动探索，积累了科学经验。

（三）在大自然中培养科学精神

大自然可以培养学前儿童的科学精神，具体如下。

1. 大自然能够激发学前儿童主动探究的欲望

大自然对于学前儿童来说是相对开放的环境，对他们的约束较少。心理学研究表明，在自由自在的环境中，学前儿童会倾向于主动探究。因此，教师要善于把科学课堂延伸到教室外，大树下、花园旁、小溪边、田野里等都可以成为科学课堂。

2. 大自然赋予学前儿童更多的动手操作和验证的机会

苏霍姆林斯基说：“在人的心灵深处，有一种根深蒂固的需要，这就是希望自己是一个发现者、研究者、探索者。在儿童的精神世界里，这种需要特别强烈。”在学前儿童科学教育活动中，教师要充分利用自然资源引导学前儿童动手操作、尝试和验证，在潜移默化中培养其科学精神。

（四）组织学前儿童感受自然的科学教育活动案例

大班学前儿童走进大自然——“感受秋天”

活动目标

（1）感知秋天丰富的色彩，知道秋天是丰收的季节。

（2）通过观察秋天的果园、农田，知道秋天许多果实和农作物都成熟了。

（3）产生喜欢秋天、热爱大自然的情感。

（4）简单了解秋天的来历，知道其全称、日期和意义。

（5）增强对文学作品的爱好和对大自然的爱。

活动准备

联系参观秋天的农田和果园。

活动过程

（1）组织学前儿童进行参观前的谈话。

教师告诉学前儿童参观的地点，并讨论外出参观的注意点，使每一位学前儿童都能遵守集体的规则，与同伴一起关注秋天植物的生长变化。

（2）带领学前儿童参观农田，认识几种常见的果树和农作物。

① 教师带领学前儿童观察果园里的果树，鼓励学前儿童大胆地说出各种果树的名称与外形特征。

② 引导学前儿童观察秋天的农田，说说农田里的农作物是什么，以及它们是什么样子的。

③ 教师进行简单的小结，并向学前儿童简单地介绍：秋天到了，除了各种各样的果实成熟了，许多农作物也成熟了，有金黄色的玉米、沉甸甸的稻谷，还有雪白的棉花、圆圆的大南瓜等。

④ 丰富学前儿童关于农作物方面的知识和经验。

（3）了解秋天农民的工作，懂得爱惜粮食。

人们在果园里或农田里做什么？水果从果树上摘下来后，怎么办？人们是怎样从农田里收割农作物的？然后又是怎样加工的？

活动评析

本次活动的重点是引导学前儿童感知秋天丰富的色彩，知道秋天是丰收的季节，通过观察实物，了解秋天有许多果实和农作物都成熟了。本次活动组织学前儿童观察认识秋天的季节特征，引导他们体验发现秋天的乐趣，感受大自然的美，从而激发他们观察、探索大自然的兴趣；引导学前儿童通过感官，感受秋天，认识秋天的季节特征，热爱美好的生活，培养勤俭节约、爱惜粮食的优良品质。

课后习题

一、选择题

1. 《教育大辞典》中对教育资源这样解释："教育资源亦称教育条件，通常是指为保证教育活动的正常进行而使用的人力、财力、物力的总和，任何教育活动都需要以（　　）条件为前提。"

　　A. 物质资源　　　B. 人力资源　　　C. 一定的资源　　　D. 环境保护资源

2. （　　）是指个体生存空间中一切人、事、物的总称。

　　A. 环境　　　　　B. 自然　　　　　C. 事物　　　　　D. 资源

3. 学前儿童科学活动的心理环境创设不包括（　　）。

　　A. 构建有效的师生互动

　　B. 帮助学前儿童建立友好的同伴关系

　　C. 创设安全、自由的心理环境

　　D. 提供丰富多样的操作材料

4. 家庭教育资源是指在家庭教育过程中，一切对学前儿童教育和心理发展产生重要影响的（　　）人力、物力、财力和信息资源的总和。

　　A. 社会　　　　　B. 家庭　　　　　C. 社区　　　　　D. 幼儿园

5. 对科学教育活动资源的选择原则叙述不正确的选项是（　　）。

　　A. 与学前儿童的生活联系密切　　　　B. 便于教师教学

　　C. 符合学前儿童的发展水平　　　　　D. 保证安全与卫生

二、判断题

1. 学前儿童科学教育活动资源包括一切有利于实现教育目标的人、事、物，不包括抽象的经验或智慧等。（　　）

2. 幼儿园科学活动信息资源的获取主要来自教师用书、儿童读物、电视、音像资料和网络等。（　　）

3. 教师是学前儿童科学教育活动的支持者、合作者和引导者，他们具有的生活经验和教育经验都是宝贵的教育资源。（　　）

4. 对幼儿园种植园地的管理，只需幼儿观察动植物，无须准备劳动工具。（　　）

5. 社区中有很多宝贵的人力资源，可以为学前儿童科学教育活动的开展提供有力的保障。（　　）

三、简答题

1. 简述学前儿童科学教育活动资源的选择原则。

2. 简述社区资源对学前儿童科学教育的作用。

3. 简述利用社区资源开展学前儿童科学教育活动的指导要点。

08

第八章
学前儿童科学教育活动评价

知识目标

➢ 了解学前儿童科学教育活动评价的意义与原则。

➢ 掌握学前儿童科学教育活动评价的内容。

➢ 了解学前儿童科学教育活动评价的流程与方式。

➢ 掌握搜集与处理学前儿童科学教育活动评价资料的方法。

能力目标

➢ 能够对学前儿童在科学教育活动中的表现进行科学评价。

➢ 能够对学前儿童科学教育活动做出合理评价。

➢ 能够根据学前儿童科学教育评价的流程制定和实施评价方案。

➢ 能够依据活动评价调整完善学前儿童科学教育活动方案。

素养目标

➢ 坚持实事求是，从科学、客观的角度出发实施学前儿童科学教育活动评价。

➢ 树立正确的评价观和教育观，培养教师的职业精神。

➢ 增强教师的社会责任感，为国家培养未来的科技人才打下坚实的基础。

学前儿童科学教育活动评价是科学教育活动的一个必要步骤，教师要通过评估科学教育活动的效果，检查科学教育活动各方面是否达到预期目标，并发现其中的问题，以便更好地探索学前儿童科学教育活动的规律，提高教育教学质量，全面提升学前儿童科学教育活动的效益和品质。

第一节 学前儿童科学教育活动评价概述

引导案例

小一班的涵涵正在区角和几个小朋友玩游戏。涵涵扮演小白兔，今天小白兔过生日，请其他动物朋友来做客，他请来了小猴、小猫、小熊和大象（其他小朋友扮演），小白兔制作了胡萝卜味的饼干，请好朋友们品尝，分给大家一人一块。

大象说："小白兔，你做的饼干太好吃了，一块不够我吃，我要吃许多。"

小白兔疑惑地看着大象说："什么是许多，许多是多少？"

小熊说："许多就是好多，就是太多了，数不清……"

这时在一旁观察的林老师扮演成"长颈鹿"，加入他们说："听说小白兔过生日，我也来做客。"小白兔："欢迎你，长颈鹿！"

长颈鹿说："我也想品尝一下你做的饼干，可以吗？听说很好吃，我想要许多。"

小白兔说："我不知道许多，我不懂是什么意思。"

长颈鹿竖起手指说："1就是一个，一个一个合起来就是许多。"……

游戏继续进行着，林老师将小朋友们在区角的表现通过观察记录下来，作为对他们在科学教育活动中行为表现的评价材料。涵涵分不清"1"和"许多"的概念与数量关系，而小熊的扮演者赫赫却能分清，这就是林老师在真实环境中使用观察记录法得出的一项评价。

要想知道学前儿童科学教育活动的效果，就必须对活动进行评价，否则就无法发现问题并做出改进，这不利于实现学前儿童科学教育活动的目标。要想做出合理、准确的评价，教育者有必要了解学前儿童科学教育活动评价的相关内容。

一、教育评价与学前儿童科学教育活动评价

评价始终是教育领域被反复讨论的一个主题，一直以来人们对学前儿童科学教育活动的评价都是多元化的，不能把评价看成一种简单的结果和单纯的测试。教师在进行教育评价时，应树立正确的教育观、儿童观，运用科学的评价方法对学前儿童科学教育活动做出合理、准确的评价，充分体现教育评价的价值，并保证教育教学的质量。

（一）教育评价的概念

教育评价有两层含义，分别为评判和价值。评判是指对评价对象做出判断，即对教育活动的目标、内容、过程、环境，以及教师、学前儿童等评价对象做出判断；价值是指做出评判的基础和标准，即评价者按照一定的标准对评价对象做出各种判断。教育评价是评价者根据一定的教育价值观，用科学的方法对教育活动中的相关要素进行价值判断的过程，它不同于一般的测试或测验。

（二）学前儿童科学教育活动评价的概念

学前儿童科学教育活动评价是评价者以学前儿童科学教育活动为对象，根据一定的标准，采取科学的评价技术和方式、方法，对学前儿童科学教育活动的目标、内容、过程，以及教师和学前儿童等进行测定并加以分析，最终做出价值判断的过程。例如，评价者既可以评价学前儿童在科学教育活动中的观察力、解决问题的能力、探索的兴趣和欲望，又可以评价教师教学方法的运用及教学效果，还可以评价教师与学前儿童的互动情况，以及环境的价值等。

学前儿童科学教育活动评价要从实际出发，倡导"多元评价"，使评价的主体、方法、标准等多元化，体现人性化与个性化。

科学的教育活动评价理念主要体现在以下几个方面。

（1）从权威评判转变为平等对话，即摒弃"只有权威才能担当评价者，只有权威的评价才是唯一的评价结果"的观念，而要倡导"多元评价"。

（2）在评价中要树立"过程意识"，即评价要渗透整个教育过程，重视对教育过程的评价。

（3）理解和尊重学前儿童的学习方式和特点，注重对学前儿童进行差异性的评价。尊重学前儿童的个性，深入挖掘学前儿童的发展潜力，以发展的眼光看待他们，使其获得成长。

二、学前儿童科学教育活动评价的意义

学前儿童科学教育活动评价主要具有以下意义。

（一）评价能够鉴别活动的各要素

教师可以检查教育活动的各个方面是否达成预期目标，或者目标实现到哪种程度。例如，通过评价某一教育活动的结果，教师可以检查学前儿童对某项技能的掌握情况。

另外，通过观察学前儿童在活动中的表现，教师可以鉴别其发展水平。同时，教师还可以对教育活动的结果进行横向比较，以了解哪些学前儿童的发展水平较高，哪位教师有更好的教学方法。因此，学前儿童科学教育活动评价具有反馈功能，能够用来判断科学教育过程中每一个步骤的有效性，当发现某个步骤无效时教师必须及时改进，以确保科学教育活动的质量。

（二）评价有利于改进教学与指导策略

评价不仅要对教育活动的结果进行横向对比，还要对教育活动的过程进行纵向对比，以便让教育过程更完善、更有效。评价可以检测环境的创设和材料的提供是否适宜，能够检测教育教学方式与策略的适宜性与有效程度。通过评价教师可以发现科学教育活动过程中存在的问题，对其进行分析之后再进行改进。

（三）评价有助于教师因材施教

教师通过评价可以对学前儿童进行纵向和横向的对比，了解学前儿童的需求与想法，了解他们的学习过程、进展与结果，了解学前儿童之间存在的差异，提供多层次的操作材料，采用不同的教学方法，使教学更具针对性，从而获得更好的效果。评价有助于教师因材施教，提高教学质量。

幼儿园最常用的评价是教师评价，教师是学前儿童科学教育活动的主要组织者和执行者，肩负着对学前儿童的保育和教育的职责，因此教师要对学前儿童的发展做出评价，并根据评价结果不断调整教育策略，同时对自己的教育行为也要进行自我评价。

三、学前儿童科学教育活动评价的原则

原则是人们说话、行事所依据的准则。在对学前儿童科学教育活动进行评价时，评价者应尊重我国国情，从幼儿园的实际出发，采用多元化的方式进行。评价者应遵守以下原则。

（一）尊重原则

尊重原则是指在学前儿童科学教育活动评价中，评价者应充分尊重评价对象，无论是对学前儿童的评价还是对教师的评价都应当保持客观、公正的态度。同时，在学前儿童科学教育活动评价中不能唯权威论，权威的评价不是唯一的评价结果，要让被评价者也参与进来。例如，被评教师参与评价，可以激发教师进行自我反思，加强对科学教育活动的调整与完善。参与科学教育活动的学前儿童参与评价，可以让其回想起所学内容，表达学习感受，激发学习兴趣。

（二）科学原则

科学原则要求评价者在实施科学教育活动评价时不能单凭主观经验、直觉感受、个人喜好来评定其好坏，而应采取科学、适宜的评价方法进行评价。因此，针对不同对象的评价，应采取不同的评价方法，站在不同的角度，灵活全面地进行评价，切忌单一化与固态化。

（三）全面原则

全面原则要求评价者采取的学前儿童科学教育活动评价方法应能体现全面性和多样性，例如，可以采用观察、记录、交流等多种方式进行评价，也可以通过家庭、社区、跨园之间的交流进行评价。同时，全面性还体现在评价内容应反映学前儿童的整体发展水平上，而不单纯指知识层面的内容。在科学教育活动评价中，应对学前儿童的学习态度、学习兴趣、情感体验、交流表达、解决问题的能力等多个方面进行全面评价。

（四）关联性原则

对教师教育教学组织策略的评价要关注教师在各种类型科学教育活动中的表现，既要重视教师对学前儿童集体或小组探究式科学教育活动的设计与组织，又要关注到在区角活动和日常生活发生的科学探究活动中教师的教育行为、指导策略等。即使在某个科学教育活动之中，对教师的评价也要关注活动的各个环节和活动的整体探究过程。

（五）发展性原则

在学前儿童科学教育活动中对教师进行评价时，对教师教育教学组织策略评价的目的主要是帮助教师改进教育教学，提高专业水平。理论联系实际或提供事实证据的评价方式有助于教师的专业发展和能力提升，能给出教师改进的具体意见和建议，为教师提出可行性方案和方法。

（六）差异性原则

学前儿童作为一个群体，具有全面性和差异性的特点。作为教育者，评价者既要全面关心学前儿童群体的整体发展，又要考虑学前儿童作为独立个体的发展需要和潜力。因此，评价者既要关注学前儿童群体的全面和谐发展，又要关注学前儿童某一方面的突出表现和潜在能力，促进其个性化发展。

总之，在学前儿童科学教育活动评价中，评价者要注重对学前儿童差异性的评价，避免统一标准化衡量学前儿童的学习和教师的教育活动。充分尊重学前儿童的个性，采取弹性的动态评价，关注学前儿童在科学领域的持续探索，做到通过评价实现以发展的眼光看学前儿童、让每个学前儿童在原有基础上获得发展的目标。

四、学前儿童科学教育活动评价的指标体系

对学前儿童科学教育活动的评价包括评价教育内容、物质环境和材料、教育过程、教育结果、教育目标和价值等方面。下述指标供教师自评和管理者对教师的他评参考。

（一）教育内容具有意义性

首先教育者要确保教育内容具有意义性，具体包括以下两点。

1. 符合学前儿童的兴趣和需要

教育内容应符合学前儿童的兴趣与需要，学前儿童有内在的学习动机和兴趣。教育内容是在学前儿童的兴趣点上生成的，或已有效激发或转化成了学前儿童的兴趣。

2. 体现和能够实现具有发展性的教育目标

教育内容能够体现或实现具有发展性的教育目标，一方面教育内容与学前儿童的已有经验相关联，另一方面涵盖学前儿童经过努力可能达到的新目标、获得的新经验。

（二）物质环境和材料具有启发性

科学教育活动的物质环境和材料具有启发性，主要体现在以下几个方面。

（1）材料能引发学前儿童探究。

（2）材料蕴含着教育目标。

（3）材料有益于学前儿童自己发现关系并获得有关经验。

（三）教育过程具有探索性

教育过程具有探索性，主要体现在以下几个方面。

（1）有效地引发了学前儿童的好奇心和疑问。

（2）有效、充分地使学前儿童调动已有经验进行猜想、预测。

（3）接纳所有学前儿童的想法。

（4）鼓励每一位学前儿童按自己的想法做，通过操作验证自己的想法。

（5）鼓励、引导学前儿童反思并依据事实做出解释。

（6）鼓励、引导学前儿童将新的发现和解释与预想相比较，进行交流。

（四）教育结果具有经验性

教育结果具有经验性，主要体现在以下几个方面。

（1）经验和结论是建立在学前儿童充分操作和体验的基础上的。

（2）结论是在学前儿童经验和观点基础上的概括，与学前儿童的概念和思维水平相适应。

（3）为学前儿童创设不断运用已有经验的情境和条件。

（五）教育目标和价值具有可持续性与多项性

教育目标和价值具有可持续性与多项性，主要体现在以下几个方面。

1. 注重长远教育目标和价值，注意抓住时机实现多种教育价值

（1）乐学的态度。

（2）科学的精神和品质。

（3）合作、接纳的态度。

（4）解决问题的能力。

（5）良好的生活习惯和能力。

（6）语言表达和交流能力等。

2. 注重促进每一位学前儿童在原有基础上的发展

（1）接纳学前儿童不同的发展进程和速度，给每位学前儿童充分、适宜的探究时间。

（2）接纳学前儿童不同的最终发展水平。

（3）给予学前儿童富有启发性的并能促进其成功的指导。

第二节 学前儿童科学教育活动评价的内容

引导案例

中一班的程老师设计并组织幼儿进行了分辨橘子和柚子的科学活动。程老师从剥橘子开始，引导幼儿按照从外到内的顺序认识橘子，从颜色、形状、味道等方面进行相应的感知，为了加深幼儿对橘子特征的印象，程老师还引导幼儿运用对比观察的方法，进行了"橘子和柚子有什么不同"的科学活动。

活动过程主要分3个环节。第一，两种水果外表有什么不同？第二，两种水果的横切面有什么一样和不一样，纵切面有什么一样和不一样？第三，两种水果味道有什么不同？

活动过后，程老师进行了自我反思与活动评价。

幼儿获得模糊甚至错误的概念与教育活动的设计与实施有着直接的联系。首先，在这次科学活动中安排的观察内容太多。活动是在9月组织的，幼儿刚刚从小班升入中班，学习的主动性和保持长时间有意注意的能力还有待发展，但活动进行了 40 分钟，按照从外到内的顺序比较了橘子和柚子的外表，橘子瓣和柚子瓣，橘子和柚子的横切面、纵切面，橘子和柚子的味道等。内容太多导致幼儿对坚持观察和记录失去兴趣，甚至有幼儿离开座位。

其次，为了比较橘子和柚子的横切面、纵切面，程老师采用了用刀横切和纵切的方法，而最后幼儿品尝的就是横切或纵切后的橘子，这种安排有可能会让幼儿误以为橘子是需要用刀切开吃的。在活动之前，程老师本意是想澄清幼儿这个错误概念，没想到活动中反而强化了幼儿的这个错误概念。

为帮助幼儿形成正确的科学概念，教育活动的设计和实施一定要严谨。教师要在分析幼儿初始经验的基础上确定观察主题，选择观察材料。例如，幼儿其实更容易混淆橘子和橙子这两种水果，如果活动选用橙子和橘子做比较也许效果会好。另外，活动环节的安排要有逻辑性，活动的开展要有利于幼儿新经验的步步深入，而不是给幼儿形成一种误导。教学是一门艺术，它的艺术性决定了对它完美的追求永无止境。

学前儿童科学教育活动评价的内容是指对学前儿童科学教育活动的某些方面进行评价，也就是评价什么。科学评价的内容因评价的目的和对象不同而各不相同，可以评价某一方面，也可以进行多方面评价。学前儿童科学教育活动评价的内容主要包括两个方面，即对科学教育活动本身的评价和对科学教育活动对象的评价。

一、对科学教育活动本身的评价

对学前儿童科学教育活动本身的评价主要包括以下 5 个方面。

（一）对学前儿童科学教育活动目标的评价

活动目标是指教师期望活动达成的教育结果。活动目标是教育活动的起始环节，是开展教育活动的出发点也是活动的归宿。对学前儿童科学教育活动目标的评价可从以下 5 个方面来进行。

1. 活动目标具有一致性

一方面，活动目标应与学期目标、学前儿童发展的总目标一致。教师通过实现一个个的活动目标，进而达成阶段目标及终期目标。其实每个活动目标的达成都是向阶段目标和终期目标迈近了一步。另一方面，活动目标应与学前儿童年龄发展特征及实际发展水平一致，符合其已有的经验，同时兼顾不同发展水平学前儿童的个体需要。

2. 活动目标具有整合性

学前儿童活动目标包括认知目标、情感目标与能力目标。对学前儿童科学教育而言，学前儿童掌握了科学原理或现象属于认知目标，学前儿童喜欢探索、对学习科学产生兴趣是情感目标，学前儿童能够对某一实物进行分类或排列属于能力目标。同时，整合性还包括在学前儿童科学教育活动中，活动目标包含了学前儿童在多个领域的发展要求，如语言、社会、艺术、健康等领域。

3. 活动目标具有导向性

学前儿童科学教育活动的目标具有导向性，它是教育活动内容选择、方法运用、效果评价的依据和准则。学前儿童科学教育的活动目标确定以后，活动其他要素的设计应围绕着活动目标进行。活动目标对活动过程、活动内容、活动组织方法，甚至是教师的提问等方面具有导向作用，脱离活动目标的活动是没有意义的。

4. 活动目标具有可操作性

学前儿童科学教育活动的目标应是具体的、明确的、可操作的。活动目标不仅能使评价者根据目标知晓教师的教学内容和学前儿童的学习效果，还能促使教师通过对活动过程中学前儿童语言、行为、态度等多项反馈的观察与反映来加强、促进活动的有效性。

例如，大班学前儿童科学活动"光和影"的活动目标如下。

（1）感知人与太阳位置的变化，与所产生影子大小的关系。

（2）准确地记录人、太阳、影子的关系。

（3）激发探索自然现象的兴趣。

（4）发展合作探究与用符号记录实验结果的能力。

（5）乐意与同伴合作游戏，体验游戏的愉悦。

5. 活动目标具有延展性

学前儿童科学教育活动的目标应有利于学前儿童的终身学习和发展。在学前儿童科学教育活动中，教师不能把学前儿童学到科学知识作为最终目标，而要让学前儿童通过亲手操作和亲身感受对科学产生浓厚的兴趣，培养他们喜欢思考、热衷探究、勇于创新的科学精神，并教授给他们探索学习的方法，这些都为学前儿童的终身学习和发展打下良好的基础。

（二）对学前儿童科学教育活动内容的评价

对学前儿童科学教育活动内容的评价主要包括以下几个方面。

1. 活动内容与活动目标相一致

科学教育涉及的内容和范围都很广泛，教师选择内容的首要依据就是活动目标，因此活动内容要有利于实现活动目标。

2. 活动内容具有科学性

学前儿童科学教育的关键目的是对学前儿童进行科学素质的早期培养，所以科学教育活动的内容必须具备科学性。也就是说，学前儿童在科学教育活动中学到的知识一定要正确，而且教师选择的内容要能被学前儿童感知，这样能促进学前儿童形成科学态度。例如，活动内容可以选择水的三种形态的变化、动物冬眠、动物的生长发育过程等自然现象。

3. 活动内容体现时代性

现代科技飞速发展，可谓日新月异，所以科学教育活动一定要能反映现代科技发展的成果，体现出时代性。例如，3D打印、AR眼镜，AI智能等活动内容。在评价活动内容时，教师要注意分析该内容能否引导学前儿童关注新事物、新现象和新的发明创造，能否让其产生好奇心和探索的欲望，能否让其感受到科技带来的变化等。

4. 活动内容贴近学前儿童的生活

学前儿童获得的知识基本上是经验性的知识，他们不可能形成真正的科学概念。因此，学前儿童科学教育活动的内容要取材于日常生活，帮助学前儿童获得有关周围事物及其关系的经验；活动内容要符合他们的天性，表现形式要自然、富有生命力。

5. 活动内容具有针对性和挑战性

学前儿童科学教育活动的内容应适合学前儿童的"最近发展区"，即活动内容从学前儿童现有的认知水平出发，同时具有一定的挑战性，以促进学前儿童更好地发展。

6. 活动内容具有探究性和参与性

在学前儿童科学教育活动中，探究是学前儿童学习的重要方式。因此，评价中应考虑到活动内容有没有给学前儿童提供观察、探索、讨论和参与的机会。例如，在"认识各种各样的树叶"

科学教育活动中，教师引领学前儿童到户外收集树木花草的叶子，学前儿童在观察、采集、比较等过程中，认识不同种类树木花草叶子的形状、颜色、质地以及脉络，激发了学前儿童探究的兴趣，满足了他们的好奇心和探索欲。

7. 活动内容具有整合性

在科学教育活动中整合其他领域的内容，可以丰富活动内容和活动形式，激发学前儿童的学习兴趣。需要注意的是，不要顾此失彼，科学教育活动的内容具有整合性的同时也应该是学前儿童学习科学的重点和中心。

（三）对学前儿童科学教育活动方法的评价

对学前儿童科学教育活动方法的评价主要包括以下几个方面。

1. 活动方法适合学前儿童的学习特点

评价者对学前儿童科学教育活动的评价应着眼于活动方法是否直观、生动、有趣、简便。活动方式要多样化，避免使学前儿童觉得枯燥乏味，而要让学前儿童在玩中学，这样更易于收到良好的活动效果。

例如，小班科学活动"大大小小的蛋宝宝"，教师将各种实物蛋装进一个纸箱里，引导学前儿童摸一摸，猜一猜，激发他们的好奇心与探究的兴趣。

2. 活动方法丰富多样，可结合运用

评价教师如何有效地组织学前儿童科学教育活动，要看教师能否根据学前儿童已有的经验，运用恰当的方法与形式。幼儿园教育活动中最常见的教学方法有游戏法、情境法、谈话法、模仿法、操作法、故事法、探究实验法、展示交流法、演示讲解法等。这些教学方法都适用于学前儿童科学教育活动。灵活地使用这些教学方法，也可多种方法相结合，更能有效提升教学质量。

另外，充分利用现代信息资源，鼓励学前儿童利用手机、电视、网络等渠道搜集与积累资料，可以丰富学前儿童的感性经验，扩大其视野，激发其参与活动的兴趣。

3. 活动方法充分尊重学前儿童的主体性

学前儿童是科学教育活动的主体，教师要注意让他们做活动的主人，充分调动他们的积极性和主动性，激发他们的创造性，让他们在活动中积极探索，体验快乐，进而积累科学经验，萌发热爱科学的情感。

4. 活动方法选择因地制宜、因时制宜

学前儿童科学教育活动方法还应根据当地环境、设备条件、季节等因地制宜、因时制宜地选择。例如，乡镇幼儿园可以依托农村的自然环境，感受农忙与季候的关系；城市中靠近大学的幼儿园可以依托大学校园的设备和场地，组织学前儿童通过观展或观影来学习科学知识，使他们萌发热爱科学的情感。

（四）对学前儿童科学教育活动过程的评价

对学前儿童科学教育活动过程的评价主要包括以下几个方面。

1. 活动过程突出重点，解决难点

教师应掌握好活动进程，注意突出重点内容，解决难点问题，同时做好活动的每一个步骤，使每个步骤自然过渡，上一个步骤要为下一个步骤打好基础，避免生硬的罗列和简单的相加，确保活动一直以目标为方向，最终达成活动目标。

2. 尊重学前儿童的个体差异

在活动过程中，教师应充分接纳和尊重学前儿童的个体差异。学前儿童不可能都处于同一发展水平，每位学前儿童都有其独特性，都有自己的发展优势和兴趣特点，因此教师在活动中要注

意采用集体、小组和个人活动相结合的形式，让每位学前儿童都可以运用适合自己的方法去探索、发现。同时，教师要为他们创设宽松的环境，使他们感受到自由、合作和分享的乐趣。

3. 注重教师与学前儿童的互动

在活动过程中，教师应充分与学前儿童进行互动。教师与学前儿童的良性互动可以促使教育活动获得更好的效果，不仅能让教师起到引导作用，也能让学前儿童发挥自己的主动性。

活动过程中教师与学前儿童的互动包括积极参与学前儿童的科学领域活动、给学前儿童提供榜样示范、重视学前儿童的提问等。教师在活动中要扮演多种角色，是学前儿童科学教育活动中的引导者、观察者、支持者、合作伙伴、分享对象等。

（五）对学前儿童科学教育活动环境的评价

学前儿童科学教育活动环境包括物质环境和心理环境，是学前儿童科学教育活动达到预期目标的支持与保证。

物质环境包括活动空间、活动设备、活动材料等。教师为学前儿童创设的物质环境应该是丰富的、多样的，既能满足学前儿童探索、操作和合作交往等活动的需要，又能保证教学方法充分发挥有效价值。尤其是活动材料要充足，在实验类科学活动中，教师至少每组一份活动材料；在观察类科学活动中，教师要准备充足的观察对象，确保每位学前儿童都能有效观察。

心理环境包括活动的氛围、教师和学前儿童的关系、教师的态度、同伴关系等，教师为学前儿童创设的心理环境应该是和谐的、宽松的、安全的、自由的。教师要善于倾听，接纳学前儿童的各种想法和做法，鼓励其大胆猜想和创新。

随着科学技术的发展，学前儿童教学资源愈加丰富，教师要善于运用现代化教育手段和多媒体课件，充分调动和布置多种资源和环境，更多样地开放设计和使用环境材料。

例如，在科学教育活动"蒲公英的成长过程"中，教师专门布置了科学角来介绍蒲公英是如何成长的，包括蒲公英的相关绘本、蒲公英成长图、蒲公英种植角等环境和材料，借助这些环境和材料来激发学前儿童的想象力和探索欲。

二、对科学教育活动对象的评价

学前儿童作为科学教育活动的对象，对学前儿童的评价是科学教育活动评价的重要内容。对学前儿童的评价可以从以下两个方面来展开。

（一）对学前儿童"学"的评价

对学前儿童"学"的评价主要包括以下几点。

1. 对学前儿童参与度的评价

对学前儿童参与度的评价包括学前儿童注意听讲的程度、参与活动的时间、自主探索的主动性和积极性等。例如，在"光与影"科学活动中，在教师讲解时，学前儿童注意力集中，积极回答教师的问题，主动提出自己的疑问，主动与同伴分享快乐。在体验过程中，大部分学前儿童能够主动操作，个别学前儿童需要教师的指导。

2. 对学前儿童学习方式的评价

对学前儿童在科学教育活动中学习方式的评价包括对其学习风格、思考与表达方式、学习策略，以及学习方式的多样性、独特性的评价。

3. 对学前儿童学习习惯的评价

对学前儿童学习习惯的评价包括对学习的坚持情况、抗挫折能力和解决问题的能力、倾听并接纳他人意见的能力、与人合作分享的能力等方面的评价。

（二）对学前儿童发展的评价

对学前儿童发展的评价，可以使教师对学前儿童做出某种鉴定，了解每位学前儿童的发展状况，从而更好地改进教学。同时，也可以帮助教师获得一些间接的资料，起到评价科学教育活动的作用。评价学前儿童的发展水平可以从学前儿童的知识经验、能力技能，以及情感态度等方面进行评价。

1. 对学前儿童知识经验和能力技能的评价

知识经验主要是学前儿童通过科学教育活动获得了哪些相应的科学经验，以及在此基础上形成了哪些初级的科学概念。能力技能主要是学前儿童解决问题的能力，以及探究周围世界和学习科学的智力、技能发展水平，以及利用科学方法的水平等。

2. 对学前儿童情感态度的评价

在学前儿童科学教育活动中，对学前儿童情感、态度的评价主要是指评价学前儿童对周围世界的好奇心、探究热情、创造精神、尊重事实的科学态度、尊重他人的发现及创造、乐于合作、喜欢分享和交流等。

例如，通过学前儿童在科学活动"奇怪的影子"中的表现，可以了解学前儿童是否具有探究的热情、认真的态度，是否喜欢与同伴交流，是否乐意倾听他人的意见和建议，是否愿意和同伴合作共同探索。

第三节　学前儿童科学教育活动评价的方法

引导案例

小一班的林老师为了了解幼儿对水果的认识及其特征的掌握情况，设计了调查问卷，内容是水果宝宝找朋友，整个水果与切面的水果进行匹配连线，如图8-1所示。

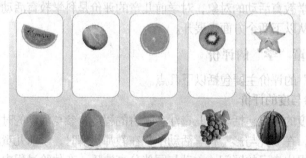

图8-1　水果宝宝找朋友

林老师对小朋友们完成的调查问卷进行了统计分析，作为评价幼儿对水果的认识及其特征掌握情况的资料，并结合其他方法获取的评价资料，有针对性地设计并调整了后期的科学教育活动方案，并对个别幼儿进行帮助指导，使其了解并掌握水果的基本特征。

学前儿童科学教育活动评价的方法有很多，但不管运用哪种方法，都要有一定的程序和步骤，以保证评价工作的科学性和有效性。

一、学前儿童科学教育活动评价的流程

学前儿童科学教育活动评价的流程：确定评价目标→制定评价方案→实施评价方案→处理评价结果。

（一）确定评价目标

评价是一种有目的的行为，首先要确定评价目标。

1. 评价的对象和内容——评什么

在学前儿童科学教育活动评价中，评价者既要全面、真实地反映评价对象的相关情况，又要力求简单、可行，从实际出发，选择操作性强、具有代表性的内容进行评价。

2. 评价的目的——为什么评

评价者首先要明确评价是为了什么：是衡量教育效果的优劣，还是探讨教育教学方法的运用？是了解学前儿童现有的发展水平，还是对其进行比较？是为了考评教师，还是为了发动家长献计献策，加强家庭和幼儿园的联系，保证家园教育的一致性？只有确定了目的，才能根据目的选择评价的内容与方法。

3. 评价的主体——谁来评

评价的主体是评价者，即评价的组织者和实施者。在学前儿童科学教育活动评价中，管理人员、教师、学前儿童及家长都是学前儿童教育评价工作的参与者，幼儿园在进行科学教育活动评价时实行以教师自评为主、其他人员参与评价的制度。在所有的评价主体中，教师与学前儿童占据主导地位。

评价的目的不同，评价的主体就不同。例如，对幼儿园进行评估定级，评价的主体应是专业的评价机构或上级教育行政和业务主管部门；对幼儿园内部的教育效果进行检查评价，评价的主体应是幼儿园的管理人员及相关的教师，教师可以针对自己的教育教学情况做出评估或诊断，从而进行改进和提高；对家长、教师、同伴及学前儿童进行各种评价，评价的主体可以是学前儿童。

（二）制定评价方案

制定评价方案，就是根据评价的目的，对整个教育活动评价的过程进行总体规划。制定评价方案可以按照以下几个方面来进行。

1. 明确评价标准

在学前儿童科学教育活动评价中，评价者要评价教师的教学、学前儿童的发展状况、幼儿园的教育教学质量等，应该以学前儿童科学教育的总目标作为依据和标准。

2. 设计评价指标体系

评价指标体系是教育目标的具体化，是评价者将评价内容中各个相关因素按照一定的层次和权重组成的一个指标体系。例如，若要评价学前儿童的好奇心，评价者可以通过学前儿童在观察小兔子过程中的表现来进行，也可以将其表现分为从远处看、在近处看、用手摸、用语言逗引、喂食、将发现告诉他人等因素，并将这些因素组成本次评价活动的指标体系。

3. 选择搜集评价资料的方法

搜集评价资料的方法有很多，如观察法、访谈法、作品分析法、问卷法等。对于不同的评价内容，评价者需要选择不同的方法；对于同一评价内容，评价者有时也需要采用不同的评价方法，以提高评价结果的可靠性。

4. 准备评价的书面材料

为了保证评价结果的科学性，评价者需要在评价前准备相应的书面材料，并在评价中进行记

录。例如，若运用观察法，就要准备好观察记录的表格和评价标准；若运用访谈法，就要准备好访谈话提纲；若运用问卷法，就要设计好问卷等。

（三）实施评价方案

评价方案的实施主要从以下3个方面来进行。

（1）进行宣传动员。在评价正式实施之前，评价的组织者要对评价所涉及的对象做出必要的解释，以争取评价对象的支持与协助。

（2）搜集评价资料。搜集评价资料需要在较长的一段时间内持续地进行，要求评价者认真负责，按照程序，勤观察、勤记录，搜集全面、准确的资料。

（3）对评价资料进行汇总和整理。在获得评价资料以后，评价者要及时、认真、精确地分析资料，用统计的方法对评价资料加以处理。

（四）处理评价结果

实施评价方案以后，评价者要针对汇总和整理的结果进行全面且认真的分析，做出评价结论，并形成评价报告。

二、科学教育活动评价的方式

评价是一个笼统的概念，对不同的教育者来说有着不同的含义。与此相关的广泛使用的一个词语是测验。通过测验来收集信息，评价者可以用这些信息评价个体学前儿童或一个完整的教育项目。

在科学教育活动评价中，理论和实践研究一再证实：用纸和笔进行的测验常常是不全面、不充分的。为了使评估和评价结果对学前儿童的科学学习更具实用价值，评价者必须采用多种方式相结合。评价的方式和内容应该与教育教学所希望达到的目的相符合。目前，在评价科学教育活动时，经常采用两种评价方式，即形成性评价和终结性评价。

（一）形成性评价

形成性评价即向学前儿童和教师提供信息，以便改进教学的评价。这类评价常常是非正式的、不断进行的，但并非一定如此。例如，在科学教育活动中，教师对某位学前儿童的表现给予表扬，对某位学前儿童的行为给予支持和鼓励，都属于形成性评价。从终结性评价中获得的数据也可以用于形成性评价。

（二）终结性评价

终结性评价即积累性评价，通常出现在单元教学结束时或涵盖整个主题的范围。这类评价旨在掌握学前儿童的学习成果、学习质量及发展特点，并依据一些标准对学前儿童的表现做出判断。

在进行学前儿童科学教育活动评价时，评价者通常是综合或交织使用上述两种评价方式。因此，搜集评价资料的方式也与以往有很大的不同，学前儿童在日常或特定探究情境中的活动和行为表现、学前儿童的档案和作品、学前儿童口头语言表述等都成为评价的有效事实依据。

三、搜集评价资料的方法

实施评价方案的过程主要是搜集评价资料的过程，是学前儿童科学教育活动评价中工作量最大、技术性最强的一个步骤，也是评价获得成功的关键。

《纲要》明确指出："评价应自然地伴随着整个教育过程进行。"在搜集评价资料的过程中，评价者主要采用观察法、访谈法、作品分析法、问卷法和档案袋记录法来搜集评价资料。

（一）观察法

观察法是指评价者通过感官或辅助仪器有目的、有计划地对评价对象的行为和言语进行系统和连续的考察、记录与分析，并对观察结果做出评定的方法。由于观察是在日常生活的自然状态下进行的，因此可以保证获得真实、具体的信息。选择的落脚点不同，观察法的类别也有所差异。下面主要介绍6种观察法及其优缺点，如表8-1所示。

表8-1　6种观察法及其优缺点

观察法	简介	优点	缺点
自然观察法	在学前儿童日常活动的自然条件下对其行为和言语进行观察和记录，以获取评价资料的方法	不干涉或不影响学前儿童的探究行为，在日常情境下能够搜集到较为真实、可靠的评价资料	无法控制目标行为的出现
情境观察法	设置一个特殊情境，人为控制无关变量，从而观察和记录目标行为和言语，以搜集评价资料的方法	能够有效排除无关的干扰因素，提高观察的效率	特殊情境可能会引发学前儿童的紧张和不适应，这样就无法保证观察资料的客观性与可靠性
时间取样法	将目标行为分类列表，在规定的单位时间内记录行为出现的次数和持续的时间。目标行为必须是经常发生的，且对观察者短时间内判断行为的能力提出了较高的要求	记录的资料方便量化，适合观察大量样本、发生频率较高的行为	无法观察不经常发生的行为，也不关注行为发生的过程和因果
事件取样法	在一段时间内对目标行为进行观察和记录，以搜集评价资料的方法	只关注预设要观察的事件本身，可以观察频率较低的行为，且能对事件发生的前因后果及过程进行深入分析	更像片段的截取，会把目标事件与其他事件人为地割裂，且不易整理获取的观察资料
行为评定法	在观察前确定目标行为并制成行为核对表，按照表中行为做记录，以此收集资料的方法	简便易行，方便量化	不仅事先要确定有代表性的行为，还极有可能忽略低频的典型行为
轶事记录法	根据观察者的目的着重记录观察者认为有价值的信息，从而获取观察资料的方法	较为完整地呈现观察对象的典型行为或异常行为	观察者很难把主观判断和客观事实区分开

例如，教师运用情境观察法，评价学前儿童的观察能力。

一片叶子从大树上飘落下来，大班的轩轩看见了落叶就把它捡了起来，他认真地看着树叶并在思考着什么。浩浩看到轩轩在看树叶，好奇地问他："轩轩，你看树叶做什么？"轩轩回答："我在想树叶里有水吗？"夏老师听到了他们的对话，于是在班上组织了一次科学教育活动"树叶里有水吗"，让全班学前儿童讨论并探究树叶里到底有没有水？夏老师为了评价班上学前儿童的观察能力，做了一个情境观察记录表（见表8-2），来收集和统计学前儿童在这次科学教育活动中观察能力的相关信息。

表8-2　科学活动"树叶有水吗"情境观察记录表

姓名	观察方法				
	看看	捏捏	摸摸	闻闻	其他方式
轩轩					
浩浩					

（二）访谈法

访谈法又称谈话法，指评价者直接与评价对象面对面地进行交流，以获取想要的评价信息的方法。访谈法的优点是可以灵活地掌握谈话的时间和形式，可以在短时间内获取第一手资料，操作简单，适用面广，易与其他评价方法结合使用；缺点是样本有限，结构松散，访谈结果受到访谈双方关系的影响。

访谈结构可以是有固定答案的封闭式结构化访谈，也可以是开放式答案的非结构化访谈。一般来说，开放式的问题留给学前儿童的回答空间更大，这既能鼓励学前儿童发散思维，又能使教师对学前儿童的观点做出比较深入的分析和评价。

访谈法可以是对个别学前儿童的访谈，也可以是对集体的访谈。访谈法的具体做法：首先要确定访问对象；其次是制定访问大纲，准备好访问的内容。运用访谈法时要注意端正态度和尊重被访者。针对学前儿童的学习特点，教师要以亲切自然的口吻进行提问，提问要简单易懂，交流要灵活，让学前儿童在访谈过程中有被尊重的感觉。

访谈一
教师："你知道天气有哪些吗？"
甜甜："我知道下雨天、晴天、雾天，还有大风天。"
教师："你喜欢什么天气？为什么？"
甜甜："我喜欢晴天，因为可以和爸爸妈妈一起去露营。"
教师："傍晚是天气吗？"
甜甜："傍晚不是天气，是吃晚饭的时间。"

访谈二
教师："你知道天气有哪些吗？"
子蒙："我知道，有晴天、下雨天、下雪天，还有大风天。"
教师："那你喜欢什么天气？"
子蒙："我喜欢下雨天。"
教师："为什么喜欢下雨天呢？"
子蒙："因为下雨了可以穿雨靴，可以踩水，我喜欢踩水的声音。"
教师："那你还喜欢什么天气？"
子蒙："下雪天。"
教师："为什么？"
子蒙："下雪可以打雪仗、堆雪人，可好玩啦。"
教师："早上起床后，外面街道上有蒙蒙的白气，让人看不清楚东西，那是什么天气？"
子蒙："我不知道。"

以上用到的就是访谈法。教师通过与学前儿童的谈话，了解到他们有对天气的基本认识，也有着对不同天气的喜好，但他们对天气的认识还不全面。

（三）作品分析法

作品分析法是指评价者通过记录和分析学前儿童的作品来评价学前儿童的科学探究能力和行为表现的方法。作品分析法的优点是资料容易搜集，而且有间接性，教师有足够的时间分析与比较学前儿童的作品，从而使评价更客观、更准确；缺点是大多反映的是当前教学的影响，而不是学前儿童稳定的发展水平，教师无法系统、完整地了解学前儿童的科学素质发展水平。

例如，教师要求学前儿童观察蝴蝶的生长变化，通过绘画的方式进行观察记录，教师对绘画作品进行分析，了解他们对蝴蝶的认知水平、观察力的准确性和观察到的细节，以及对生命的感悟。

教师在采用作品分析法时，要关注学前儿童在发展过程中的经历、情感体验、兴趣等。既要从一个作品中了解该学前儿童的发展水平，又要从一堆作品中了解全体学前儿童的发展状况。只有这样，作品分析法才能充分发挥作用。作品分析法在学前儿童科学教育活动评价中的具体应用如表 8-3 所示。

表 8-3　作品分析法在学前儿童科学教育活动评价中的具体应用

活动类型	作品类型	具体作品	分析角度
集体科学教育活动	比较性观察活动	柑橘家族：通过比较观察，用图文的方式进行观察记录，观察和比较柑橘家族各种水果的相同点和不同点，如橘子、柑、柚子、橙子等	能够积极观察柑橘家族中不同水果的重要特征，并将特征表达出来；既能找到相同点，也能发现不同点
数学教育活动	认识图形活动	图形回家：把三角形、正方形、长方形、圆形和五角形送回各自的"家"，相同的形状在同一个"家"	能够感受到几何图形的差异，发现几何图形的不同
区域科学教育活动	自然角	种植大蒜：将蒜头种在土里，观察蒜苗的生长过程	能够感知植物生长所需的条件

（四）问卷法

问卷法是评价者运用统一设计的问卷，向被选取的调查对象了解情况或征询意见的一种方法。它的优点是标准化程度高、收效快，能在短时间内调查很多研究对象，获得大量资料，能对资料进行量化处理，经济省时；缺点是被调查者由于各种原因可能对问题做出虚假或错误的回答。

实施问卷法的注意事项如下。

首先，问卷的问题应简练、通俗易懂，避免混淆含糊，不可有诱导性，不能过于抽象和术语化，要充分考虑学前儿童的感受。

其次，答案要简明，不可有过多的内容。考虑到学前儿童的学习特点，问卷应采用较少的文字或避免使用文字，尽量用图画的方式。

最后，题目要排列有序，遵循由简入繁、由易入难的原则。教师要充分考虑到学前儿童的发展水平和学习特点，在实施问卷法评价学前儿童时，指导学前儿童阅读问卷，帮助其理解问卷的意思，然后作答。

（五）档案袋记录法

教师可以采用档案袋记录法来搜集评价资料。档案袋中可以搜集学前儿童在科学领域中发展和学习的长期表现的信息。

档案袋中可以存放学前儿童的纸笔作品、参与科学探究活动的简单记录，还可以存放由教师通过便条、观察表、日记、照片、录音、视频等多种方式记录的学前儿童的学习过程，建构知识的方法，情绪变化，以及与同伴、教师关系等方面的详细情况。

档案袋本身并非是一种评价工具，它只是为储存有关学前儿童的信息提供了方便。如果有一套关于如何搜集、分析和利用信息的系统性方法，档案袋就会变成一种为教师了解学前儿童提供重要信息的工具。

四、处理评价资料的方法

在对评价资料进行搜集后，评价者如何根据这些信息对学前儿童的学习与发展做出评价，以及如何根据评价结果改进课程教学、促进学前儿童的发展等问题，都与处理评价资料的方法息息相关。在处理评价资料时，常用的方法有三角评定法、个案分析法和动态评价法。

（一）三角评定法

三角评定法是指综合运用多种评价方法，由多位评价者参与评价，在不同的时间和空间内，在各层次上搜集同一评价对象的资料并借此做出判断，从而使评价结果更为客观、有效、可靠的处理评价资料的方法。

（二）个案分析法

个案分析法是指整理各种有效信息，包括对学前儿童的观察与访谈，并据此处理和分析评价信息的一种方法。这种方法能够帮助教师更深入地了解所研究的学前儿童的行为，并提出对学前儿童的分析以及下一阶段的措施。这种分析法的主要目的是发现学前儿童行为的原因和结果，对学前儿童的发展进行研究，并为其发展制订计划。

（三）动态评价法

动态评价法以促进学前儿童发展为目的，评价者不仅要了解学前儿童当前能够做什么、知道什么，还要了解他们将来在怎样的条件下可以做什么、知道什么，也就是要揭示学前儿童潜在的能力。它与静态评价的本质区别在于，评价者与学前儿童的互动与反馈重视过程而非结果。不同的动态评价模式在提供中介支持的方式、中介点、中介时间、中介强度、标准化等方面都存在着较大的差异。

五、学前儿童科学教育活动评价案例

学前儿童科学教育活动评价案例主要从评价活动本身和评价方法两方面来举例。

（一）评价学前儿童科学教育活动本身的案例

在评价学前儿童的科学情感和态度时可以采用情境观察法，以此来对学前儿童好奇心的发展进行评级。根据好奇心的概念（好奇心是对新异刺激的积极反应倾向），确定评价好奇心的指标，如接近新异刺激、观察刺激物、摆弄刺激物、自我发问、提出问题、长时间不愿意离开等。

在评价过程中，教师要设计一个情境，让学前儿童处于新异刺激中，观察其反应，并做出评价。下面举例说明。

（1）教师向学前儿童演示一种新奇的玩具——惯性车，并问他们："你们想不想玩？"学前儿童兴高采烈地玩了5分钟之后，教师让他们停止，并问他们有什么问题要问。

（2）学前儿童在这个情境中可能会有不同的表现：假如他们不想玩，就说明其对新异刺激没有好奇心，那么教师就记零分；假如他们想玩，教师可以观察其在5分钟内的探索行为，并进行评分；假如他们在5分钟内表示不想玩了，教师也可以根据他们在这一段时间内的表现进行评分。

评分的项目及标准如表8-4所示（满分为20分，每项5分）。

表8-4　学前儿童好奇心评级表

评分项目	好（5分）	中（3分）	差（1分）	无（0分）
探索时间	在5分钟内一直探索玩具，直到教师让其停止	探索玩具的时间在3分钟以上，5分钟以下	探索玩具的时间只有1分钟左右	不想探索
探究动作	明显表现出探究问题和解决问题的行为	表现出不同的探究动作	探究动作很单一或非常少	没有探究动作

评分项目	好（5分）	中（3分）	差（1分）	无（0分）
言语表现	一边讨论一边探究，言语较多	言语较多	言语较少	不说话
提出问题	能够主动提出问题，或在教师询问时能够提出两个以上与探究对象有关的问题	在教师的引导下，能够提出两个与探究对象有关的问题	在教师的引导下，能够提出一个与探究对象有关的问题	没有提出问题

（二）评价学前儿童科学教育活动方法的案例

幼儿园的刘老师想了解学前儿童的探究行为，她打算上午 9:00—10:00 从自己的班上选择 10 名学前儿童作为观察对象，观察记录他们的探究行为及发生频率。

观察的时间共有 60 分钟，刘老师把时间平均分配到 10 名学前儿童身上，即观察每名学前儿童的时间为 6 分钟。

1. 确定观察的目标行为

刘老师将探究行为分为观察、分类、测量、实验和科技制作 5 种类型，这些就是刘老师观察的目标行为。

2. 选择记录方式

记录方式主要有检核、计数、计时等。

（1）检核。刘老师通过观察，发现目标行为发生了，就在相应的表格内标记，没有发生就不标记。在探究活动结束以后，刘老师分析检核记录表，可以了解学前儿童探究行为发生的频率。表 8-5 中，洛洛在 9 月 5 日有 3 种目标行为，9 月 6 日有 4 种目标行为，以此判断洛洛经常出现哪些行为，从而针对其行为调整教育策略。

表 8-5　洛洛探究行为检核记录表

日期	开始时间	结束时间	行为发生与否					备注
			观察	分类	测量	实验	科技制作	
9 月 5 日	9:00	10:00	√		√	√		
9 月 6 日	9:00	10:00	√	√	√		√	
9 月 7 日	9:00	10:00						

（2）计数。只要在观察的时间内，该目标行为发生了就要记录下来。刘老师最后可以通过该表了解目标行为在这一时间段内出现的次数。

表 8-6 中，洛洛在 9 月 5 日和 9 月 6 日都发生了探究行为，但发生的次数不同，9 月 5 日发生了 3 次，9 月 6 日发生了 5 次。通过探究行为计数记录表，刘老师不仅知道了发生的目标行为的类型，还知道了目标行为发生的次数。

表 8-6　洛洛探究行为计数记录表

日期	开始时间	结束时间	行为发生与否及次数					备注
			观察	分类	测量	实验	科技制作	
9 月 5 日	9:00	10:00	√		√	√		
9 月 6 日	9:00	10:00	√√	√			√	
9 月 7 日	9:00	10:00						

（3）计时。刘老师要想知道学前儿童目标行为持续的时间，可以按照以下方法记录。例如，洛洛在6分钟内，观察行为持续了2分钟，测量行为持续了1分钟，实验行为持续了2分钟。这样记录不仅可以发现学前儿童目标行为出现的频率，还能看到目标行为中每种行为持续的时间。

3. 结论分析

刘老师在搜集评价资料时采用了时间取样法，对学前儿童观察、分类、测量、实验和科技制作这5种类型的科学探究行为进行了观察，并通过检核、计数和计时等记录方式完整记录了各学前儿童探究行为的发生频率。

以目标对象洛洛为例，刘老师通过分析资料可以看出，洛洛在实验方面的行为有所减少，而增加了分类行为和科技制作行为，并维持了测量行为和观察行为，且测量行为的发生次数未变。这说明洛洛一直对观察和测量有较高的兴趣，且对观察的兴趣更高，而对实验的兴趣在短暂的时间内转移到分类和科技制作上。

（三）学前儿童科学教育活动及评价案例

大班学前儿童科学教育活动"风的秘密"

设计背景

幼儿对大自然中各种各样神奇有趣的科学现象有强烈的好奇心和探索欲望，"风雨雷电"这些自然现象既普遍存在而又有无穷奥秘，同时与幼儿的生活密切相关，幼儿都渴望认识这些自然现象。例如，"风"对幼儿来说并不陌生，他们玩过许多有关风的玩具和游戏。教师以"风"为主题设计了一系列探索"风的秘密"的活动。

活动目标

（1）激发探索欲望，乐意参与探索风的游戏。

（2）初步了解风是怎样形成的，并认识风的一些用途和危害。

（3）培养对事物的好奇心，乐于大胆探究和动手实验。

（4）培养仔细观察的习惯，善于发现并探究生活中的科学现象。

（5）发展合作探究与用符号记录实验结果的能力。

活动准备

（1）纸箱、塑料袋、气球、扇子、书本、硬纸片、吸管、羽毛等。

（2）利用风的玩具。

（3）有关风的用途及危害的图片。

活动过程

（1）初步认识风是由空气流动形成的。

① 运用纸箱和塑料袋证明空气的存在，并且就在我们的周围。

② 出示2个充满气的气球，把其中1个松开口后吹到一个幼儿的头发上，请幼儿说说观察到了什么，引出"风"。通过对比，引导幼儿说出：流动的空气形成了风，不动的空气不是风。

③ 教师小结：空气流动形成风。

（2）尝试制造风。

① 出示风车，告诉幼儿风车都想和风做游戏，但是教室没有风，怎么办？

② 幼儿自由选择制造风的材料，尝试用各种材料制造风。

③ 教师小结人造风的方法，并鼓励幼儿想出更多的方法。

（3）幼儿观看图片，了解风在生活中的一些用途和危害，引导幼儿辩证地看待事物。

（4）游戏：羽毛飞起来了。鼓励幼儿运用一些方法制造风，让羽毛飞得又高又远。

活动评析

《纲要》指出，幼儿的科学教育是科学启蒙教育，重在激发幼儿的认识兴趣和探究欲望，教师要尽量创造条件，引导幼儿运用各种感官，动手动脑，探究问题。

教师一开始就利用纸箱变魔术吸引幼儿的注意力，激发了幼儿参与活动的兴趣，使幼儿"无心"的好奇转化成了"有意"的求知动力，激发幼儿对科学活动的探索欲望。

活动中，教师首先紧紧围绕活动目标，设计了具有观察性、开放性和层次性的提问，引导幼儿通过观察和对比，了解风的形成过程。其次，《纲要》中强调：教师应"提供丰富的可操作的材料，为每个幼儿都能运用多种感官、多种方式进行探索提供活动的条件。"在"做中学"环节，幼儿选择材料制造风，让风车转起来，在动手、交流与表达中获取知识，并在此过程中习得学习的方法。最后，生成的新问题"怎样让羽毛飞起来？"引领幼儿再次深入地进行探索，给幼儿留出探索的余地和延伸的空间。

在整个活动中，教师给予了幼儿宽松的氛围，只充当活动的支持者、鼓励者、合作者、引导者，用心倾听幼儿的表述，并及时梳理与总结。在活动中，幼儿始终是主体，他们通过观察、动手与探究，梳理出新的知识经验，在实践中获得知识发展能力。

实战训练

请同学们熟悉《3-6 岁儿童学习与发展指南》中科学领域（特别是科学探究子领域）中的发展目标和学前儿童的典型表现，根据本章所学知识，自行设计一份评价量表，运用恰当的评价方法，到幼儿园班级中进行观察，填写完成评价量表，可以评价教师，也可以评价学前儿童，还可以评价活动本身。完成评价后与教师进行交流，在此基础上对评价量表进行修改完善。

课后习题

一、选择题

1. 幼儿园最常用的评价是（　　）。
   A. 管理人员评价 　　　　　　　　B. 家长评价
   C. 社会评价 　　　　　　　　　　D. 教师评价

2. 在科学活动，教师对某位学前儿童的表现给予表扬，这属于（　　）。
   A. 终结性评价　　B. 诊断性评价　　　C. 形成性评价　　　D. 总结性评价

3. 评价者通过记录和分析学前儿童的作品来评价学前儿童的科学探究能力和行为表现的方法，称为（　　）。
   A. 作品分析法　　B. 观察法　　　　C. 测验法　　　　　D. 档案袋记录法

4. 评价者直接与评价对象面对面地进行交流，以获取想要的评价信息的方法是（　　）。
   A. 访谈法　　　　B. 观察法　　　　C. 问卷法　　　　　D. 实验法

5. 综合运用多种评价方法，由多位评价者参与评价，在不同的时间和空间内，在各层次上搜集同一评价对象的资料并借此做出判断，此评价方法称为（　　）。
   A. 比较分析法　　　　　　　　　　B. 个案分析法
   C. 动态评价法　　　　　　　　　　D. 三角评定法

二、判断题

1. 学前儿童科学教育活动评价重要的是对教育活动的结果进行横向对比，无须关注教育活动的过程。（ ）

2. 在学前儿童科学教育活动评价中，评价者应充分尊重评价对象，无论是对学前儿童的评价还是对教师的评价都应当保持客观、公正的态度。（ ）

3. 评价者在评价学前儿童在科学活动中的表现时，应遵循差异性原则，接纳学前儿童不同的最终发展水平。（ ）

4. 在学前儿童科学教育活动中，教师应把学前儿童学到科学知识作为最终目标。（ ）

5. 幼儿园在进行科学教育活动评价时通常实行以园长为主、其他人员参与评价的制度。（ ）

三、简答题

1. 简述学前儿童科学教育活动评价的意义。

2. 简述对学前儿童科学教育活动本身的评价主要包括哪些方面。

3. 简述处理学前儿童科学教育活动评价资料的方法。